ISO 9000 und Softwarequalität

Östen Oskarsson • Robert Glass

ISO 9000 und Softwarequalität

Prentice Hall

München
London
Mexiko
New York
Singapur
Sydney
Toronto

Die Deutsche Bibliothek – CIP-Einheitsaufnahme

Oskarsson, Östen:
ISO 9000 und Software-Qualität / Östen Oskarsson ; Robert L.
Glass. – München [i.e. Haar] ; London ; Mexiko ; New York ;
Singapur ; Sydney ; Toronto ; Prentice Hall, 1997
    ISBN 3-8272-9538-6
NE: Glass, Robert L.:

Die Informationen in diesem Produkt werden ohne Rücksicht auf einen
eventuellen Patentschutz veröffentlicht.
Warennamen werden ohne Gewährleistung der freien Verwendbarkeit benutzt.
Bei der Zusammenstellung von Texten und Abbildungen wurde mit größter
Sorgfalt vorgegangen.
Trotzdem können Fehler nicht vollständig ausgeschlossen werden.
Verlag, Herausgeber und Autoren können für fehlerhafte Angaben
und deren Folgen weder eine juristische Verantwortung noch
irgendeine Haftung übernehmen.
Für Verbesserungsvorschläge und Hinweise auf Fehler sind Verlag und
Herausgeber dankbar.

Titel der amerikanischen Originalausgabe:
An ISO 9000 approach to building quality software / by Östen Oskarsson
and Robert L. Glass
© 1996 by PTR, Prentice Hall Inc.
Upper Saddle River, New Jersey, USA

Alle Rechte vorbehalten, auch die der fotomechanischen Wiedergabe und der
Speicherung in elektronischen Medien.
Die gewerbliche Nutzung der in diesem Produkt gezeigten Methoden und Arbeiten
ist nicht zulässig.

10 9   8   7   6   5   4   3   2   1

2000   99 98 97

ISBN 3-8272-9538-6

© 1997 der deutschen Ausgabe by Prentice Hall Verlag GmbH,
Hans-Pinsel-Straße 9b, D-85540 Haar bei München, Germany
Alle Rechte vorbehalten
Übersetzung: Frank Baeseler, Börm
Satz: Baeseler & Heck, Börm
Einbandgestaltung: G+U Technische Dokumentation
Lektorat: Rolf Pakendorf
Herstellung: Cornelia Karl
Druck: Wiener Verlag, Himberg
Dieses Produkt wurde mit Desktop-Publishing-Programmen erstellt
und auf chlorfrei gebleichtem Papier gedruckt.
Printed in Austria

INHALT

Vorwort		13
Über die Autoren		23
Teil 1	**ISO 9000 und Sofware**	**25**
Kapitel 1	**Hintergrund zu ISO 9000**	**27**
1.1	Handel mit Schrauben und Muttern	27
1.2	Die ISO-9000-Familie der Standards	28
1.3	ISO 9000	30
1.3.1	Allgemein	30
1.3.2	ISO 9001 und Dokumentation	31
1.3.3	Das Risiko der Bürokratie	32
1.3.4	Qualitätsaudits und objektiver Beweis	34
1.3.5	Das Konzept des Qualitätssicherungssystems	36
1.3.6	Zwanzig Qualitätselemente	37
1.4	Zertifizierung nach ISO 9001	38
1.4.1	Hintergrund	38
1.4.2	Externe Zertifizierung	39
1.4.3	Wer kontrolliert die Auditoren?	41
Kapitel 2	**ISO 9001 in der Softwareentwicklung**	**43**
2.1	Vergleich zwischen Industrie- und Softwareproduktion	43
2.2	ISO 9000-3	45
2.3	Die TickIT-Initiative	48
2.3.1	Hintergrund	48
2.3.2	Was ist TickIT?	48
2.3.3	Der TickIT-Leitfaden	49
2.3.4	TickIT-Auditoren	50
2.3.5	TickIT-Zertifizierung	51
2.4	Warum nach ISO 9001?	52

Kapitel 3	**Auslegung der Forderungen in ISO 9001 für Softwareentwicklung und Softwarepflege**..	**55**
3.1	Allgemein	55
3.2.	Qualitätselemente in ISO 9001	56
3.2.1	Verantwortung der Leitung (4.1)	56
3.2.1.1	Qualitätspolitik	56
3.2.1.2	Organisation	58
3.2.1.3	QM-Bewertung	60
3.2.2	Qualitätsmanagementsystem (4.2)	60
3.2.3	Vertragsprüfung (4.3)	62
3.2.4	Designlenkung (4.4)	64
3.2.4.1	Allgemeines	65
3.2.4.2	Design- und Entwicklungsplanung	65
3.2.4.3	Organisatorische und technische Schnittstellen	67
3.2.4.4	Designvorgaben	68
3.2.4.5	Designergebnis	69
3.2.4.6	Designprüfung	69
3.2.4.7	Designverifizierung	71
3.2.4.8	Designvalidierung	71
3.2.4.9	Designänderungen	72
3.2.5	Lenkung der Dokumente und Daten	73
3.2.5.1	Allgemeines	74
3.2.5.2	Genehmigung und Herausgabe von Dokumenten und Daten	74
3.2.5.3	Änderungen von Dokumenten und Daten	76
3.2.6	Beschaffung (4.6)	76
3.2.6.1	Allgemeines	77
3.2.6.2	Beurteilung von Unterauftragnehmern	78
3.2.6.3	Beschaffungsangaben	79
3.2.6.4	Prüfung von beschafften Produkten	80
3.2.7	Lenkung der vom Kunden beigestellten Produkte (4.7)	81
3.2.8	Kennzeichnung und Rückverfolgbarkeit von Produkten	82
3.2.9	Prozeßlenkung (4.9)	83
3.2.10	Prüfungen (4.10)	83
3.2.11	Prüfmittelüberwachung	84

3.2.12	Prüfstatus (4.12)	85
3.2.13	Lenkung fehlerhafter Produkte (4.13)	86
3.2.14	Korrektur- und Vorbeugungsmaßnahmen (4.14)	87
3.2.15	Handhabung, Lagerung, Verpackung, Konservierung und Versand (4.15)	88
3.2.16	Lenkung von Qualitätsaufzeichnungen (4.16)	89
3.2.17	Interne Qualitätsaudits (4.17)	91
3.2.18	Schulung (4.18)	92
3.2.19	Wartung (4.19)	93
3.2.20	Statistische Methoden (4.20)	94

Kapitel 4 Besonderheiten **97**

4.1	Allgemein	97
4.2	Parallele Entwicklung	98
4.3	Forschungsabteilungen	99
4.4	Entwicklung von Prototypen	100
4.4.1	Prototypen als Teil der Forderungenanalyse	100
4.4.2	Prototypen als Entwicklungsmethode	101
4.5	Beratung	102
4.5.1	Hintergrund	102
4.5.2	Beratung durch Bereitstellung von Arbeitskraft	102
4.5.3	Verwendung des Qualitätssicherungssystems des Kunden	103
4.5.4	Konglomerat von Beratung und Entwicklung	104
4.6	Alte Softwareprodukte	105
4.7	Kundenschulung	106

Kapitel 5 Vergleiche mit anderen Systemen **107**

5.1	SEI Capability Maturity Model (CMM) – Modell zur Tauglichkeitsreife –	107
5.2	IEEE 730	109
5.3	AQAP-110 und AQAP-150	109
5.4	MIL-STD-498	110

Kapitel 6 Einrichten eines Qualitätssicherungssystems für Software **113**

6.1	Was ist ein Qualitätssicherungssystem?	113
6.2	Benötigen wir ein Qualitätssicherungssystem für Software?	115

6.3	Einrichten des Qualitätssicherungssystems	116
6.3.1	Wer sollte das Qualitätssicherungssystem einrichten?	116
6.3.2	Schritt 1: Verantwortung, Befugnis und Schnittstellen	117
6.3.3	Schritt 2: Verschiedene Prozesse	118
6.3.3.1	Leitendes Management	119
6.3.3.2	Entwicklung	119
6.3.3.3	Qualitätssicherung	120
6.3.3.4	Verkauf	120
6.3.3.5	Belegschaft	121
6.3.4	Einführung des Qualitätssicherungssystems	121
6.4.	Was werden die Programmierer sagen?	122
6.5	Ablauf der Zertifizierung	123
6.5.1	Vorbereitung für die Zertifizierung	123
6.5.2	Das Zertifizierungsaudit	126
6.5.3	Aufrechterhaltung eines Zertifikats	129
6.6	Aufrechterhaltung eines Qualitätssicherungssystems	130

Teil 2	**Anwendung von ISO 9000 auf Softwareprojekte**	**133**
	Einführung	135

Kapitel 7	**Projektunterschiede und Qualität: Verschiedene Ansätze**	**139**
7.1	Eine Größe für alle?	140
7.2	Die Rolle der Projektgröße	141
7.3	Die Rolle des Anwendungsbereichs	144
7.4	Die Rolle der Projektkritikalität	146
7.5	Die Rolle der Projektinnovation	147

Kapitel 8	**Das Qualitätssicherungssystem und der Lebenszyklus**	**151**
8.1	Forderungen	153
8.1.1	Forderungspunkte	154
8.1.1.1	Inhalt	155
8.1.1.2	Form	157
8.1.2	Problemanalyse	161
8.1.3	Modelle und Simulationen	163
8.1.4	Entwicklung von Prototypen	164

8.1.5	Darstellung	166
8.1.6	Rückverfolgbarkeit	167
8.1.7	Review	169
8.1.8	Zusammenfassung der Forderungen	170
8.2	Design und Implementierung	174
8.2.1	Design- und Implementierungsprobleme	176
8.2.1.1	Kognitives Design	176
8.2.1.2	Beginn und Ende des Designs	178
8.2.1.3	Standards für die Implementierung	180
8.2.1.4	Automatische Codegenerierung	180
8.2.2	Design von Prozessen, Daten, Objekten und Ereignissen	182
8.2.3	Top-Down-, Bottom-Up- und Hard-Part-First-Design	185
8.2.4	Darstellung	187
8.2.5	Fehlertolerantes Design	189
8.2.6	Automatische Überprüfung des Designs	191
8.2.7	Design Review	192
8.2.8	Top-Down- und Bottom-Up-Implementierung	193
8.2.9	Modulares Design und Implementierung	194
8.2.10	Strukturiertes Kodieren	195
8.2.11	Höhere Programmiersprache	195
8.2.12	Kodieren von Standards und Regelungen	198
8.2.13	Standardisierte Elemente	199
8.2.14	Genies	200
8.2.15	Zusammenfassung Design und Implementierung	201
8.3	Testen und Validierung	205
8.3.1	Probleme mit Testen und Validierung	206
8.3.1.1	Testen und Inspektion	206
8.3.1.2	Formelle Verifizierung	208
8.3.1.3	Cleanroom-Methodik	209
8.3.2	Statische Methoden	214
8.3.2.1	Prüfung am Schreibtisch	214
8.3.2.2	Codeprüfung durch Gleichrangige	215
8.3.2.3	Strukturanalyse	216
8.3.2.4	Nachweis der Richtigkeit (formelle Verifizierung)	218
8.3.3	Dynamische Methoden	219

8.3.3.1	Fehlersuche in der Quellsprache	219
8.3.3.2	Assertion Checker	220
8.3.3.3	Beabsichtigter Ausfall	221
8.3.3.3.1	Fehlerverteilung	221
8.3.3.3.2	Mutationstest	222
8.3.3.4	Leistungsanalyse	223
8.3.3.5	Forderungsorientiertes Testen	225
8.3.3.6	Strukturorientiertes Testen	227
8.3.3.7	Risikoorientiertes Testen	231
8.3.3.8	Statistikorientiertes Testen	231
8.3.3.9	Analyzer für den Testumfang	233
8.3.3.10	Testfallmanagement	235
8.3.3.11	Testdaten-Generator	236
8.3.3.12	Standardtests	237
8.3.3.13	Testdokumentation	237
8.3.3.14	Test Review	238
8.3.4	Zusammenfassung: Testen und Validierung	239
8.4	Annahme	241
8.4.1	Annahmethemen	242
8.4.2	Segmententest	243
8.4.3	Integrationstest	244
8.4.4	Systemtest	245
8.4.5	Unabhängiger Test	246
8.4.6	Betatest	247
8.4.7	Annahmeprüfung	247
8.4.8	Zusammenfassung: Annahme	248
8.5	Vervielfältigung, Lieferung und Installation	250
8.5.1	Fragen zu Vervielfältigung, Lieferung und Installation	251
8.5.2	Review nach Lieferung	252
8.5.3	Zusammenfassung: Vervielfältigung, Lieferung und Installation	254
8.6	Wartung	254
8.6.1	Fragen zur Wartung	256
8.6.2	Vorbeugende Wartung	259
8.6.2.1	Einzelpunkt-Kontrolle	259
8.6.2.2	Defensives Programmieren	260

8.6.3	Dokumentation	261
8.6.4	Code Analyzer	263
8.6.5	Daten-Analyzer	265
8.6.6	Analyzer für Änderungen	266
8.6.7	Constructors	267
8.6.8	Tester	268
8.6.9	Reviews und Berichte zu Änderungen	268
8.6.10	Reverse Engineering und Re-Engineering	269
8.6.11	Zusammenfassung: Wartung	271
8.7	Unterstützende Tätigkeiten	274
8.7.1	Probleme bei unterstützenden Tätigkeiten	277
8.7.2	Qualitätssicherung	278
8.7.3	Konfigurationsmanagement	280
8.7.4	Lenkung von Änderungen	280
8.7.5	Vertragsmanagement	281
8.7.6	Prozeßmanagement und Verbesserung	282
8.7.7	Metrik	283
8.7.8	Dokumentation	285
8.7.9	Zusammenfassung: unterstützende Tätigkeiten	285
Teil 3	**Zusammenfasung**	**289**
Index		**297**

VORWORT

von
Östen Oskarsson

Seit vielen Jahren befasse ich mich mit der Entwicklung von Softwareprojekten, von denen einige mit, andere jedoch ohne Erfolg die funktionalen Anforderungen erfüllten. Lassen Sie mich deshalb erklären, warum ich ISO 9000 mag.

1987 kauften zwei führende Unternehmen, eines in Schweden und das andere in Norwegen, gemeinsam ein komplexes Kommunikationssystem von einem in Europa bestens eingeführten Hersteller. Entsprechend der Vereinbarung sollte der Hersteller die erste Installation ein Jahr nach Vertragsabschluß liefern. Nach Ablauf der ersten sechs Monate kündigte der Hersteller mit dem Hinweis auf Softwareprobleme eine Verzögerung an. Der Hersteller schätzte für die Softwareentwicklung jetzt die doppelte Zeit ein, als im Vertrag festgelegt worden ist (d.h. zwei Jahre). Zu diesem Zeitpunkt stellten mich die Auftraggeber als Berater ein. Ich sollte ihnen helfen, die aktuelle Situation beim Hersteller zu analysieren. Wir besuchten dessen Abteilung für Softwareentwicklung und verbrachten eine Woche mit Interviews der Softwareingenieure sowie dem Lesen der Dokumentation.

Die Schlußfolgerung war eindeutig: Das Projekt war außer Kontrolle geraten und die neue Schätzung von zwei Jahren unzuverlässig. Ich selber half den Auftraggebern, auf den Hersteller Druck auszuüben. Dazu diente eine lange Liste mit allem, was mit dem Projekt in Zusammenhang stand. Die ganze Geschichte hatte dennoch ein relativ glückliches Ende. Der Hersteller organisierte um, startete das Projekt neu und präsentierte dann einen glaubwürdigen Zeitplan mit einer Projektzeit von insgesamt drei Jahren – also dreimal so lang wie im Auftrag festgelegt worden war. Durch eine Verdreifachung des Software-Aufwands konnte der Hersteller das Zeitlimit von drei Jahren erfüllen und termingerecht liefern.

Hier hatte ich also zum ersten Mal Softwareprobleme mit den Augen eines Kunden sehen können. Ich machte die Erfahrung, daß nahezu alle von mir festgestellten Unzulänglichkeiten mit dem *Management* und nicht mit der Technologie zu tun hatten. Nachdem ich in einem Meeting meine Sicht der Probleme des Herstellers präsentierte, nahm mich einer der Programmierer zur Seite und sagte: »Ich bin richtig froh, daß Sie alles so klar angesprochen haben. Wir haben darüber seit Jahren mit dem Management diskutiert, und vielleicht passiert jetzt endlich etwas.« Ich selber stellte fest, daß meine eigenen Probleme bei der Arbeit mit Software ebenfalls vorrangig mit dem Management zu tun hatten.

Deshalb mag ich ISO 9000. Hier ist die Grundanforderung, daß ein adäquates Management für alle Aktivitäten im Zusammenhang mit der Erstellung von Produkten vorhanden ist: Versprechen Sie nie etwas, was Sie nicht halten können, planen und managen Sie Entwicklungsprojekte sorgfältig usw. Wenn die oben genannten Auftraggeber den Hersteller gezwungen hätten, ISO 9000 zu erfüllen, oder wenn der Auftraggeber selber nach diesem Standard gearbeitet hätte, wären zwar noch immer Probleme mit dem Projekt sowie Fehler im Produkt aufgetreten, doch der von uns festgestellte totale Zusammenbruch wäre vermieden worden.

ISO 9000 ist nicht zwangsläufig der beste Weg für Qualitätsanforderungen innerhalb einer Organisation für Softwareentwicklung und muß mit Sorgfalt und Intelligenz eingesetzt werden. Wichtig ist, daß ISO 9000 großen Einfluß hat. Der Standard ist allgemein verbreitet und gelangt in nahezu allen Industriezweigen Europas und vielen anderen Teilen der Welt zum Einsatz. Wenn daher ein Auftraggeber bzw. Kunde nach ISO 9000 verlangt, wird der Hersteller das nicht in Frage stellen. Selbst wenn er dem Standard noch nicht entspricht, sollte ein Auftragnehmer nicht gegen die Anforderungen argumentieren.

Vorwort

Als Bob Glass dieses Buch als Gemeinschaftsprojekt vorschlug, interessierte es mich sofort. Ich sah eine Möglichkeit, mich mit meinem Steckenpferd zu beschäftigen und gleichzeitig nützliche Ratschläge an die Softwaremanager weitergeben zu können, welche die Fähigkeiten Ihrer Unternehmen erweitern wollten. Natürlich hatte ich zuvor die Bekanntschaft mit Bobs eindrucksvollem Buch über Computerkatastrophen und andere unterhaltsame Dinge gemacht, ebenso wie mit seinen seriöseren Ansätzen zum Software Engineering. Ganz besonders gefiel mir sein Buch *Building Quality Software*, das meiner Meinung nach genau die praktischen Ratschläge liefert, nach denen so viele Softwaremanager suchen. Besonders mag ich an diesem Buch, daß das ganze Gerede über eine Softwarekrise vermieden und statt dessen ein positiver Ansatz über Wege zur Verbesserung des Software Engineering herausgestellt wird.

Ich hoffe, daß unser Buch Softwareingenieuren und Softwaremanagern dabei hilft, ihre Leistung zu verbessern. Ideal wäre es, wenn mein Buch ein generelles Verständnis für Qualitätssysteme im allgemeinen und ISO 9000 im besonderen bewirken könnte. Der Leser sollte danach Bobs weitergehenden und manchmal provokativen Text lesen, in dem die verschiedenen Optionen und Gegebenheiten bei der aktuellen Softwareentwicklung untersucht werden. Ich selber sehe mich als »bodenständigen« Berater, der sich auf praktische Erfahrungen verläßt und sich über Management, Kontrolle und andere trockene Dinge ausläßt. Bob ist der provokative und »frei laufende« Entwickler, der seinen tiefen Einblick in das faszinierende Gebiet der Software mit Ihnen teilen wird.

In meinem Text sind diverse persönliche Erfahrungen enthalten, um bestimmte Punkte zu unterstreichen. Hinzu kommt, daß die Probleme und Fehler anderer auch unterhaltsam sein können. Und denken Sie daran, daß wir aus den Fehlern anderer lernen sollten; das Leben ist einfach zu kurz, als daß wir sie alle selber machen müßten. Ich hoffe, daß Sie beim Lesen dieses Buchs Spaß haben.

Östen Oskarsson

VORWORT

von
Robert L. Glass

Ich wurde zum erstenmal auf ISO 9000 und damit den Einfluß dieses Standards auf Software auf ziemlich unglückliche Weise aufmerksam. Ich war in Helsinki, um vor finnischen Teilnehmern ein Seminar über Softwarequalität abzuhalten. Ziemlich zu Beginn fragte einer der Teilnehmer nach einem »Qualitätssystem«. Als Antwort stellte ich die gleiche Frage mit einer kleinen Abweichung: »Was ist ein Qualitätssystem?«

In der sich anschließenden Diskussion stellte sich allmählich heraus, daß die Zuhörer am Seminar teilnahmen, um Ratschläge für ein Qualitätssystem, wie in ISO 9000 definiert, mit nach Hause zu nehmen. Da ich selber jedoch bis dato noch nichts von ISO 9000 gehört hatte, war meine Präsentation in dieser Hinsicht nur von äußerst geringer Hilfe.

Ich konnte wenig tun, um mich von diesem Debakel während des Seminars zu erholen. Aber ich beschloß, kaum zu Hause wieder angekommen, mehr über ISO 9000 in Erfahrung zu bringen. Mit Hilfe einiger europäischer Kollegen, zu ihnen gehörte auch Östen Oskarsson aus Schweden, begann ich, alle Informationen einschließlich der Dokumentation zusammenzutragen, die ich für meine Studien benötigte.

Aber dennoch gab es ein Problem: Je mehr ich über ISO 9000 las, desto weniger interessierte es mich. Mein Interesse an Softwarequalität ergab sich schon immer aus dem rein technischen Blickwinkel. Ich bin einfach der Meinung, daß die Entwicklung einer qualitativ anspruchsvollen Software eine Aufgabe für Techniker und nur am Rande für Manager ist. Die typische Rolle des Managements, die Technologien anzutreiben, um dem Produkt Qualität zu verleihen, ist kontraproduktiv. Ich stimme Tom DeMarco zu, der sagt, daß der kompetente Softwareprofi natürlich ein Qualitätsprodukt erstellen will, und daß die Rolle des Managements darin liegt, alle Barrieren zu entfernen, die ihn daran hindern.

Der in ISO 9000 vorhandene Gesichtspunkt der Qualität wird jedoch stärker von den Anhängern des Qualitätsmanagement als von denen der Qualitätstechnologie vertreten. ISO 9000 enthält viele »Du sollst«-Vorgaben und nur wenige technische Ratschläge zur Umsetzung der jeweiligen Anforderungen. Außerdem war ich im frühen Stadium der Informationsbeschaffung über ISO 9000 der Meinung, daß die »Du sollst«-Vorgaben ziemlich oberflächlich waren. Diese Vorgaben könnten die Softwaretechniker darin bestärken, ein Qualitätsprodukt zu erstellen oder auch nicht, doch kommen sie dann nicht zum Wesentlichen, zur Technologie der Qualität.

Inzwischen ist einige Zeit vergangen, in der ich erfolgreich jedem weiteren Interesse an ISO 9000 widerstanden habe. Doch war dies die Zeit, in der meine europäischen Kollegen verstärkt ISO 9000 auf Software anwendeten. Und schon bald konnte man feststellen, daß dieser Standard sich auch in den USA ausbreitete. Beispielsweise stellte ein Autor [Yourdon 1994] die Frage »Wie kann [ein Softwareunternehmen] Vertrauen erwecken, wenn es einen Anspruch hat wie »qualitativ hochstehende Software zu liefern«? Durch Erreichen des Level-5-SEI-Status und die ISO-9000-Zertifikation. Ein anderer lesenswerter Autor, P.J. Plauger [Plauger 1995], sagt: »ISO 9000 als Verkaufsargument ist abhängig von Ihren Kunden. Diejenigen, die danach verlangen, werden sich mit nichts anderem zufriedengeben.« Als Autor des Buchs *Building Quality Software* (Prentice Hall, 1992) und als Seminarleiter des darin enthaltenen Materials stellte ich sehr schnell fest, daß ich den Standard ISO 9000 nicht länger ignorieren konnte.

Inzwischen nahm Östen Oskarsson wegen einiger Buchprojekte Kontakt mit mir auf – er hatte ein Buch in Schwedisch über kleinere Softwareprojekte geschrieben und war an der Möglichkeit interessiert, daß ich bei der Übersetzung ins Amerikanische helfen könnte – und wir erneuerten unsere Diskussion über ISO 9000. Östen war verstärkt als Berater für ISO 9000 engagiert und immer mehr vom Wert dieses Standards überzeugt. Mit den Jahren überzeugten Östens Ansichten auch mich – beispielsweise war seine Doktorarbeit eine eindrucksvolle Fallstudie eines frühen, auf die Industrie ausgerichteten Softwareprojekts (in Schweden wurde bei Ericsson, einem Unternehmen der Kommunikationsbranche, Pionierarbeit bei der Anwendung von OO-Methoden geleistet) – und ich war bereit, ihm zuzuhören, wenn er über ISO 9000 sprach.

Auf Östens Anregung hin betrachtete ich den Standard aus einer neuen Perspektive, redete mit ihm über meine Vorbehalte und beschloß schließlich, bei diesem Buch mit ihm zusammenzuarbeiten. Wir entschlossen uns zu einer Arbeitsteilung, die von Östens Erfahrung beim Vorstellen und Diskutieren des Standards selbst und meinem Hintergrund der Technologie von Softwarequalität ausging. Damit sollten die Anforderungen des Standards und die für die Erstellung von Qualitätssoftware (zumindest aus meiner Sicht heraus) überbrückt werden. Wir trafen noch eine andere Entscheidung. Unser Buch sollte als Begleitung zu *Building Quality Software (BQS)* geschrieben werden. Für den Leser, der bereits den Inhalt von *BQS* kennt, sollte das geplante Buch für sich stehen. Aber für den Leser, der sich noch immer mit dem Erreichen von Qualitätssoftware abmühte, sollte dieses Buch Informationen zu ISO 9000 liefern und sich weitgehend auf *BQS* für Details und notwendige Quellen beziehen, die zur Ausführung der Ideen erforderlich sind. Mit anderen Worten, wenn ein Thema in diesem Buch zu kurz abgehandelt wird, sollte der Leser das gleiche, dann aber ausführlicher behandelte Thema in *BQS* nachschlagen.

Das war also die Grundlage für die Struktur des vorliegenden Buchs, die wir so auch weitestgehend unverändert beibehalten haben. Als ich mich für dieses Buch erneut in ISO 9000 einlas, habe ich das, worum es bei diesem Standard geht, erneut schätzen gelernt. Ich glaube, es gibt drei Dinge, die man verstehen muß, um den Standard würdigen zu können:

1. Es geht mehr um ein Werkzeug für Kunden, die Software kaufen, als um ein Werkzeug für Entwickler, die Software erstellen.

2. Es geht um das »Was« und nicht um das »Wie«. Der Standard geht von Zielvorgaben aus, sagt aber wenig darüber, wie diese Vorgaben erreicht werden können.

3. Es geht um Dinge, die notwendig, aber auf keinen Fall ausreichend sind. Der Standard benötigt eine Anzahl wichtiger Zielvorgaben. Das Erreichen dieser Vorgaben gibt jedoch am Ende keine Gewährleistung für Qualitätssoftware.

Ich glaube, daß die beiden ersten Punkte diejenigen sind, mit denen die meisten Anhänger von ISO-Standards übereinstimmen. Der dritte Punkt ist umstrittener. Im Standard wird stillschweigend hingenommen, daß, wenn man den Anweisungen folgt, man auch mit Sicherheit ein Qualitätsprodukt erhält. Es gibt zwei Gründe, warum ISO 9000 diese unterschiedlichen Meinungen hervorruft:

1. Der Standard wurde von Fachleuten für Qualität definiert. Das heißt, die Begründer des Standards wußten eine Menge über Qualität, aber wenig über die Disziplinen, für die der Standard angewendet wird. Das ist besonders problematisch bei Software, einer ungewöhnlichen Disziplin, da deren Produkt nichts wiegt, in der Herstellung nichts kostet, durch Intelligenz erstellt wird und für ihre Produktion keinerlei Rohmaterialien benötigt werden.

2. Der Standard hat seinen Ursprung im Bereich der Fertigung. In dieser Umgebung kann das »Was« recht einfach in »Wie« übersetzt werden, und die Lücke zwischen erforderlich und ausreichend ist relativ klein. Bei den Fertigungsdisziplinen ist häufig nur die Fertigung selbst kompliziert. Doch bei Software gibt es Komplikationen bei der Analyse und beim Design, während die Fertigung trivial ist.

Das Gebiet, in dem sich ISO 9000 entwickelte, konnte kaum weiter von den Anforderungen der Software entfernt sein. Selbst die Ansätze zur Anpassung des Standards für Software – ISO 9000-3 und einige nationale Auslegungen des Standards wie Englands TickIT – konnten die Lücken zwischen dem »Was« und dem »Wie« sowie dem »Notwendig« und »Ausreichend« nicht füllen. Auf diese Lücke wurde bereits hingewiesen, beispielsweise in [Avison 1994].

Östen und ich wollten also diese Lücke füllen. Ich glaube, Östen und ich haben folgendes in diesem Buch erzielt: Östen, zu Hause im »Was« und »Wie« des Standards, übermittelt dem Leser die Grundlagen des Standards, gibt Hinweise zu seiner Anwendung, zeigt dessen Stellenwert im Gesamtbereich aller Bemühungen um Softwarequalität auf und berichtet über bestimmte Anwendungen des Standards. Ich meine, daß seine Anekdoten ein wichtiger Beitrag zum Verständnis des Standards sind.

Ich habe in meinem Beitrag hoffentlich die Lücken zwischen dem »Was« und »Wie« sowie dem »Notwendig« und »Ausreichend« geschlossen. Ausgehend von meiner Ansicht, daß ein Festhalten am Standard nicht zwangsläufig eine Qualitätssoftware nach sich zieht, habe ich versucht, den notwendigen Einblick zu schaffen, und zwar als Ergänzung des Standards und zur Verbesserung seiner Chancen bei der Erfüllung der von seinen Urhebern gesetzten Ziele.

Das daraus resultierende Buch mag wie ein ungleiches Paar aussehen: Östen, der ISO 9000 und seine Vorteile beschreibt, und ich, der den Standard kritisiert und versucht, das anzubieten, was der Standard nicht kann. Ich hoffe, daß diese Differenzen den Leser nicht zu sehr stören. Ich gehe einfach davon aus, daß das Ergebnis eine Verbindung darstellt, die ISO 9000 endlich den Nutzen bringt, der für diesen Standard beabsichtigt war. Ausgehend davon, daß Östen und ich sehr unterschiedliche Aspekte zu ISO 9000 zeigen, hoffe ich, daß sie in diesem Buch eine gute Verbindung eingehen. Doch darüber urteilen letztendlich Sie.

Robert L. Glass

Verweise

[Avison 1994] D.E. Avison, H.U. Shah und D.N. Wilson »Software Quality Standards in Practice: The Limitations of Using ISO 9000-1 to Support Software Development«, *Software Quality Journal*, 3, 105-111, 1994.

[Plauger 1995] P.J. Plauger »Playing it Safer«, *Embedded Computer Systems*, Jan. 1995.

[Yourdon 1994] Ed Yourdon, *Guerilla Programmer*, S.3, Sept. 1994.

Über die Autoren

Östen Oskarsson arbeitet z.Zt. in seiner eigenen Einmann-Beratungsfirma in Linköping, Schweden. Er hat sich auf die Qualitätssicherung für Softwareentwicklung und -wartung spezialisiert. Seine Aufgaben umfassen die Unterstützung von Softwareherstellern hinsichtlich Methodik und Management, Unterstützung der Kundenseite bei der Softwareauswahl und ISO-9001-Zertifikation für Softwarere-Organisationen. Dr. Oskarsson hat über 15 Jahre in der europäischen Softwareindustrie gearbeitet, zuerst bei Ericsson, einem Lieferanten für Kommunikationssysteme, dann bei FFV, einer Gruppe für Verteidigungssysteme, und später als Berater. Ab 1987 hat er dann in europäischen Organisationen über 100 Qualitätsaudits nach ISO 9001 und anderen Standards für Software durchgeführt.

Östen Oskarsson promovierte 1982 in Linköping. 1993 wurde er eingetragener TickIT-Prüfer. Er ist Autor zweier schwedischer Bücher: *Sicherung von Software-Qualität* (zusammen mit Christer v. Schantz), erschienen 1990 im Industriförlaget, und *Software-Entwicklung im Kleinen*, Studentlitteratur 1994.

Robert L. Glass ist Präsident von Computer Trends, dem Herausgeber von *The Software Practioner* (Der Software-Praktiker), und seit über 40 Jahren tätig auf dem Gebiet Computer und Software – vorrangig in der Industrie, aber auch im akademischen Bereich. In der Industrie arbeitete er im Projektmanagement, hat Software für viele Anwendungsbereiche entwickelt und gepflegt und sich zusätzlich in Forschung und Entwicklung engagiert. Im akademischen Bereich lehrte er fünf Jahre lang Softwaretechnologie an der Universität in Seattle, war über mehrere Sommer lang Gastprofessor an der Universität Linköping in Schweden und verbrachte ein Jahr am Software Engineering Institute der Universität Carnegie-Mellon.

Robert L. Glass ist Autor von 19 Büchern und weiteren 49 Veröffentlichungen über Computer und Software, Herausgeber des *Journal of Systems and Software*, Herausgeber und Redakteur von *The Software Practioner* und war 15 Jahre lang Dozent der Association for Computing Machinery. Er ist seit 1995 Ehrendoktor der Universität Linköping.

Zum Thema Softwarequalität hat Glass viele Seminare in der Industrie abgehalten, dazu einen Kursus an der Universität Seattle durchgeführt und folgende drei Bücher zu diesem Thema geschrieben:

Building Quality Software, Prentice Hall, 1992.
Measuring Software Design Quality (zusammen mit David N. Card), Prentice Hall, 1990.
Software Reliability Guidebook, Prentice Hall, 1979.

TEIL 1

ISO 9000 und Software

KAPITEL 1

Hintergrund zu ISO 9000

1.1 Handel mit Schrauben und Muttern

Einer meiner Freunde lebt gut vom Handel mit Schrauben und Muttern. Er kauft große Mengen bei Lieferanten in Südostasien ein und verkauft sie dann an seine Kunden in Skandinavien. Erstaunt stellte ich fest, daß dabei der schwierigste Part nicht der Verkauf war, also das Zeug mit Gewinn loszuwerden, sondern der Einkauf der Schrauben und Muttern.

Mein Freund empfängt in regelmäßigen Abständen einige Ladungen mit Schrauben und Muttern. Sind sie fehlerhaft, hat er Probleme. Beispielsweise könnten die Maße nicht stimmen, der Stahl könnte qualitativ schlecht oder das Gewinde falsch sein. In diesem Fall könnte er seine Kunden nicht beliefern und deshalb keinen Gewinn erzielen (eher das Gegenteil).

»Aber«, sagte ich, »du könntest doch bestimmt Schadenersatz bei den Lieferanten geltend machen.« »Möglicherweise«, antwortete mein Freund, »aber wenn ich meine Kunden bereits verloren habe, würde das auch nicht mehr helfen. Ich kann nicht von Schadenersatz leben, sondern nur von einem guten Geschäft.«

Die Lösung für meinen Freund ist also, zusätzliche Lieferbedingungen festzulegen. Er muß Maße, Stahlqualität, Gewindesteigung usw. vertraglich vereinbaren. Außerdem muß er Anforderungen für die internen Abläufe der Lieferunternehmen festlegen. Nur so kann er sicherstellen, daß die Ware geliefert wird, die seine Kunden benötigen. Er legt Bedingungen für den Materialeinkauf, den Fertigungsprozeß und die Qualitätskontrolle seiner Lieferanten fest und wird das auch überprüfen. Wenn er nun überzeugt wäre, daß der Lieferant das richtige Rohmaterial einkauft, daß zuverlässige Fertigungsprozesse und ausreichende Produktkontrollen vorhanden sind, würde er nachts ruhig schlafen können und allein auf die Lieferung warten müssen.

Mein Freund legt diese »Extra«-Anforderungen dadurch fest, daß er deren Erfüllung durch den Lieferanten per ISO-9000-Standard verlangt. ISO 9000 beinhaltet eine Reihe von Standards, die gerade für die Bedürfnisse meines Freunds wie geschaffen sind. Die Standards spezifizieren die Anforderungen an die Organisation des Lieferanten und legen Abläufe fest, die beim Kunden das Vertrauen in die zu liefernden Produkte erzeugen.

1.2 Die ISO-9000-Familie der Standards

Die *International Organization for Standardization* (ISO – Internationale Organisation für Standardisierung) ist eine weltweite Vereinigung nationaler Standardisierungsgremien wie z.B. das *American National Standard Institute* (ANSI), *Deutsches Institut für Normung e.V.* (DIN) oder *Europäisches Komitee für Normung* (CEN). ISO bereitet internationale Standards vor, die nach Abstimmung unter den ISO-Mitgliedern veröffentlicht werden.

ISO 9000 ist ein Satz von Standards und Richtlinien. Abbildung 1-1 zeigt einige ISO-9000-Dokumente, die für uns von Interesse sein könnten.

Das Dokument ISO 9000-1 ist ein allgemeiner Leitfaden und gibt Hintergrundinformationen zur Gruppe der Standards. ISO 9001, ISO 9002 und ISO 9003 sind *Standards* in der Gruppe und enthalten die Anforderungen an Lieferanten. ISO 9002 und ISO 9003 sind Untergruppen von ISO 9001. ISO 9002 wird in Situationen ohne Design eingesetzt, während ISO 9003 dann zum Einsatz gelangt, wenn weder Design noch Produktion (wie Handelsgeschäfte) vorhanden sind. In der Softwareentwicklung wird ISO 9001 als Standard verwendet.

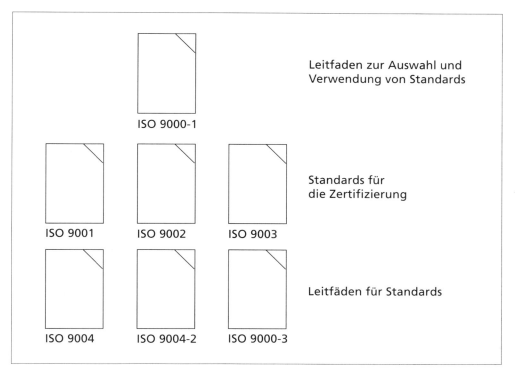

Abbildung 1-1

ISO 9004 ist ein zusammengefaßter Leitfaden für den Einsatz der ISO-9000-Standards. ISO 9000-3 legt fest, wie ISO 9001 für die Softwareentwicklung angewandt wird. ISO 9004-2 dagegen ist der Leitfaden für die Anwendung von ISO 9001 bei der Bereitstellung von Dienstleistungen. Das könnte im Zusammenhang mit IT (Information Technology = Informationstechnologie) von Interesse sein, da Rechenzentren und andere Anbieter von Dienstleistungen im Datenbereich von den hier veröffentlichten Ratschlägen profitieren könnten.

Die ISO-9000-Standards sowie sämtliche deutsche Normen und Normentwürfe, europäische Normen, internationale Normen sowie alle weitere Normenschriften sind beziehbar durch den organschaftlich mit dem DIN verbundenen Beuth Verlag GmbH, Postanschrift: 10772 Berlin, Hausanschrift: Burggrafenstraße 6, 10787 Berlin; Telefon: (030) 2601-2260, Telefax: (030) 2601-1260.

In diesem Zusammenhang verweisen wir insbesondere auf *DIN-Taschenbuch 226 – Qualitätsmanagement und Statistik*, Beuth Verlag, ISBN 3-410-13456-5 und *DIN-TERM Qualitätsmanagement, Statistik, Zertifizierung – Begriffe aus DIN Normen*, Beuth Verlag, ISBN 3-410-13281-1.

1.3 ISO 9000

1.3.1 Allgemein

Da Softwareproduktion meist eine Frage des Designs ist, kommt für uns ISO 9001 in Frage. ISO 9001 läuft unter dem Titel »Qualitätsmanagementsysteme – Modell zur Qualitätssicherung/QM-Darlegung in Design, Entwicklung, Produktion, Montage und Wartung«. Konzentrieren Sie sich allerdings nicht zu sehr auf das Wort »Qualität«. Bei ISO 9001 geht es um das *Management*. Der Standard enthält Forderungen, wie ein Unternehmen auf verschiedenen Ebenen und unter verschiedenen Gesichtspunkten geführt werden sollte. Der Standard umfaßt definitiv keine Bedingungen für *Produkte*.

Vereinfacht ausgedrückt stellt ISO 9001 nur zwei Hauptanforderungen an den Auftragnehmer:

1. Alle Operationen mit Einfluß auf die Qualität sollten unter Kontrolle sein.

2. Diese Kontrolle sollte ersichtlich sein.

Der Standard führt diese Anforderungen mit sehr viel mehr Einzelheiten und Worten an, aber die oben angeführten Hauptforderungen sind der Kern von ISO 9001.

Die zweite Forderung wird normalerweise als Bedingung formuliert, die besagt, daß Pläne, Verfahren, Organisation usw. dokumentiert und wichtige Aktivitäten festgehalten werden müssen.

ISO 9001 geht von einer straffen Organisation aus, in der Manager die Verantwortung für und Kontrolle über die Arbeit ihrer Mitarbeiter besitzen. Eigenverantwortlich arbeitende Gruppen passen nur schwer in das Schema von ISO 9001.

ISO 9001 wurde für die Fertigungsindustrie geschrieben. Die Anwendung des Standards für die Softwareentwicklung erfordert eine gewisse Interpretation.

Die erste Version von ISO 9001 wurde 1987 veröffentlicht. Da die einzelnen Versionen des ISO-Standards nach dem Veröffentlichungsjahr definiert werden, läuft diese Version unter der Bezeichnung ISO 9001:1987. Mitte 1994 wurde Version 2 des Standards unter der Bezeichnung ISO 9001:1994 veröffentlicht. Das vorliegende Buch beschäftigt sich mit dieser Version. Die Unterschiede zwischen den Versionen 1 und 2 sind relativ gering. Hauptsächlich werden in der neuen Version einige Dinge aus der früheren Version verdeutlicht.

1.3.2 ISO 9001 und Dokumentation

ISO 9001 besteht sehr auf Dokumentation. Verfahren sollten dokumentiert und Aufzeichnungen über all das angelegt werden, was innerhalb des Unternehmens geschieht. Das ist der Grund weshalb viele Manager sich vor dem Standard fürchten. Sie haben Alpträume von Papierbergen und bürokratischen Organisationsformen, in denen das Ausfüllen von Formularen mehr Zeit in Anspruch nimmt und wichtiger wird als die Produktion von Gütern. Sie haben recht. Eine falsche Anwendung des Standards kann leicht unnötige Komplikationen mit sich bringen, die einen Lieferanten verglichen mit der Situation vor ISO 9001 schwächen kann. Diese Gefahr entsteht besonders dann, wenn der Standard von bürokratischen Personen verfolgt wird, die Papier mit Ergebnissen verwechseln.

Ich setze mich regelmäßig mit Qualitätsmanagern auseinander, deren Hauptargument lautet: »Wir müssen das tun, weil es im Standard festgelegt ist«. Meine Gegenfrage ist dann: »Aber werden Sie dadurch ein besserer Lieferant?« »Das wird so im Standard behauptet«, ist die irrelevante Antwort. Die Schlüsselfrage in dieser Situation ist, warum ein Standard nicht automatisch einen leistungsfähigeren Lieferanten nach sich zieht. Wenn diese spezifischen Papiere Ihnen und Ihren Kunden keine Vorteile bringen, wozu soll dieser Standard dann gut sein?

1.3.3 Das Risiko der Bürokratie

Bitte achten Sie auf ein wichtiges Wort im Titel von ISO 9001: »Modell«. Die Forderungen im Standard müssen nicht notwendigerweise wörtlich genommen werden. Wenn es in Ihrem Unternehmen einen einfacheren Weg gibt, das gleiche wie in ISO 9001 zu erreichen, kann das für Sie nur gut sein.

Wichtig ist, daß es meist zwei Wege gibt, um die Anforderungen in ISO 9001 zu erfüllen:

1. Bereiten Sie einen schriftlichen Ablauf der jeweiligen Aktivität vor, und achten Sie darauf, daß dieser Ablauf eingehalten wird.

2. Übertragen Sie einer kompetenten Person die Verantwortlichkeit und die Autorität zur Durchführung der Aktivität. Zeigen Sie allen, daß diese Person das notwendige Wissen besitzt und genügend Erfahrung hat. Wir können das als speziellen Fall von 1 ansehen, in dem der schriftliche Ablauf nur Verantwortlichkeit und Autorität zuweist.

Ich hatte von einem sehr extremen Fall gehört. Der Besitzer eines kleinen Herstellungsbetriebs, spezialisiert auf äußerst präzise Meßinstrumente, wollte zeigen, daß sein Unternehmen ISO 9001 erfüllt. Allerdings weigerte er sich, detaillierte Abläufe festzulegen. Er nahm für sich in Anspruch, ausschließlich äußerst qualifizierte Mitarbeiter mit einer gründlichen Ausbildung, langjähriger Erfahrung und ausgezeichneten Referenzen eingestellt zu haben. »Würde ich diesen Mitarbeitern mit detaillierten Anweisungen kommen, wäre das eine Beleidigung und kontraproduktiv. Deshalb lasse ich das sein«, soll er gesagt haben.

Er dokumentierte einfach seine Methode der Unternehmenskontrolle und beschrieb, welche Verantwortung und Autorität er seinen Beschäftigten gegeben hatte. Er dokumentierte auch seine eigenen Ansichten, wissend, daß ausgezeichnete Produkte hergestellt wurden. Dann holte er externe Qualitätsauditoren ins Haus, welche die Übereinstimmung seines Unternehmens mit ISO 9001 feststellen sollten. Beim Anblick der dürftigen Dokumentation, die als Definition des »Qualitätssicherungssystems« des Unternehmens bezeichnet wurde, schüttelten die Auditoren den Kopf.

Sie verbrachten dann geraume Zeit damit, Lücken im Qualitätssicherungssystem zu finden. Am Ende mußten sie aufgeben. Die ganze Zeit über mußten sie sich die Frage stellen: »Können wir sehen, daß diese Aktivität unter Kontrolle ist?« Und dann fanden sie heraus, daß es eine kurze aber genaue Dokumentation der jeweiligen Kontrolle gab. Auch konnten sie an den Arbeitsplätzen feststellen, daß die Arbeit immer überwacht und so auch durchgeführt wurde.

Das Schaffen von Regeln und Formalitäten zur Erfüllung von ISO 9001 ist ein Balanceakt. Auf der einen Seite gibt es den gefährlichen Sumpf »Bürokratie«, der Aktivitäten permanent behindern kann, und auf der anderen Seite das Hochgefühl, daß alles reibungslos funktioniert, ohne zu wissen, was morgen passiert.

Abbildung 1-2 ist ein Ansatz zur Illustration dieses Phänomens. Die Y-Achse steht für Qualität und Produktivität, während die X-Achse für Formalität und Schreibarbeit steht. Zu wenig Formalität und Schreibarbeit führen zu geringer Qualität und Produktivität, da Entwickler Fehler machen und in anderen Projekten (z.B. in einer Entwicklungsumgebung) bereits geleistete Arbeit wiederholen. Zuviel davon kann auch zu geringer Qualität und Produktivität führen, da sich die Bemühungen überwiegend auf das Einhalten von Regeln und die Schreibarbeit beziehen. Wenn eine Organisation für Softwareentwicklung den *richtigen* Level von Formalität und Schreibarbeit festlegen kann, entsteht ein Optimum an Qualität und Produktivität.

Wie dem auch sei – manchmal stelle ich fest, daß sich Organisationen links in der Abbildung 1-2 befinden. Das Management sieht ein, daß einiges in bezug auf die Softwareentwicklung geschehen muß. Vielleicht sind einige Mitarbeiter vorhanden, die für die Softwareentwicklung nicht geeignet sind, und das Management muß diese Leute anders einsetzen. Das Management kann sie möglicherweise mit dem Definieren von Abläufen und Standards für die Softwareentwicklung beauftragen. Wahlweise könnte dieser Job auch an einen externen Berater vergeben werden. In beiden Fällen wird sich die Organisation vermutlich rechts in der Abbildung 1-2 wiederfinden. Zwischenzeitlich sind zwei oder drei dicke Ordner mit Regeln und Standards entstanden, und das Management versucht, diese durchzusetzen. Dennoch konnten weder Qualität noch Produktivität verbessert werden, und schon sehr bald hören die Entwickler auf, diese Regeln weiter zu befolgen. Jetzt sagen die Manager: »Software-

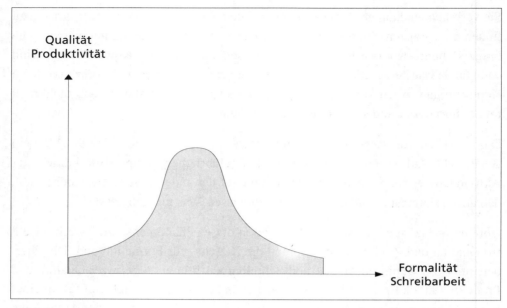

Abbildung 1-2

entwickler sind kreative Künstler, die sich nicht kontrollieren lassen. Wir sollten sie alleine lassen.« Und die Softwareingenieure sagen: »Man kann keine Regeln für die Softwareentwicklung aufstellen; wir müssen in jedem Einzelfall entscheiden, wie die Arbeit durchgeführt wird.«

1.3.4 Qualitätsaudits und objektiver Beweis

Lassen Sie uns zwei eng verknüpfte Konzepte anschauen, die im Mittelpunkt von ISO 9001 stehen: Qualitätsprüfungen und objektiver Beweis.

»Qualitätsaudit: Eine systematische und unabhängige Untersuchung, um festzulegen, ob die qualitätsbezogenen Tätigkeiten und die damit zusammenhängenden Ergebnisse den geplanten Anordnungen entsprechen und ob diese Anordnungen wirkungsvoll verwirklicht und geeignet sind, die Ziele zu erreichen.« (ISO 8402-1986).

Das Qualitätsaudit einer Organisation bedeutet, daß eine von den Managern dieser Organisation unabhängige Person feststellt, ob die Regeln und Abläufe eingehalten werden und diese zum beabsichtigten Ergebnis führen. Ein internes Qualitätsaudit bedeutet, daß dieses vom oder in Verantwortung des Managements durchgeführt wird. Interne Qualitätsaudits decken verschiedene Unternehmensbereiche ab, aber nicht das Unternehmen als Ganzes (niemand im Unternehmen wäre genügend unabhängig). Ein externes Qualitätsaudit bedeutet, daß ein Kunde ein Qualitätsaudit einer oder aller Handlung(en) eines Lieferanten durchführt. Externe Qualitätsaudits werden von unabhängigen, externen Qualitätsauditoren durchgeführt.

Ein zentraler Teil eines Qualitätsaudits ist der »objektive Beweis«. Ein Kunde oder ein externer Qualitätsauditor, der in ein Unternehmen kommt, um herauszufinden, ob ISO 9001 erfüllt wird, muß feststellen können, was vor dem Besuch geschehen ist. Wenn beispielsweise das Verfahren des Lieferanten ein Review oder eine Prüfung beinhaltet, erfordert ISO 9001 einen dokumentierten Beweis des Reviews oder der Prüfung. Ich könnte beispielsweise einen Manager fragen: »Wurde die Inspektion durchgeführt?«. Die Antwort wäre: »Oh, ja!« »Und woher wissen Sie das?« »Gestern hat mir Charlie aus der Fertigungshalle gesagt, daß er die Inspektion vorgenommen hat.«

Diese Antwort würde ich nicht akzeptieren. Mündliche Zusagen sind für ISO 9001 nicht ausreichend. Wenn mir dagegen ein Dokument gezeigt worden wäre mit dem Inhalt, daß Charlie die Inspektion für Teil x entsprechend dem Verfahren y vorgenommen und z festgestellt hat, und das Dokument mit Charlies Unterschrift sowie Datum abgezeichnet gewesen wäre, hätte ich alles geglaubt. Ein derartiges Dokument wäre ein objektiver Beweis.

Wie aber wissen wir, daß Charlie das Dokument nebst Unterschrift nicht gefälscht hat, ob die Angaben also stimmen? Natürlich gibt es keine absolute Gewißheit. Dennoch – im allgemeinen werden Mitarbeiter kaum etwas unterschreiben, was eindeutig falsch ist. Ich selber habe in den vielen Jahren des Qualitätsauditing noch keinen Fall gefunden, in dem jemand wissentlich eine falsche Aussage unterschrieben hat.

1.3.5 Das Konzept des Qualitätssicherungssystems

ISO 9001 enthält Forderungen für das *Qualitätssicherungssystem* eines Lieferanten. Nach ISO umfaßt ein Qualitätssicherungssystem »die Aufbauorganisation, Verantwortlichkeiten, Abläufe, Verfahren und Mittel zur Verwirklichung des Qualitätsmanagements.«

Dieses wichtige Konzept wird häufig mißverstanden. Wenn ich für ein Qualitätsaudit zu einem Lieferanten komme, überreicht mir manchmal der Qualitätsmanager stolz einen Ordner mit der Feststellung: »Das ist unser Qualitätssicherungssystem.« Papier kann jedoch nur Teil eines Qualitätssicherungssystems sein; dazu gehören ebenso Mitarbeiter, Ausrüstung, Kompetenz, Vorgehensweisen usw.

In einer Organisation für Softwareentwicklung kann sich das Qualitätssicherungssystem beispielsweise so zusammensetzen:

- Qualitätspolitik
- Organisation
- Mitarbeiter
- Kompetenz der Mitarbeiter
- Qualitätsmanagement-Handbuch
- Verfahrensanweisungen
- Prüflisten
- Aufzeichnungen (z.B. Protokolle von Meetings, Testaufzeichnungen)
- Übliche Praktiken

1.3.6 Zwanzig Qualitätselemente

Konzentrat von ISO 9001 ist dessen Kapitel 4, das in zwanzig Absätze unterteilt ist:

4.1 Verantwortung der Leitung

4.2 Qualitätsmanagementsystem (QM-System)

4.3 Vertragsprüfung

4.4 Designlenkung

4.5 Lenkung der Dokumente und Daten

4.6 Beschaffung

4.7 Lenkung der vom Kunden beigestellten Produkte

4.8 Kennzeichnung und Rückverfolgbarkeit von Produkten

4.9 Prozeßlenkung

4.10 Prüfungen

4.11 Prüfmittelüberwachung

4.12 Prüfstatus

4.13 Lenkung fehlerhafter Produkte

4.14 Korrektur- und Vorbeugungsmaßnahmen

4.15 Handhabung, Lagerung, Verpackung, Konservierung und Versand

4.16 Lenkung von Qualitätsaufzeichnungen

4.17 Interne Qualitätsaudits

4.18 Schulung

4.19   Wartung

4.20   Statistische Methoden

Das Thema des jeweiligen Abschnitts wird als Qualitätselement bezeichnet und durch die Überschrift des Abschnitts definiert. Die Qualitätselemente sind fester Bestandteil der Qualitätssicherung. Besonders Qualitätsauditoren, die sich auf das Bewerten der Übereinstimmung mit ISO-9000-Standards spezialisiert haben, beziehen sich in Diskussionen hinsichtlich Übereinstimmung häufig auf die Qualitätselemente.

In Kapitel 3 dieses Buchs werden wir nacheinander die einzelnen Qualitätselemente behandeln.

1.4   Zertifizierung nach ISO 9001

1.4.1   Hintergrund

ISO 9001 wurde mit der Absicht geschaffen, in einem Vertrag zwischen Kunde und Lieferant angewendet zu werden. Allerdings wird dieser Standard auch mehr und mehr für die *Zertifizierung* eingesetzt.

Als Auftraggeber anfingen, ISO 9001 in Verträge aufzunehmen, stellten sie fest, daß sie sich selber überzeugen mußten, ob der Lieferant tatsächlich die Anforderungen des Standards erfüllte. Es reichte nicht, nur den Bezug auf den Standard in den Vertrag aufzunehmen; wenn ein Lieferant ISO 9001 nur unvollständig erfüllt hätte, könnte man ihn zwar wegen Vertragsbruchs belangen, doch würde man noch lange nicht die Schrauben und Muttern, oder was immer der vertraglich vereinbarte Liefergegenstand sei, erhalten. Deshalb begannen Kunden, Qualitätsauditoren auf Kosten des Lieferanten zu beauftragen. Sie durchleuchteten die Managementmethoden, prüften die laufenden Aktivitäten und verglichen sie mit den Forderungen des Standards. Qualitätsauditoren waren Bestandteil sowohl der vorvertraglichen Auswahl von Lieferanten als auch der dann folgenden Prüfung des ausgewählten Lieferanten.

Wenn ein Lieferant viele Kunden hat, wäre es recht kostspielig und lästig, wenn jeder von ihnen für mehrere Tage den Lieferanten besuchen und sich selber von der Erfüllung der Forderungen gemäß ISO 9001 überzeugen würde. Prüfungen durch Kunden binden wichtige Mitarbeiter und riskieren schon dadurch die Erfüllung wichtiger Vertragsinhalte.

Schließlich hatte jemand eine blendende Idee: Warum sollte es nicht nur eine Partei geben, die den Lieferant prüfen und ein Zertifikat ausstellen könnte? Dieses könnte der Lieferant verwenden, um alle Kunden davon zu überzeugen, daß der Standard erfüllt werde. Die normalen Qualitätsprüfungen durch den Auftraggeber würden also hinfällig werden. So wurde schließlich das Schema der Zertifizierung nach ISO 9000 geboren.

Heute können eine große Anzahl europäischer und anderer Industriebetriebe eine Zertifizierung nach ISO 9000 vorweisen. Obwohl Überprüfungen durch den Auftraggeber selten geworden sind, gibt es noch immer einen Bedarf dafür. Hier die Gründe:

- Eine ISO-9000-Zertifizierung ist nur ein einfaches »Ja« auf die Frage nach der Erfüllung. Um verschiedene Lieferanten vergleichen zu können, muß der Auftraggeber sich diese noch immer selber anschauen.
- Besonders in neuen technischen Bereichen (z.B. Software) ist die Beurteilung der einzelnen Zertifizierungsstellen sehr unterschiedlich, abhängig von der Kompetenz des Qualitätsauditors und der Auslegung des Standards.

In Europa gibt es heute bereits Fälle, wo man jedes Angebot (und damit jeden Auftrag) vergessen kann, wenn ein Unternehmen nicht für den entsprechenden ISO-9000 Standard zertifiziert ist.

1.4.2 Externe Zertifizierung

Diverse Unternehmen haben sich auf die Zertifizierung von Lieferanten nach ISO 9001 und anderen Standards spezialisiert. Dafür gibt es den Begriff »externe Zertifizierung«, und das ausführende Unternehmen wird als Zertifizierungsstelle bezeichnet. Derartige Firmen bieten nur eine Leistung an: die Beurteilung der Übereinstimmung mit den Standards kombiniert mit dem Ausstellen von Zertifikaten für die Lieferanten, welche die Forderungen des jeweils angewendeten Standards voll erfüllen.

Eine externe Zertifizierung eines Lieferanten gemäß ISO 9001 kann aus folgenden Schritten bestehen:

1. Der Lieferant holt Angebote verschiedener Zertifizierungsstellen ein.

2. Der Lieferant schließt einen Vertrag mit der Zertifizierungsstelle ab. Die Auswahlkriterien sind normalerweise Kosten, Ruf und Kompetenz im Geschäftsbereich des Lieferanten.

3. Die Zertifizierungsstelle erstellt eine sorgfältige Studie (Qualitätsaudit) der Regeln, Praktiken, Organisation, Dokumentation usw. des Auftragnehmers und weist auf die Bereiche hin, in denen eine Nichtübereinstimmung mit ISO 9001 vorhanden ist.

4. Wenn der Lieferant bestätigt hat, daß die Nichtübereinstimmungen korrigiert wurden, erstellt die Zertifizierungsstelle ein Zertifikat mit dem Inhalt, daß der Lieferant die Forderungen gemäß ISO 9001 voll erfüllt.

5. Danach gibt es seitens der Zertifizierungsstelle regelmäßige (z.B. halbjährliche) Folgeaudits, um die Gültigkeit des Zertifikats sicherzustellen.

6. Das Zertifikat verliert nach drei Jahren seine Gültigkeit, d.h., es muß dann ein neues Zertifikat erstellt werden. Unter bestimmten Voraussetzungen kann eine Zertifizierungsstelle ein vorhandenes Zertifikat sofort zurückziehen, z.B. wenn das Zertifikat vom Lieferanten im Marketing mit der Aussage eingesetzt wird, daß die *Produkte* nach ISO 9001 zertifiziert sind.

1.4.3 Wer kontrolliert die Auditoren?

Da die Zertifizierungsstelle vom Lieferanten dafür bezahlt wird, ein für ihn wichtiges Zertifikat zu erstellen, könnte möglicherweise ein Risiko darin liegen, daß die Zertifizierungsstelle zu nachsichtig ist, um den Lieferanten nicht als Kunden zu verlieren. Eine unseriöse Zertifizierungsstelle könnte sich vielleicht sogar auf den Verkauf besonders preiswerter Zertifikate spezialisieren.

Zur Zeit scheint das Zertifizieren gut zu funktionieren. Grund dafür ist, daß der Wert eines Zertifikats abhängig ist von der Wichtigkeit des Lieferanten aus der Sicht der Kunden. Das wiederum ist hauptsächlich vom Ruf der Zertifizierungsstelle abhängig, was einen erheblichen Druck auf diese ausübt, nicht nachlässig zu sein. Für die Zertifizierungsstelle wäre es äußerst unerfreulich, wenn der Kunde eines Lieferanten anrufen und sagen würde: »Wie konnten Sie dieses Unternehmen nur zertifizieren? Ich hatte es unter Vertrag genommen, weil es zertifiziert war. Aber es hat den Vertrag nicht eingehalten, und das Produkt ist nutzlos!« Wenn derartige Vorfälle publik werden würden, könnte die Zertifizierungsstelle jedes weitere Geschäft vergessen.

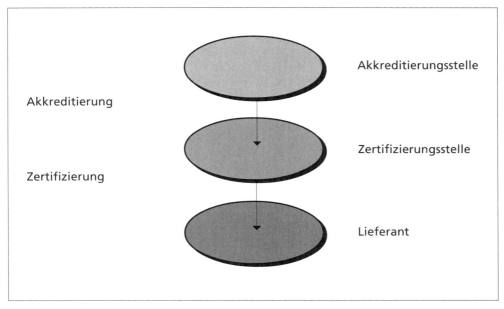

Abbildung 1-3

Außerdem sind die meisten Zertifizierungsstellen in den Ländern zugelassen, in denen sie arbeiten. Nationale Akkreditierungsstellen sind für die Zulassung zuständig und erarbeiten die Regeln für die Zertifizierungsstellen. Die Akkreditierungsstelle legt fest, in welchem Geschäftsbereich die Zertifizierungsstelle ISO-9000-Zertifikate ausstellen darf. Die Akkreditierungsstellen kontrollieren regelmäßig alle zugelassenen Zertifizierungsstellen, indem sie beispielsweise deren Arbeitsweise während einer Zertifizierung beobachten. Informationen zu Zertifizierungsstellen erhalten Sie unter folgender Anschrift:

TGA – Trägergemeinschaft für Akkreditierung GmbH
Stresemannallee 13
60596 Frankfurt
Telefon: 069-63009-100

Abbildung 1-3 zeigt den Zusammenhang zwischen Akkreditierung und Zertifizierung. In Europa zugelassene Zertifizierungsstellen arbeiten gemäß ISO 10011 »Leitfaden für das Audit von Qualitätssicherungssystemen; Teil 1: Auditdurchführung und Teil 2: Qualifikationskriterien für Qualitätsauditoren«.

KAPITEL 2

ISO 9001 in der Softwareentwicklung

2.1 Vergleich zwischen Industrie- und Softwareproduktion

Am ISO-9000-Standard interessiert uns ISO 9001, da er für »Qualitätssicherung für Design, Entwicklung, Produktion, Installation und Pflege« angewendet wird. Wie bereits früher ausgeführt, wurde dieser Standard für die produzierende Industrie festgelegt. Bei der Anwendung dieses Standards auf die Entwicklung und Pflege von Software entstehen daher einige Probleme.

In welcher Weise unterscheidet sich dann Software? Abbildung 2-1 zeigt die Unterschiede zwischen der produzierenden Industrie und der Softwareentwicklung aus dieser Perspektive. Die Rechtecke stehen für Kosten oder Leistung.

Wenn wir zuerst die produzierende Industrie betrachten, beispielsweise für Kessel, stellen wir fest, daß *Design* eine relativ untergeordnete Aktivität ist. Dagegen sind die Stückkosten in der Produktion beachtlich. Wenn also nur einige Kessel produziert worden sind, ist *Produktion* der Hauptteil der Aktivität. Wenn wir daher über Probleme der Qualität oder Produktivität und über Verbesserungen im Herstellungsprozeß reden, neigen wir dazu, uns auf die Produktion zu konzentrieren.

Dagegen besteht die Softwareproduktion zu fast 100% aus *Design*. Produktion bedeutet hier, ausführbare Programmcodes auf Disketten, Bänder oder in ROMs zu

Kapitel 2

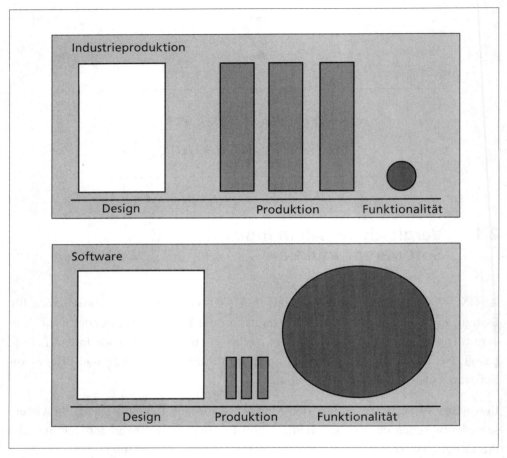

Abbildung 2-1

kopieren. Die Produktion wird dabei automatisch ausgeführt und geprüft. Wenn wir hier über Qualität und Produktivität reden, konzentrieren wir uns auf Design.

Ein anderer Unterschied wird durch die Kreise rechts in der Abbildung illustriert. Die Funktionalität und Komplexität von Software und komplizierter Elektronik sind um ein Vielfaches größer als die gewöhnlicher Geräte. Meiner Meinung nach ist die heutige Software das bei weitem Komplexeste, was Menschen geschaffen haben, mit Ausnahme unserer Zivilisation. Deshalb ist die Notwendigkeit der Kontrolle in der Softwareentwicklung größer als in der Produktion von Geräten; gleichzeitig ist diese Kontrolle weitaus schwieriger zu definieren und anzuwenden.

ISO 9001 beinhaltet zwar das Design, konzentriert sich aber auf die Produktion. Selbst für einen Produktionsexperten ist der Text im Standard zu kurz und bedarf weiterer Erklärung. Um ihn auf die Softwareentwicklung anzuwenden, muß der Standard interpretiert und ausführlicher erklärt werden. In Kapitel 3 finden Sie diese Interpretationen und Erklärungen.

2.2 ISO 9000-3

Die Notwendigkeit einer speziellen Interpretation von ISO 9001 für Software wurde sehr früh festgestellt, und deshalb hat ISO bereits 1991 einen Leitfaden für diesen Zweck veröffentlicht. Er hat die Nummer ISO 9000-3 mit dem Titel: »Normen zum Qualitätsmanagement und zur Qualitätssicherung – Teil 3 – Leitfaden für die Anwendung von ISO 9001 auf die Entwicklung, Lieferung und Wartung von Software.«

Dieses Dokument ist ein *Leitfaden*, kein Standard. Es beinhaltet wörtlich einige Teile von ISO 9001, und in diesen Teilen wird das Wort »soll« verwendet. Im übrigen Text wird das Wort »sollte« benutzt.

ISO 9000-3 hat einen speziellen Status, obwohl es nur ein Leitfaden ist und das Wort »sollte« verwendet wird. Es ist kein beliebiger, sondern der von ISO autorisierte Leitfaden zur Anwendung von ISO 9001 auf Software. Deshalb wird ISO 9000-3 gelegentlich als Anforderungsstandard in der gleichen Weise wie ISO 9001 benutzt. In diesen Fällen wird »sollte« mit der Bedeutung »soll« verwendet.

ISO 9000-3 ist nur eine von vielen möglichen Interpretationen von ISO 9001 für Software. Es ist möglich, ISO 9001 zu erfüllen, ohne dabei jedes »sollte« in ISO 9000-3 zu erfüllen. Wenn also ein »sollte« in ISO 9000-3 von Ihnen nicht erfüllt wird, sollten Sie darauf vorbereitet sein, einem Qualitätsauditor zu erklären, wie Sie diesen Teil gehandhabt haben und warum Sie weiterhin glauben, ISO 9001 erfüllt zu haben.

ISO 9000-3 ist nicht in Qualitätselemente unterteilt; statt dessen ist der Leitfaden in drei Hauptgruppen gegliedert. Die erste Gruppe enthält allgemeine Forderungen an das Unternehmen und dessen Management. Die zweite Gruppe enthält Forderungen an Projekte und die Wartung. Die dritte Gruppe enthält Forderungen an »Aktivitäten der Unterstützung«, d.h. an Aktivitäten, die unabhängig von den Stufen sind. Diese drei Gruppen sind in den Kapiteln 4, 5 und 6 von ISO 9000-3 dokumentiert. Es folgt die Inhaltsangabe der drei Kapitel:

4 Qualitätssicherungssystem – Rahmen

4.1 Verantwortung der obersten Leitung

4.2 Qualitätssicherungssystem

4.3 Interne Qualitätsaudits

4.4 Korrekturmaßnahmen

5 Qualitätssicherungssystem – Lebenszyklustätigkeiten

5.1 Allgemeines

5.2 Vertragsüberprüfung

5.3 Festlegung der Forderungen des Auftraggebers

5.4 Planung der Entwicklung

5.5 Planung der Qualitätssicherung

5.6 Design und Implementierung

5.7 Testen und Validierung

5.8 Annahme

5.9 Vervielfältigung, Lieferung und Installierung

5.10 Wartung

6 Qualitätssicherungssystem – Unterstützende Tätigkeiten (phasenunabhängig)

6.1 Konfigurationsmanagement

6.2 Lenkung der Dokumente

6.3 Qualitätsaufzeichnungen

6.4 Messungen

6.5 Regeln, Praktiken und Übereinkommen

6.6 Werkzeuge und Techniken

6.7 Beschaffung

6.8 Beigestelltes Softwareprodukt

6.9 Schulung

Einige dieser Abschnitte kennen Sie bereits aus ISO 9001, während andere vollständig neu sind. Um das Ganze zu vereinfachen: ISO 9000-3 enthält Querverweise zu ISO 9000-1.

Manchmal komme ich mit Softwareingenieuren zusammen, die von ISO 9001 und 9000-3 frustriert sind. »Es gibt keine Aussagen darüber, wie Qualitätssoftware entwickelt werden kann«, beschweren sie sich völlig zu Recht. Wichtig ist daher die Feststellung, daß ISO 9001 (und deshalb auch ISO 9000-3) nie eine Hilfe für *Entwickler* sein sollte. Der Standard ist einzig und allein ein Werkzeug für den Kunden. Grundsätzlich versetzt ISO 9001 den Lieferanten in die Lage, das Management der Softwareentwicklung zu implementieren. Der Standard macht also die Softwareentwicklung für den Lieferanten so transparent, daß er sie beurteilen kann. In der Praxis lassen sich ISO 9001 und ISO 9000-3 als Richtlinie für das Management des Lieferanten verwenden, und zwar als Hilfe zur Kontrolle der Entwicklung und um mehr Einblick in das zu bekommen, was tatsächlich vor sich geht.

2.3 Die TickIT-Initiative

2.3.1 Hintergrund

In Europa wurden die ISO-9000-Standards Ende der 80er Jahre recht populär. Immer mehr Hersteller wurden nach den ISO-9000-Standards zertifiziert. Einige der zertifizierten Unternehmen besaßen beachtliche Computerabteilungen, die Software für den internen Gebrauch entwickelten und pflegten. Die Zertifizierung dieser Abteilungen war abhängig von der Kompetenz des Qualitätsauditors und dem Standpunkt der Zertifizierungsstelle. Zu dieser Zeit begannen Unternehmen, bei denen Software ein Bestandteil ihrer Produkte war, sich um eine Zertifizierung zu bemühen. Schon bald darauf folgten auch reine Softwareunternehmen.

Die europäische Industrie hatte jedoch immer mehr Bedenken zur ISO-9001-Zertifizierung von Softwareentwicklung und Softwarewartung. Man befürchtete, daß unterschiedliche Zertifikate einen unterschiedlichen Wert haben und damit das Grundprinzip der Zertifizierung außer Kraft setzen könnten. Die britische Industrie setzte zusammen mit dem British Department of Trade (Wirschaftsministerium) eine Initiative mit der Bezeichnung TickIT in Gang, um die Situation zu verbessern. Der Name setzt sich zusammen aus den Wörtern »tick« (Kontrolle) und »IT« (Information Technology = Informationstechnologie). Ziel war es, eine effektive und einheitliche Zertifizierung für Softwareentwicklung und Softwarewartung zu etablieren.

Die TickIT-Initiative war sehr erfolgreich, und TickIT-Zertifikate gibt es in vielen Ländern Europas, Amerikas und Asiens.

2.3.2 Was ist TickIT?

TickIT ist ein System zur Zertifizierung von Unternehmen für Softwareentwicklung gemäß ISO 9001. TickIT beinhaltet sechs Punkte:

- Eine Interpretation von ISO 9001 für Software

- Einen Standardsatz von Forderungen hinsichtlich Kompetenz und Verhalten der Zertifizierungsauditoren

- Einen standardisierten Schulungskurs für Zertifizierungsauditoren

- Ein Schema zur Registrierung zugelassener Zertifizierungsauditoren

- Ein System zur Akkreditierung von Zertifizierungsstellen für die Durchführung von TickIT-Zertifizierungen

- Ein Logo für die TickIT-Zertifizierung

Diese Punkte sind im TickIT-Leitfaden veröffentlicht. Herausgeber ist die TickIT-Initiative. Das TickIT-Schema ist in Großbritannien eingeführt und wird jetzt vom DISC TickIT-Büro gehandhabt. Heute ist das British NACCB (National Accreditation Council for Certification Bodies) die einzige nationale Akkreditierungsstelle, die eine TickIT-Zulassung an Zertifizierungsstellen vergibt. In Schweden beispielsweise bedeutet das, daß die gesamte TickIT-Zertifizierung über die Akkreditierung des NACCB durchgeführt wird. Das funktioniert gut, da die meisten in Schweden arbeitenden Zertifizierungsstellen sowohl beim NACCB als auch beim SWEDAC (Swedish Board for Technical Accreditation) zugelassen sind und diese Organe die Akkreditierung gegenseitig anerkennen.

RAB (Registrar Accreditation Board), die Akkreditierungstelle in den USA, unterstützt im Augenblick noch kein Software-spezifisches Schema für die Zertifizierung nach ISO 9001. Allerdings sind verschiedene in den USA arbeitende Zertifizierungsstellen in Großbritannien zur Durchführung der TickIT-Zertifizierung akkreditiert. Amerikanische Unternehmen können daher TickIT-Zertifikate unter britischer Akkreditierung erhalten.

2.3.3 Der TickIT-Leitfaden

Der TickIT-Leitfaden hat den Titel »Guide to Software Quality Management System Construction and Certification using ISO 9001/EN 29001/BS 5750 Part 1 (1987)« (Handbuch für die Entwicklung und Zertifizierung eines Softwarequalität-Managementsystems unter Verwendung von ISO 9001/EN 29001/BS 5750 Teil 1 (1987)). Der Leitfaden besteht aus acht Teilen, die aus unterschiedlichen Quellen stammen und daher nicht ganz perfekt zusammenpassen. Dennoch sind alle Teile von erfahrenen Spezialisten erstellt worden und wert, gelesen zu werden. Hier das Inhaltsverzeichnis:

Teil 1	Einführung
Teil 2	Die Anwendung von ISO 9001 auf Software
Teil 3	Leitfaden für Kunden
Teil 4	Leitfaden für Lieferanten
Teil 5	Leitfaden für Qualitätsauditoren
Anhang A	Professionelle Merkmale von TickIT/Leistungsstandards für Auditoren des Softwarequalität-Managements
Anhang B	Richtlinien zur Qualitätseinschätzung gemäß TickIT
Anhang C	Informationen über die Standards, Anleitung zur Auslegung von Material und empfohlene Auslegung

In Teil 2 wurde der Text von ISO 9000-3 wörtlich übernommen. Der TickIT-Leitfaden (The TickIT Guide) kann unter folgender Anschrift bestellt werden:

DISC TickIT Office
389 Chiswick High Road
LONDON W4 4AL
Telefon: 0044-171-602 8536
Telefax: 0044-171-602 8912

2.3.4 TickIT-Auditoren

Das wirklich Besondere an der TickIT-Zertifizierung sind die Auditoren. TickIT-Auditoren sind beim IRCA (International Register of Certificated Auditors) in London registriert. TickIT-Auditoren werden in drei Kategorien eingestuft: »Provisional TickIT Auditor« (Vorläufiger TickIT-Auditor), »Senior TickIT Auditor« (Senior

TickIT-Auditor) und »Lead TickIT Auditor« (Leitender TickIT-Auditor). Um Auditor zu werden, müssen verschiedene Anforderungen erfüllt werden:

- Ein Auditor muß mindestens drei Jahre selber in der Softwareentwicklung gearbeitet haben, und zwar in allen unterschiedlichen Arbeitsbereichen.

- Ein Auditor muß einen einwöchigen TickIT-Kursus, der mit einer förmlichen Prüfung endet, erfolgreich abgeschlossen haben.

- Ein Auditor muß Erfahrung als Manager vorweisen können.

- Um Senior oder Leitender TickIT-Auditor werden zu können, muß ein Auditor Erfahrung in Ausführung und Leitung von TickIT-Zertifizierungen vorweisen können.

IRCA zeigt damit, daß man die Qualifikation von TickIT-Auditoren sehr ernst nimmt. Es wird berichtet, daß 1993 immerhin 15% der Bewerber für eine Registrierung als TickIT-Auditor nicht einmal zu einem Bewerbungsgespräch eingeladen wurden, und 25% fielen bereits im Bewerbungsgespräch durch.

2.3.5 TickIT-Zertifizierung

Wenn man sich um eine TickIT-Zertifizierung bemüht, muß man wissen, daß alle Verfahren für die Softwareentwicklung und die Softwarewartung von gut ausgebildeten Auditoren mit persönlicher Erfahrung in der Softwareentwicklung beurteilt werden. Die Einschätzung eines Qualitätssystems für die Softwareentwicklung ist auch eine Frage der Beurteilung. TickIT-Auditoren sollen daher nicht zu sehr auf der wörtlichen Erfüllung aller Anforderungen in ISO 9001 bestehen. Statt dessen werden die Prüfer darin bestärkt, ihr eigenes professionelles Urteilsvermögen einzusetzen, um festzustellen, ob die jeweiligen Aktivitäten unter Kontrolle sind. Ist das der Fall, werden die Aktivitäten akzeptiert, selbst dann, wenn die Kontrolle nicht exakt mit der im Standard beschriebenen übereinstimmt. Damit ist bei den TickIT-Auditoren ein gewisses Maß an Subjektivität vorhanden (wie auch bei den meisten anderen Arten von Überprüfungen). Dennoch sind der TickIT-Leitfaden und die standardisierte Ausbildung der TickIT-Auditoren ein umfassendes Gerüst.

TickIT-Zertifizierungen werden in der gleichen Weise wie andere Zertifizierungen nach ISO 9001 ausgeführt. Dennoch ist ISO 9000-3 im TickIT-Leitfaden enthalten, und TickIT-Audits werden ebenfalls nach ISO 9000-3 durchgeführt. Bei Nichtübereinstimmungen wird gemäß ISO 9001 verfahren.

2.4 Warum nach ISO 9001?

Ist es wirklich notwendig, die Anforderungen in ISO 9001 zu erfüllen, um Qualitätssoftware liefern zu können? Bestimmt nicht; insbesondere kleinere Organisationen dürften durchaus in der Lage sein, Qualitätsprodukte ohne das ganze Drum und Dran von ISO 9001 zu produzieren. Allerdings können diese Firmen ihre Möglichkeiten meist nur demonstrieren, indem sie sich auf frühere Projekte beziehen.

Ein Grund für ein Unternehmen, ein Qualitätssystem in Übereinstimmung mit ISO 9001 zu implementieren, tritt dann ein, wenn ISO 9001 Auftragsbestandteil ist. Einige Kunden verlangen eine transparente Kontrolle der Vorgehensweisen beim Lieferanten sowie eine umfassende Aufzeichnung aller unternommenen Schritte. Dennoch habe ich einige Manager für Softwareentwicklung getroffen, welche die Anforderungen in ISO 9001 auch dann anwenden, wenn kein externer Druck vorhanden ist. »Wir müssen etwas dafür tun, wie wir managen und arbeiten«, ist die übliche Argumentation, »warum sollten wir nicht ISO 9001 als Werkzeug einsetzen?« Natürlich wird die Wahl von ISO 9001 auch im Hinblick auf die Möglichkeit getroffen, daß Kunden die Übereinstimmung vielleicht zu einem späteren Zeitpunkt fordern.

Ich hatte bereits darauf hingewiesen, daß die Zertifizierung gemäß dem ISO-9000-Standard immer populärer wird. Warum sollte aber ein Softwareunternehmen sich der Mühe unterziehen, ein externes Zertifikat für eine Übereinstimmung mit ISO 9001 zu erhalten?

Offensichtlicher Grund ist der Wert eines Zertifikats für den Kunden. Das Zertifikat sagt etwas über die Fähigkeiten des Lieferanten hinsichtlich der Lieferung von Qualitätsprodukten aus, und der Besitz eines ISO-9000-Zertifikats wird deshalb häufig im Marketing verwendet. Außerdem verlangen heutzutage viele Ausschreibungen ein entsprechendes ISO-9000-Zertifikat als Grundvoraussetzung für ein Angebot.

Der zweite Grund für ein Zertifikat liegt darin, die Leistungsfähigkeit eines Unternehmens zu verbessern, unabhängig davon, wie ein Kunde ein Zertifikat einschätzt. Das Zertifikat wird unter anderem als Zielvorgabe zur Verbesserung des Managements und der Abläufe im Unternehmen verwendet. Zusammen mit der Zertifizierung durch einen externen Qualitätsauditor wird damit nach dem Prinzip »Belohnung oder Strafe« vorgegangen.

KAPITEL 3

Auslegung der Forderungen in ISO 9001 für Softwareentwicklung und Softwarepflege

3.1 Allgemein

Lassen Sie uns jetzt genauer die Forderungen in ISO 9001 aus der Sicht eines Unternehmens für Softwareentwicklung ansehen.

Berücksichtigen Sie, daß der Standard ursprünglich für die herstellende Industrie gedacht war und seine Anwendung auf die Softwareentwicklung ein Sonderfall ist. In diesem Abschnitt werden die Forderungen für die Softwareentwicklung so ausgelegt, daß sie annähernd mit ISO 9000-3 und dem TickIT-Leitfaden übereinstimmen.

Die Forderungen im Standard sind in 20 Hauptelemente gegliedert. Diese *Elemente* werden als die hauptsächlichen Bestandteile eines Qualitätssicherungssystems angesehen, und jedes Element ist ein bekanntes Konzept im Qualitätsmanagement. In diesem Kapitel werden wir nacheinander die Qualitätselemente betrachten und beschreiben, welchen Einfluß sie auf die Entwicklung und Pflege von Software haben. In der Überschrift für jedes Qualitätselement ist in Klammern die Nummer des entsprechenden Absatzes in ISO 9001 angefügt.

Wenn der Qualitätsauditor speziell bei Software eine Unzulänglichkeit feststellt, kann im Standard mehr als ein Abschnitt für eine Nichtkonformität vorhanden sein.

Beispielsweise kann eine unsaubere Dokumentation der Prüfung gegen 4.5 »Lenkung der Dokumente und Daten«, 4.4.8 »Designvalidierung« oder 4.10 »Prüfungen« sprechen.

3.2. Qualitätselemente in ISO 9001

3.2.1 Verantwortung der Leitung (4.1)

Dieses Element umfaßt die allgemeinen Verantwortlichkeiten einer Unternehmensleitung. Die Forderungen bestehen aus drei Teilen: Qualitätspolitik, Organisation und Managementreview (Managementbewertung).

3.2.1.1 Qualitätspolitik

Das Konzept der Qualitätspolitik ist zentraler Inhalt von ISO 9001. Die Qualitätspolitik wird als Grundlage für das gesamte Qualitätssystem angesehen.

Der Standard fordert von einem Lieferanten nicht explizit die Produktion von Qualitätsprodukten. Statt dessen wird gefordert, daß das Management des Lieferanten eine *Qualitätspolitik* verfolgt, indem gesagt wird, daß das Unternehmen Qualitätsprodukte produzieren *sollte*.

Beachten Sie, daß Produktqualität nicht von allen Lieferanten als wichtiges Ziel angesehen wird. Qualität ist dann wichtig, wenn jemand seine Kunden halten möchte. Beispielsweise gibt es Organisationen, deren einziges Ziel es ist, Produkte oder Dienstleistungen zu verkaufen – unabhängig von den Bedürfnissen des Kunden oder gar der Qualität des Produkts. Diese Organisationen können ISO 9001 nicht erfüllen.

Die Qualitätspolitik sollte:

- die Verpflichtung des Managements zu Qualität definieren

- die Unternehmensziele hinsichtlich Qualität definieren, d.h. bestimmen, was das Management unter »Qualität« versteht

- den Kundenwünschen entsprechen
- in der Organisation verstanden werden
- ausgeführt werden

Die üblichen Gründe für eine erhöhte Fehlerquote bei der Qualitätspolitik sind, daß entweder die Aussage zu vage ist oder die Politik von einigen Mitarbeitern nicht verstanden wird. Die Beschäftigten eines Unternehmens müssen die Qualitätspolitik nicht auswendig kennen, doch sollten sie über wesentliche Punkte Bescheid wissen.

Schwerwiegendere Fehler haben mit der Verwirklichung der Politik zu tun. Diese Forderung im Standard ist eine Art »Allgemeinklausel«, die zur Fehlerbehebung bei Nachlässigkeit in verschiedenen Unternehmensbereichen angewandt werden kann. Beispielsweise habe ich einmal ein Unternehmen geprüft, bei welchem ich feststellte, daß in einem bestimmten Zeitraum die Zahl ungeprüfter Kundenreklamationen anstieg, da das Management nur unzureichende Ressourcen zur Bearbeitung dieser Reklamationen bereitgestellt hatte.

Dennoch sagte die Qualitätspolitik des Unternehmens klar aus, daß die Kundenbedürfnisse ein zentraler Punkt im Unternehmen seien. Das Unternehmen entsprach nicht mehr seiner eigenen Qualitätspolitik – und deshalb entwickelte sich sofort eine Nichtkonformität bzw. ein Fehler. Ein derartiger Fehler sollte *nicht* unterschätzt werden.

Eine Qualitätspolitik kann unterschiedlich formuliert werden. Die folgende Definition ist ein Beispiel:

- »Der geschäftliche Erfolg der XYZ Software beruht auf der Produktion von Qualitätsprodukten und dem Kundenservice. Unter Qualität verstehen wir rechtzeitige Lieferung zuverlässiger Software, umgehende Bearbeitung von Kundenreklamationen und Erfüllung anderer Kundenbedürfnisse.«
- »Wir erreichen Qualität durch motivierte und erfahrene Mitarbeiter, festgelegte Arbeitsabläufe sowie intensives Prüfen und Testen aller Aktivitäten.«
- »Jeder Mitarbeiter ist für die Qualität seiner Arbeitsergebnisse verantwortlich.«

3.2.1.2 Organisation

Ich habe einmal einen Teilbereich eines sehr großen europäischen Unternehmens geprüft. Dabei war es interessant festzustellen, daß dieses Unternehmen in den meisten Bereichen sehr formal war, nicht jedoch in der Softwareentwicklung. Die Softwareingenieure waren offensichtlich erfahren und kompetent, und die Zusammenarbeit war zwanglos. Richtige Projektmanager gab es nicht; die älteren Softwareingenieure machten alles unter sich aus. Die Zuständigkeit für das Testen wurde aus der momentanen Situation heraus festgelegt. Die Projekte wurden vom jeweiligen Abteilungsmanagement weitestgehend sich selber überlassen. Obwohl nichts auf geringwertige Qualität hinwies, entsprach die Handhabung der Softwareentwicklung dennoch nicht dem ISO-9001-Standard.

Der wichtigste und schwierigste Teil im Abschnitt »Organisation« hat mit *Verantwortung* und *Befugnis* zu tun. In der Softwaregemeinde tendieren wir seit jeher zu einer zwanglosen Organisation mit vager Festlegung von Verantwortung und insbesondere von Befugnis. Das ist dann nicht mehr akzeptabel, wenn wir die volle Erfüllung von ISO 9001 in Anspruch nehmen wollen.

Der Standard verlangt die Dokumentation von Verantwortlichkeiten, Befugnissen und Wechselbeziehungen aller Mitarbeiter hinsichtlich der Qualität. Da fast alle Mitarbeiter einer Softwareorganisation die Produktqualität beeinflussen können, muß der Mitarbeiter, der Verantwortung trägt oder Befugnis hat, ganz formal festgelegt werden.

Wenn ein Mitarbeiter eine Verantwortung trägt, muß ihm diese explizit vom entsprechenden Manager zugewiesen werden. Der Mitarbeiter muß darüber hinaus ausreichend befugt sein, die jeweilige Verantwortung voll zu erfüllen. Diese Befugnis sollte ebenfalls explizit erteilt werden.

Manchmal entsteht aus dem Konzept der »Verantwortlichkeit« einige Verwirrung. Im Zusammenhang mit ISO 9001 bedeutet Verantwortung »*die Verpflichtung, aus eigener Verantwortlichkeit heraus zu handeln, wenn etwas unaufgefordert zu tun ist.*« Das durchzuführen, wozu ein Dritter auffordert, hat nichts mit Verantwortung zu tun. Normalerweise wird davon ausgegangen, daß Manager und Mitarbeiter in anderen Schlüsselpositionen Verantwortung tragen, während die einzelnen Softwareingenieure das tun, was ihnen gesagt wird, und das, was in den Unternehmens- und Projektregeln verankert ist.

Etwas, das ich gerne in dem oben beschriebenen europäischen Unternehmen gesehen hätte, wäre die formale Zuweisung von Verantwortung und Befugnis an Abteilungsmanager, Projektmanager, Tester, Prüfungsleiter, Softwarebibliothekare und andere gewesen.

Die Existenz einer Verantwortung, die nicht voll erfüllt werden kann, ist nach ISO 9001 eine Nichtkonformität bzw. ein Fehler. Ich habe beispielsweise Projektmanager mit einer klar festgelegten Verantwortlichkeit für die Erfüllung eines bestimmten Zeitplans gefunden. Nach Rückfrage mußten sie jedoch zugeben, daß sie nicht befugt waren, die Arbeit der am Projekt beteiligten Mitarbeiter in eine bestimmte Richtung zu lenken.

Es wurde bereits darauf hingewiesen, daß auch Wechselbeziehungen definiert und dokumentiert werden sollten. Auf dieses Gebiet stürzen sich gerne die Qualitätsauditoren. Besonders interessant sind die Wechselbeziehungen zwischen den Projekt- und Abteilungsmanagern. Wer entscheidet was, wie wird das Berichtswesen durchgeführt, oder wie sind Genehmigung und Kontrolle definiert? Bereiche, in denen ein Qualitätsauditor festgelegte Schnittstellen erwartet, umfassen:

- Projekt – Gebiet
- Projekt – Kunde
- Projekt – Wartungsorganisation
- Softwareentwicklung – Hardwareentwicklung
- Wartungsorganisation – Hotline
- Verkauf – Entwicklung

Der Standard umfaßt unter der Überschrift »Organisation« zwei weitere Bereiche, namentlich »Mittel« und »Beauftragter der obersten Leitung«.

Der erste Bereich erfordert, daß der Lieferant die benötigten Mittel feststellt und dann angemessene Mittel sowie geschultes Personal bereitstellt.

Der zweite Bereich erfordert die Benennung eines Mitglieds des Lieferanten-eigenen Managements mit Befugnis und Verantwortung, um:

- sicherzustellen, daß das Unternehmen die Forderung in Übereinstimmung mit ISO 9001 erfüllt.

- der Unternehmensleitung einen Überblick über die Leistung des QM-Systems (Qualitätssicherungssystems) zu geben.

Normalerweise ist dieser Repräsentant der Unternehmensleitung der Qualitätsmanager.

3.2.1.3 QM-Bewertung

Dieser Abschnitt sagt aus, daß die oberste Leitung des Lieferanten das QM-System hinsichtlich seiner ständigen Eignung und Wirksamkeit in festgelegten Abständen bewerten muß. Das geschieht häufig so, daß der Qualitätsmanager jährlich die Ergebnisse von Qualitätsaudits, Statistiken von Kundenreklamationen, Aufzeichnungen von Korrekturmaßnahmen und anderem relevanten Material in einem aufgezeichneten Managermeeting präsentiert. Die Dokumentation dieses Meetings muß darauf hinweisen, wer teilgenommen hat, was präsentiert wurde, welche Entscheidungen getroffen wurden usw.

3.2.2 Qualitätsmanagementsystem (4.2)

Gemäß ISO umfaßt ein Qualitätsmanagementsystem »*die Organisationsstruktur, Verantwortlichkeiten, Verfahren, Prozesse und erforderlichen Mittel für die Verwirklichung des Qualitätsmanagements*«. Abschnitt 4.2 erfordert, daß das Qualitätsmanagementsystem des Lieferanten *dokumentiert und eingeführt* ist. Verfahrensweisen, Regeln, Entscheidungen, Mittel usw., die zur Erfüllung von ISO 9001 erforderlich sind, müssen schriftlich festgehalten werden. Vorhandene Verfahrensweisen, Regeln etc. müssen angefügt werden.

Beachten Sie, daß diese letzte Forderung zur Falle für übereifrige Organisationen werden kann. Wenn eine Regel oder Verfahrensweise vorhanden ist, die von ISO 9001 nicht benötigt wird, erfordert der Standard dennoch, daß diese angefügt wird.

In dem Abschnitt wird weiterhin gefordert, daß das QM-Handbuch die Verfahrensweisen zum QM-System (QM-Verfahrensanweisungen) enthalten oder auf sie verweisen sowie die Struktur der Dokumentation des QM-Systems skizzieren muß.

Dieser Abschnitt im Standard umfaßt ebenfalls die Forderungen für die Qualitätsplanung (zum QM-System). Auf Qualitätsmanagementpläne wird später in diesem Kapitel eingegangen.

Eine typische Anwendung dieses Abschnitts des Standards zeigt folgendes Beispiel: Ich war Mitglied eines Klassifizierungsaudits einer großen Organisation. Wir fanden einige geringfügige Fehler, die von der geprüften Organisation sofort behoben wurden. Beispielsweise stießen wir auf Mitarbeiter, die nicht genehmigte Designdokumente verwendeten, auf das Fehlen schriftlicher Verfahrensweisen für geringfügige Aktivitäten usw. Bei der Zusammenfassung des Qualitätsaudits gab es dann auch keine Fehler mehr; sie wurden allesamt während des Audits behoben. Dennoch stellten wir eine Nichtkonformität mit Abschnitt 4.2 des Standards fest. Ein Qualitätsaudit ist eine Stichprobe, und deshalb hatten wir auch nur punktuell geprüft. Da wir aber bei dieser Prüfung bereits so viele kleinere Fehler gefunden hatten, waren wir davon überzeugt, daß weitere Unzulänglichkeiten vorhanden waren. Deshalb machten wir eine Nichtkonformität wegen allgemeiner Schwäche des QM-Systems geltend. Die auditierte Organisation muß dann eine sorgfältige Nachprüfung durchführen.

Andere typische Nichtkonformitäten bezüglich Abschnitt 4.2 in ISO 9001 sind das Vorhandensein schriftlicher Verfahrensweisen, an denen nicht festgehalten wird, ebenso wie geeignete Entwicklungsprozesse, die nicht dokumentiert wurden.

3.2.3 Vertragsprüfung (4.3)

Vor vielen Jahren wurde ich zum Projektmanager eines sehr umfangreichen Projekts bestellt. Ich hatte bestimmte Vorgaben für Zeiträume und Mitarbeiter, und ich plante und kalkulierte, wie das Projekt mit der Software ausgestattet werden konnte, die unsere Verkaufsabteilung dem Kunden versprochen hatte. Sämtliche Fristen waren absolut, da Preis und Liefertermin bereits mit dem Kunden vereinbart waren. Als meine Planung abgeschlossen war, band ich mir eine Krawatte um und begann, meinen Plan der Unternehmensleitung vorzustellen. Ich zeigte einige Charts mit Zeitplänen, Aktivitäten und Personalbedarf. Die Präsentation lief recht gut, und es gab sogar ein zustimmendes Räuspern des Geschäftsführers. Dann schob ich mein letztes Dia ein, und noch heute erinnere ich mich lebhaft an den plötzlichen Temperaturabfall im Konferenzsaal. Auf dem Dia stand: »Deshalb ist das nicht möglich«, gefolgt von einer Auflistung der Gründe: Es gab keine Reserven. Es gab große Lücken in der Personalausstattung. Die Zeitvorgaben für das Projekt konnten nicht erfüllt werden. Die Forderungen waren unvollständig und instabil. Wir würden neue Konzepte benötigen, für die wir keine Erfahrung hatten. Ich konnte keine Zeit für Nachprüfungen einplanen.

Die Atmosphäre im Saal wurde ungemütlich. Es begann das erwartete Kreuzfeuer an Fragen: « Sind Sie wirklich sicher, daß es unmöglich ist?« »Ich glaube, Sie sind bei Ihren Schätzungen zu konservativ vorgegangen.« »Das ist ein kritisches Projekt für unser Unternehmen. Wir könnten den Kunden verlieren, wenn wir nicht fristgerecht liefern.« Unerfahren, wie ich war, machte ich keinen Rückzug, sondern hielt an meiner Schlußfolgerung der nicht durchzuführenden Aufgabe fest. Dennoch wurde mit dem Projekt (und mit einem neuen Projektleiter) begonnen. Nach zwei Jahren und ungefähr 30 Millionen DM wurde es gestrichen. Natürlich ist es ein gutes Gefühl, wenn man sagen kann: »Das habe ich Euch vorausgesagt!« Dennoch glaube ich noch immer, daß dieses Debakel unnötig war.

Nach meiner Erfahrung sind viele Probleme mit Softwareprojekten im übermäßigen Verkauf begründet. Die Verkaufsabteilung hat sich mit dem Kunden über einen Zeitplan und/oder einen Preis geeinigt, den die Entwicklungsabteilung nicht halten kann. Wenn die vertraglich festgehaltenen Leistungen dann nicht erbracht werden, wird gemunkelt, daß die Entwickler unfähig sind, ein Projekt durchzuziehen. Tatsächlich aber war die Aufgabe von Anfang an unmöglich.

Erst kürzlich beobachtete ich ein weiteres Beispiel für das gleiche Phänomen. Ich prüfte gerade eine große Organisation für Softwareentwicklung. Ich ging durch die Protokolle eines Entscheidungsmeetings für ein Entwicklungsprojekt. Nach den Protokollaufzeichnungen soll der Projektmanager gesagt haben: »Wir können den Liefertermin nur dann halten, wenn bei dem Projekt alles richtig läuft.« Die Aufzeichnungen zeigten dann, daß im Meeting der Manager entschieden wurde, das Projekt ohne Änderung des Liefertermins fortzusetzen. Ich prüfte das Projekt – es war bereits im Verzug. Der Liefertermin konnte nicht gehalten werden. Ich sagte zu einem Teilnehmer des Entscheidungsmeetings: »Alle Teilnehmer des Meetings sind erfahrene Leute. Jeder einzelne muß doch mitbekommen haben, daß der Projektmanager ›Es ist unmöglich‹ gesagt hat. Es gibt einfach kein Softwareprojekt ohne Probleme.« Er konnte mir noch immer keine Erklärung zu der getroffenen Entscheidung geben. Ein pikantes Detail ist, daß dieser spezielle Manager sich erst kurz zuvor über die unmöglichen Zeitvorgaben der Verkaufsabteilung bei mir beschwert hatte. In diesem Fall machte ich eine Nichtkonformität zu 4.3, »Vertragsprüfung« geltend, da die Prüfung nicht sicherstellte, daß die Forderung hinsichtlich des Liefertermins erfüllt werden konnte.

Der Abschnitt in ISO 9001 über »Vertragsprüfung« soll sicherstellen, daß der Lieferant vor Vertragsunterzeichnung prüft, ob die Organisation die Forderungen des Vertrags erfüllen kann. Dazu sollten diejenigen, die für die Arbeit verantwortlich zeichnen (z.B. die Entwicklungsmanager), den Vertrag oder das Angebot prüfen und ihre Zustimmung bzw. Ablehnung dokumentieren. Es folgen typische Beispiele für das, wonach ein Qualitätsauditor fragen könnte:

- Sind die Forderungen verstanden und dokumentiert?
- Sind die Annahmekriterien enthalten?
- Sind vom Angebot abweichende Forderungen geklärt?
- Kann der Lieferant genügend Mittel zur Vertragserfüllung bereitstellen?

- Besitzt der Lieferant das zur Vertragserfüllung erforderliche Fachwissen?
- Kann die Aufgabe termingerecht erledigt werden?

Der Standard verlangt nicht, daß der Lieferant die erforderlichen Mittel und das Fachwissen (Kompetenz) zum Zeitpunkt der Vertragsprüfung haben muß. Es würde sonst z.B. schwierig sein, mehrere Angebote abzugeben und nicht davon auszugehen, daß nur einige davon zum Tragen kommen. Dennoch würde ein Qualitätsauditor erwarten, daß die Vertragsprüfung derartige Eventualitäten beinhaltet. Wenn beispielsweise alle Angebote eines Lieferanten zum Tragen kommen, lassen sich Teile davon an Unterauftragnehmer vergeben? Der Standard fordert, daß für die Vertragsprüfung ein dokumentiertes Verfahren vorhanden ist und die Prüfungen aufgezeichnet werden. Außerdem fordert der Standard, daß der Lieferant feststellt, wie Vertragsänderungen durchgeführt werden. Ein Qualitätsauditor erwartet, daß in Projekten zwischen Lieferant und Kunde die Handhabung des Forderungskatalogs festgelegt wird.

3.2.4 Designlenkung (4.4)

Das Qualitätselement »Designlenkung« ist für die Softwareentwicklung wichtig, da Software zum großen Teil aus Design besteht. Generell fordert der Standard, daß die Entwicklung geplant, gelenkt und verifiziert werden muß. Es ist bemerkenswert, daß in vielen Softwareorganisationen häufig der Fehler gemacht wird, die Softwareentwicklung formlos durchzuführen. Einige grundsätzliche Gedanken in Abschnitt 4.4 von ISO 9001 lassen sich wie folgt zusammenfassen:

- Wenn etwas nicht geplant wurde, kann man nicht davon ausgehen, daß es geschieht.
- Wenn nicht festgelegt wird, was erreicht werden soll, kann man nicht davon ausgehen, daß es erreicht wird.

Es folgen Unterabschnitte aus Abschnitt 4.4 im Standard.

3.2.4.1 Allgemeines

Es handelt sich hierbei um eine Schutzklausel, die sagt, daß der Lieferant dokumentierte Verfahrensanweisungen zur Lenkung und Verifizierung des Designs einführen und aufrechterhalten muß, um die Erfüllung der festgelegten Qualitätsforderung sicherzustellen. Mit Bezug auf diesen Abschnitt kann der Qualitätsauditor auf allgemeine Nachlässigkeit in der Designarbeit verweisen.

Ein Qualitätsauditor geht davon aus, Verfahrensanweisungen und Standards für Design, Kodierung und Tests vorzufinden. Die Detailtiefe des Standards kann jedoch bei den jeweiligen Organisationen unterschiedlich sein. Auch gibt es Unterschiede zwischen Standards und Prüfung. Beispielsweise finde ich manchmal detaillierte Regeln zur Strukturierung eines Quellcodes vor. Vielfach erhält man jedoch ein besseres Resultat über allgemeinere Regeln, um dann die Verständlichkeit und Modifizierbarkeit während der Codeprüfungen zu untersuchen.

3.2.4.2 Design- und Entwicklungsplanung

Der Lieferant muß für jede Design- und Entwicklungstätigkeit Pläne erstellen. In diesem Zusammenhang kann ein Zeitplan nicht das ersetzen, was einem Plan entspricht. ISO 9003 bezieht sich auf zwei Pläne: einen *Entwicklungsplan* und einen *Qualitätsmanagementplan*.

Ein Entwicklungsplan sollte folgendes beinhalten:

- Eine Definition des verwendeten Verfahrens oder der Methodik zur Umsetzung der Kundenforderungen in das entsprechende Softwareprodukt.

- Eine Beschreibung von Organisation und Management des Projekts; Zeitpläne, Verantwortlichkeiten, Aufgabenverteilung und Kontrolle des Fortschritts sollten ebenfalls abgedeckt werden.

- Eine Beschreibung der Phasen, Arbeitsblöcke oder anderer Einheiten, in die der Lieferant das Projekt unterteilt. Darin sollten die Vorgaben, die Ergebnisse und das Nachprüfen der Ergebnisse enthalten sein. Ein Qualitätsprüfer würde sicherlich keinen Entwicklungsprozeß akzeptieren, in dem signifikante Zwischenergebnisse der jeweiligen Arbeiten weder getestet noch geprüft wurden.

- Beschreibung der Methoden und Werkzeuge, die in der Entwicklung benutzt werden.

Der Qualitätsmanagementplan steht für Annahmekriterien, Prüfungen, Tests, Konfigurationsmanagement, Änderungskontrolle und Fehlerbehandlung. Der Qualitätsplan sollte folgendes enthalten:

- Qualitätsziele

- Annahmekriterien für die Vorgaben und Ergebnisse der einzelnen Phasen, Arbeitsblöcke usw.

- Feststellung und Planung der Tests und Prüfungen sowie anderer Verifizierungs- und Validierungsaktivitäten im Projekt.

- Spezifische Verantwortlichkeiten für die Qualitätsaktivitäten.

Weder der Entwicklungs- noch der Qualitätsmanagementplan muß alle diese Informationen enthalten. In der Praxis beziehen sich derartige Pläne meist auf vorhandene Verfahrensanweisungen und interne Standards.

Das Konzept für einen Qualitätsmanagementplan entstammt der Fertigungsindustrie, in der die Produktion eine permanente Aktivität ist. Beispielsweise wird Stahl an einem Ende der Fertigungsstraße eingegeben, während am anderen Ende Schrauben und Muttern herauskommen. Das geschieht Tag für Tag. Für die Aktivitäten der Fertigungsstraße sind keine besonderen Pläne erforderlich, wohingegen die Qualitätssicherung ohne Plan nicht auskommt. Deshalb wird ein Qualitätsmanagementplan vorhanden sein, in dem alle Qualitätsaktivitäten wie Stichprobenentnahme, Qualitätsaudits usw. beschrieben werden.

Softwareentwicklung läuft dagegen in Projekten, die immer eine Planung erforderlich machen. Deshalb gibt es – zumindest für kleine Softwareprojekte – häufig keinen spezifischen Qualitätsmanagementplan. Ein »Softwareentwicklungsplan« oder ein »Projektplan« umfaßt alle Aktivitäten im Projekt, einschließlich der spezifischen Qualitätssicherungsaktivitäten.

Die Entwicklungs- und Qualitätsmanagementpläne sind wichtig unter dem Gesichtspunkt des QM-Systems. Selbst wenn eine Organisation detaillierte Beschreibungen für die Softwareentwicklung in einem allgemein üblichen Satz von Verfahrensanweisungen erstellt, gibt es sicherlich Projekte, bei denen die Verfahrensanweisungen modifiziert werden sollten. Andere Organisationen arbeiten nach den üblichen Verfahrensanweisungen nur auf einem hohen Level und verlangen, daß detaillierte Verfahrensanweisungen für jedes Projekt entschieden werden müssen. In beiden Fällen wird es der Projektplan sein, in dem spezifische Verfahrensanweisungen für das jeweilige Projekt beschrieben werden oder auf diese hingewiesen wird. Wenn die Pläne von wem auch immer als internem »Eigentümer« des Projekts genehmigt sind, umfaßt das auch spezifische Modifikationen des QM-Systems und Projekterweiterungen.

Jetzt eine interessante Frage, die normalerweise folgt: »Können wir in unserem Unternehmen ein sehr knappes QM-System haben, in dem nur steht, daß die Projektteams ihre eigene Arbeitsweise und Managementqualität wählen?« Ja, wir können, wenn nur ein ganz bestimmtes Projekt ISO 9001 erfüllen soll. Nein, wir können nicht, wenn das QM-System des Unternehmens ISO 9001 erfüllen soll. Wenn ein Unternehmen in Übereinstimmung mit ISO 9001 zertifiziert ist, gilt dieses Zertifikat nicht für ein bestimmtes Projekt, sondern für das Unternehmen als Ganzes.

3.2.4.3 Organisatorische und technische Schnittstellen

Werden die Designtätigkeiten von verschiedenen Gruppen vorgenommen, fordert der Standard, daß organisatorische und technische Schnittstellen zwischen diesen Gruppen festgelegt, dokumentiert und an diejenigen übermittelt werden, die Informationen benötigen. Um sicherzustellen, daß die Dokumentation der Schnittstelle immer dem aktuellen Status des Designs entspricht, muß die Dokumentation regelmäßig überprüft werden.

Der Entwicklungsplan eignet sich gut für die Beschreibung der Schnittstellen zwischen den Gruppen. Bei größeren Softwareprojekten gibt es beim Abschluß bestimmter Projektphasen sogenannte »Zwischenmeetings«. Auf solchen Meetings wird üblicherweise der Entwicklungsplan überprüft. Anschließend ist diese spezifische Forderung im Standard erfüllt.

3.2.4.4 Designvorgaben

In der Softwareentwicklung ist ein Typ der Designvorgabe eine Art Spezifikation von Forderungen. Dieser Forderungskatalog kann entweder vom Kunden vorgegeben oder vom Lieferanten erstellt werden, und zwar auf Basis der auftragsbezogenen Forderungen und, wenn anwendbar, auf der Grundlage von »gesetzlichen und behördlichen Forderungen«. Eine andere Art der Designvorgabe sind Designdokumente, die als Vorgabe für das Kodieren verwendet werden.

Im Standard wird grundsätzlich verlangt, daß Forderungen und Design zu dokumentieren sind sowie der formellen Änderungskontrolle unterliegen, bevor sie als Vorgabe für eine Aktivität benutzt werden können. Das wird eine signifikante Änderung der Vorgehensweise vieler Softwareorganisationen herbeiführen; diese strikte Formalisierung wird häufig als unnötig erachtet. Der Grund liegt natürlich darin, daß der Standard sicherstellen will, daß das Arbeitsprodukt die Anforderungen erfüllt. Um das zu gewährleisten, muß man überzeugt sein, daß alle Änderungen an der Arbeitsbasis auch im Ergebnis sichtbar sind. »Aber bei uns funktioniert es sehr gut, ohne daß die Spezifikationen einer frühen Änderungskontrolle unterliegen«, könnte jetzt Ihre Antwort sein. Wenn Sie wollen, können Sie diesen Weg fortsetzen. Nur vergessen Sie dann die ISO-9001-Zertifizierung. Dafür nämlich muß Ihre Organisation einen externen Qualitätsauditor überzeugen, daß Ihre Arbeitsweise ein ordnungsgemäßes Ergebnis sicherstellt (siehe auch Absatz 4.4 mit Erläuterungen zur Entwicklung eines vorläufigen Programms).

Einige Softwareorganisationen versuchen, einen vorgegebenen Zeitplan auszureizen, indem möglichst viele Arbeiten parallel ausgeführt werden. Das führt häufig dazu, daß Projektmitglieder vorläufige Versionen der Spezifikationen als Arbeitsbasis verwenden. Formal gesehen ist das eine Nichtkonformität mit dem Standard, doch wird ein kompetenter Qualitätsauditor ein derartiges Verfahren akzeptieren, sofern ersichtlich ist, daß das Arbeitsergebnis letztendlich zu einer Übereinstimmung mit der endgültigen Version der Spezifikation führt. Beispielsweise könnte es eine spezifische Überprüfung des endgültigen Arbeitsresultats geben, um sicherzustellen, daß dieses mit der endgültigen Version der Spezifikation übereinstimmt.

Absatz 4.3.3 des Standards verlangt ein bestimmtes Verfahren für Vertragsänderungen. Forderungsänderungen sind in der Softwareentwicklung üblich, weshalb es auch eine Prozedur für neue und geänderte Forderungen des Auftraggebers geben muß.

3.2.4.5 Designergebnis

In der Softwareentwicklung umfaßt das Designergebnis sowohl die Dokumentation des Designs als auch den Quellcode. Der Standard fordert, daß die Designdokumente und der Quellcode vor der Freigabe (d.h. vor dem endgültigen Einsatz der Software) geprüft werden müssen. Es muß ein Verfahren zur Annahme des Designergebnisses geben, und die Annahmekriterien müssen festgelegt sein. Das ist weniger kompliziert, als es den Anschein hat. Beispielsweise könnte die Prüfung das Annahmeverfahren sein, und das Kriterium wäre die Annahme durch die Prüfungsteilnehmer.

3.2.4.6 Designprüfung

Formelle, dokumentierte technische Prüfungen der Designergebnisse müssen geplant und ausgeführt werden. Teilnehmer der Prüfung sollten die erforderliche Kompetenz besitzen. Die Projektfunktionen (d h. das Kodieren und Testen), für die das Prüfungsergebnis wichtig ist, müssen bei der Prüfung dargestellt werden.

Das ist ein Bereich, in dem ich viele Fehler festgestellt habe. Softwareingenieure sagen: »Wir prüfen doch wirklich jede Einzelheit. Nur sind unsere Prüfungen formlos. Müssen wir diese wirklich planen und jede Minute der Meetings dokumentieren? Unsere Prüfungen werden dadurch nicht effizienter.« Doch, die Prüfungen wären effizienter. Auf lange Sicht beeinträchtigen formlose Prüfungen das Ergebnis. Durch großen Zeitdruck, Meinungsverschiedenheiten unter den Mitarbeitern und andere Beeinträchtigungen wird eine formlose Prüfung bald nur noch sporadisch durchgeführt und damit wirkungslos. Damit will ich aber nicht sagen, daß es keine formlosen Prüfungen geben darf. Kollegen, die sich durch gegenseitiges Lesen und Korrigieren der Arbeitsergebnisse helfen, sind Vorbild für eine gute Arbeitsweise. Um sich jedoch auf Prüfungen verlassen zu können, müssen das Management des Lieferanten und das des Kunden wie auch möglicherweise eine Zertifizierungsstelle schwarz auf weiß sehen, daß die Prüfungen stattgefunden haben und was diese erbrachten.

Bei der Qualitätsprüfung eines Unternehmens vermutete ich, daß deren Prüfaktivitäten nur eine Formsache waren, d.h., es konnten nur einfache, formale Fehler festgestellt werden. Ich schaute deshalb in die Dokumentation mit den bei dem Testen des Systems gefundenen Fehlern. Einen der Fehler suchte ich heraus und fragte: »Warum wurde dieser Fehler nicht in einer Prüfung festgestellt?« Die Repräsentanten des Lieferanten brummelten etwas vor sich hin, stimmten aber schließlich darin überein, daß sie an ihrem Prüfverfahren etwas ändern müßten. Auf diese Weise ist es möglich, herauszufinden, ob ein Prüfverfahren funktioniert. Allerdings benötigt der Qualitätsprüfer weiterhin die Dokumentation der Prüfung.

Eine übliche Methode sicherzustellen, daß Prüfungen tatsächlich so sind, wie sie sein sollten, ist die Herausgabe von Checklisten, nach denen die Prüfer zu arbeiten haben. Diese Checklisten zeigen, worauf sie besonders achten müssen. Allerdings haben die Listen noch eine weitere, wichtige Funktion. Wenn die verwendeten Checklisten dem Prüfbericht beigefügt werden, läßt sich auch im nachhinein noch feststellen, welche Einzelheiten geprüft wurden. Wenn in der Softwareentwicklung etwas verbessert werden soll, besteht normalerweise ein Teil der Verbesserung darin, daß die entsprechenden Checklisten durch weitere Punkte ergänzt werden.

Beispiele für Nichtkonformitäten mit diesem Teil des Standards umfassen:

- Es ist kein Verfahren für formelle Prüfungen vorhanden.
- In Prüfungen festgestellte Fehler werden nicht weiter zwecks Korrektur verfolgt.

3.2.4.7 Designverifizierung

In zweckmäßigen Designphasen müssen die Designdokumentation und der Code Prüfungen bzw. Tests unterzogen werden, um sicherzustellen, daß die Forderungen erfüllt werden. Absatz 4.10 »Prüfungen« in ISO 9001 behandelt ebenfalls das Testen, wird aber normalerweise nur auf Tests in der Abschlußphase angewandt.

Die Designverifizierung besteht normalerweise aus Prüfungen (siehe oben), dem Testen von Modulen und der Integration von Tests. Manchmal wollen Entwickler, daß die Verifizierung formlos ist. »Fehler werden doch im Systemtest herausgefunden«, sagen sie. Vergessen Sie das. Wenn Ihre Qualitätspolitik besagt, daß Sie Qualitätsprodukte herstellen wollen, müssen Sie alle verfügbaren Möglichkeiten zum Herausfinden von Designfehlern einsetzen.

3.2.4.8 Designvalidierung

Der Lieferant muß eine bestimmte Aktivität ausführen, um sicherzustellen, daß das endgültige Softwareprodukt die festgelegten Erfordernisse erfüllt. Normalerweise ist diese Aktivität ein abschließender Systemtest des kompletten Softwareprodukts. Eine Prüfung kann beispielsweise auch die Anwenderdokumentation umfassen, was eine Überschneidung mit Absatz 4.10 »Prüfungen« bedeutet.

Die Validierung muß ein geplanter und dokumentierter Prozeß sein. Manchmal liegt es in der Verantwortung des einzelnen Testers, wie getestet wird und was mit den Fehlern geschieht. Ich besuchte kürzlich einen Lieferanten von Kontrollsystemen für Autos. Häufig bestanden hier Tests darin, daß sich ein Mitarbeiter ein Auto fürs Wochenende auslieh, um alle Unstimmigkeiten während der Fahrt festzuhalten. Es ist durchaus möglich, daß in bestimmten Fällen dies der richtige Weg für einen Test ist. Dann würde aber ein Qualitätsauditor erwarten, daß diese Entscheidung ausdrücklich so getroffen und dokumentiert wird.

»Unser Testverfahren ist ausreichend. Wenn etwas falsch ist, finden das die Kunden in ihren eigenen Tests heraus.« Das genau sollte man einem ISO-9001-Qualitätsauditor nicht sagen. Es wird davon ausgegangen, daß für Qualität allein der Lieferant verantwortlich ist. Dennoch übernehmen manchmal Kunden ausdrücklich die Aufgabe, den Lieferanten beim Betatest zu unterstützen. Ein ISO-9001-Qualitätsauditor kann dies dann nicht als Fehler anmerken, wenn der Betatest in einer eindeutigen Vereinbarung zwischen Lieferant und Betatest-Kunde festgehalten ist.

3.2.4.9 Designänderungen

Es gibt normalerweise sowohl während der Entwicklung als auch während der Wartungsphase viele Änderungen der Spezifikation und des Codes. Da Software sehr komplex ist, können Änderungen aus folgenden Gründen gefährlich sein:

- Die eingeführte Modifikation könnte nicht zur gewünschten Änderung im Produkt führen.

- Änderungen verursachen häufig Fehler in der Software.

- Eine Modifikation kann die Softwarearchitektur aus dem Lot bringen und deshalb spätere Änderungen schwieriger und anfällig für Fehler machen.

- Es gibt ein Risiko bei der Abweichung von Spezifikationen und Code, da Änderungen vielleicht bei der Spezifikation, nicht aber beim Code (und umgekehrt) vorgenommen werden. Nach einer Weile könnten die Spezifikationen für weitere Modifikationen nicht mehr von Nutzen sein. Natürlich geht man davon aus, daß der Quellcode manchmal von der früheren Dokumentation abweicht. Derartige Unterlagen können als Gedächtnisstütze für das Projekt gesehen werden. Nach Projektabschluß haben diese Dokumentationen ihren Wert nur noch als Referenzmaterial. Die aktuell gehaltene Dokumentation kann sich von den Entwicklungsmodellen unterscheiden; ein Qualitätsauditor wird seine Entscheidung davon abhängig machen, ob die Dokumentation hinreichend der Änderungskontrolle unterliegt.

Jeder, der den Softwareentwicklungs-Prozeß beim Lieferanten zu beurteilen versucht, will definitiv sehen, ob die Modifikationsaktivitäten richtig kontrolliert werden. ISO 9001 verlangt, daß nach der Freigabe eines Designdokuments oder eines Quellprogramms alle Änderungen einen formalen Prozeß durchlaufen. Dabei werden die Änderungen vor der Implementation dokumentiert, geprüft und genehmigt.

Der Standard gibt keine expliziten Hinweise darüber, wann ein Dokument oder ein Programm freigegeben werden kann. Einige Lieferanten versuchen, den aufwendigen Änderungsprozeß zu vermeiden, indem sie sagen, daß Anforderungen und Designdokumente erst zu einem späteren Zeitpunkt im Projekt (z.B. nach dem Schlußtest) freigegeben werden. Deshalb gehen sie davon aus, daß – wenn z.B. ein Programmierer einen als Vorgabe verwendeten Fehler im Designdokument findet – dieser Fehler sofort und ohne viel Aufhebens korrigiert werden kann.

Dagegen sind unkontrollierte Änderungen an komplexen, technischen Dokumenten oder Programmen äußerst gefährlich und, wie wir in 3.2.4.4 gesehen haben, im Standard nicht zugelassen. Da Modifikationen und Fehlerkorrekturen heikle und gefährliche Operationen sind, verlangt ISO 9001 zur Verlangsamung des Verfahrens eine formale und gleichzeitig schwerfällige Änderungsprozedur. Damit wird sichergestellt, daß alle Änderungen korrekt gehandhabt werden.

3.2.5 Lenkung der Dokumente und Daten

Für uns sind »Dokumente und Daten« Informationen, die auf bestimmte Weise die Entwicklung oder Wartung von Software steuern. Beispiele für derartige Dokumente sind:

- Spezifikationen der Forderungen

- Designdokumente

- Pläne

- Quellcode-Dateien

- Arbeitsverfahren

- Interne und externe Standards

Der Standard fordert, daß für alle Beteiligten der Zugriff auf benötigte Dokumente und Daten sichergestellt und die passende Version verwendet wird. Änderungen an Dokumenten und Daten müssen einer Kontrolle unterliegen bzw. gelenkt werden.

3.2.5.1 Allgemeines

Der Lieferant muß zur Lenkung aller Dokumente und Daten Verfahrensanweisungen verwenden. Dokumente externer Herkunft wie z.B. Kundendokumente, Verträge und Handbücher für die Programmiersprache müssen ebenfalls kontrolliert bzw. aufrechterhalten werden. Dokumente und Daten können in allen gängigen Trägermedien existieren, wie etwa als Papierkopie oder in elektronischen Medien.

Bei einem Qualitätsaudit gemäß ISO 9001 finde ich immer wieder Fehler im Hinblick auf 4.5 »Lenkung der Dokumente und Daten«. Typische Nichtkonformitäten bzw. Fehler sind:

- Es wird ein noch nicht zugelassenes Dokument verwendet.
- Es wird die falsche Version einer Spezifikation oder eines Plans verwendet.
- Ich entdecke zwei Dokumente gleicher Identität und Versionsnummer, aber mit verschiedenem Inhalt.
- Der Benutzer eines Dokuments kann nicht darlegen, ob er die richtige Version verwendet.
- Auf ein Dokument kann nicht sofort zugegriffen werden.

3.2.5.2 Genehmigung und Herausgabe von Dokumenten und Daten

Die Dokumente und Daten müssen vor ihrer Herausgabe geprüft und genehmigt werden. Bei Papieroriginalen geschieht das normalerweise durch Unterschriften auf den jeweiligen Dokumenten. Ist das Original elektronisch gespeichert, müssen gesonderte Dokumentenlisten verwendet werden, in denen die richtige Version des Dokuments für entsprechende Prüfungs- und Genehmigungsvermerke gekennzeichnet ist. Es gibt auch Fälle, in denen »elektronische Unterschriften« benutzt werden. Dokumenten-Überwachungsverfahren und/oder Werkzeuge stellen anschließend sicher, daß Unterschriften nicht versehentlich eingegeben wurden.

Der Standard fordert, daß beim Lieferanten eine Änderungs-Sammelliste (oder ein entsprechendes Verfahren) vorhanden ist, das den laufenden Revisionsstatus von Dokumenten identifiziert.

Die Überwachungsverfahren für Dokumente müssen sicherstellen, daß die gültigen Dokumentversionen leicht verfügbar sind. Das sollte nicht zu schwierig sein. Die nächste Forderung im Standard lautet, daß die Dokumenten-Überwachungsverfahren den Gebrauch ungültiger und/oder überholter Dokumente ausschließen müssen. In der herstellenden Industrie gibt es relativ wenig Dokumente. Wenn eine neue Version eines Verfahrens oder eine neue Zeichnung ausgegeben wird, kann jemand herumlaufen und rein physisch die neue Version gegen die alte dort austauschen, wo sie verwendet wird.

In der Softwareentwicklung sind dagegen viele Dokumente vorhanden, die sich häufig ändern. Dennoch müssen wir wissen, ob von allen Dokumenten die jeweils aktuelle (und damit richtige) Version benutzt wird. Ein verbreiteter Weg, dies in der Softwareindustrie zu erreichen, ist der, alle Verfahren, Spezifikationen, Programme usw. im Computer-Netzwerk zu speichern. Jeder kann sich so per Bildschirm statt in einzeln verteilten Papierkopien informieren. Das funktioniert aber nur dann, wenn die jeweiligen Dokumente leicht aufzufinden und online zu lesen sind. Ansonsten würden die Mitarbeiter eigene Hardcopies ausdrucken, und man würde wieder nicht wissen, ob die richtige Version benutzt wird.

Weitere Methoden, die benutzt werden können, sind:

- Listen mit dem Verteiler für alle Dokumente, damit alle Benutzer die neuesten Versionen erhalten. Die Empfänger werden angewiesen, die alten Versionen zu vernichten oder entsprechend zu kennzeichnen.

- Auffällige Publikation, daß ein Dokument geändert wurde, verbunden mit der Forderung an die Mitarbeiter, sich mit der neuen Version vertraut zu machen und die alte zu vernichten oder entsprechend zu kennzeichnen.

Auf welche Methode auch immer ein Lieferant setzt, wichtig ist nur, daß sie funktioniert. Beim Qualitätsaudit fordere ich übrigens immer die von mir interviewten Mitarbeiter auf, die benutzten Dokumente vorzulegen.

3.2.5.3 Änderungen von Dokumenten und Daten

Bei Änderungen von Dokumenten und Daten muß Klarheit darüber bestehen, wer die Änderungen prüfen und genehmigen soll. Wo durchführbar, muß die Art der Änderung im Dokument selbst oder in geeigneten Anlagen ausgewiesen werden.

3.2.6 Beschaffung (4.6)

Vor einigen Jahren erhielt ein englisches Unternehmen einen großen Auftrag für einige komplexe, computergesteuerte Anlagen. Der Vertrag enthielt einen umfassenden Forderungskatalog für die Softwareentwicklung des Lieferanten, einschließlich der Erfüllung gemäß ISO 9001. In der Anfangsphase des Vertrags war ich beim Kunden für die Durchführung eines Qualitätsaudits des Lieferanten beschäftigt. Ich sollte sicherstellen, daß beim Lieferanten die Pläne und Verfahren für die Softwareentwicklung in Ordnung waren. Ich plante zwei Tage beim Lieferanten ein und übersandte vorab ein grobes Programm für ein zweitägiges Qualitätsaudit, was vom Lieferanten so auch akzeptiert wurde.

Ich traf mit dem Vertreter des Kunden ein, und wir saßen mit einigen der Manager im Konferenzraum. Sie waren zwar froh, uns zu treffen, doch im Unternehmen selbst gab es überhaupt keine Softwareentwicklung. Dafür hatte man einen Unterauftragnehmer in Australien; die gelösten Gesichter der Manager zeigten, wie froh man war, sich um dieses Problem nicht kümmern zu müssen.

»So«, sagte ich, » Sie sind aber trotzdem für die Produktqualität und den Liefertermin verantwortlich?« Ein gedehntes »Ja« war die Antwort der nicht mehr ganz so selbstzufriedenen Manager. »Gut – wird die Softwarequalität ausreichen und wird sie termingerecht fertiggestellt sein?« fragte ich. Diesmal kam die bejahende Antwort noch zögernder. Ich setzte zum finalen Abschuß an und sagte: »Überzeugen Sie mich!«

Darüber vergingen die ganzen zwei Tage. Schließlich erkannten die Manager des Lieferanten, daß bei der Vergabe der Softwareentwicklung an einen entfernten Unterauftragnehmer die Situation weitaus schwieriger ist, als wenn die Software im eigenen Unternehmen entwickelt wird. Die Manager mußten nun diverse Maßnahmen einplanen:

- Reisen nach Australien für das Qualitätsaudit der Softwareentwicklung des Unterauftragnehmers
- Eigene Prüfung der Pläne, Spezifikationen, Codes usw. des Unterauftragnehmers
- Ein System zur Verteilung modifizierter Forderungen an den Unterauftragnehmer
- Verfahren und Kriterien für die Annahme der Software
- Konfigurationsmanagement und Wartung der vom Unterauftragnehmer gelieferten Software

Absatz 4.6 in ISO 9001 legt die Forderungen für die Beschaffung fest. Eine Besonderheit bei ISO 9001 ist, daß Forderungen nicht auf einen Unterauftragnehmer angewendet werden, selbst wenn dieser vertraglich an die Erfüllung von ISO 9001 gebunden ist. Statt dessen sind im Absatz 4.6 des Standards Forderungen enthalten, wie Unterauftragnehmer zu überwachen sind.

Im folgenden werden einige Unterabsätze von 4.6 erläutert. »Lieferant« bezeichnet die Organisation, die den Forderungen des Standards unterliegt. »Unterauftragnehmer« ist die Organisation, bei der ein Lieferant Software, Hardware oder Dienstleistungen einkauft.

3.2.6.1 Allgemeines

Wie üblich muß der Lieferant Verfahrensanweisungen befolgen. Es muß sichergestellt sein, daß die erworbenen Produkte den Forderungen entsprechen. Beachten Sie, daß sich die Forderungen in 4.6 nicht auf den Einkauf von Bleistiften und Radiergummis beziehen, sondern auf Teile des Produkts und Werkzeuge, die Einfluß auf die Produktqualität haben könnten. Ein besonderer Fall ist der Einkauf von Dienstleistungen. Manchmal sind sich die Lieferanten nicht darüber im klaren, ob sie für eine interne Entwicklung Berater engagieren oder sie die Entwicklung eines bestimmten Teils extern einkaufen sollen. Wird ausschließlich Arbeitskraft eingekauft, fordert der Standard nur, daß ein Verfahren für die Auswahl befolgt wird. Die von diesen Kräften ausgeführte Arbeit wird direkt vom Lieferanten und nicht vom Unterauftragnehmer überwacht.

Wie aber können wir sicherstellen, daß die eingekaufte Software den Forderungen entspricht? Das hängt von der Art der Software und ihrer Bedeutung ab, doch werden üblicherweise einige oder alle der folgenden Punkte angewendet:

- Forderungen des Untervertrags für die Verfahren des Unterauftragnehmers
- Qualitätsaudits des QM-Systems des Unterauftragnehmers
- Überprüfung der bisherigen Leistungsfähigkeit des Unterauftragnehmers
- Überwachung des Unterauftragnehmers während der Vertragsdauer
- Bestätigte Prüfungen und Tests
- Testen und Prüfen der vom Unterauftragnehmer erworbenen Produkte

3.2.6.2 Beurteilung von Unterauftragnehmern

Der Lieferant muß alle Unterauftragnehmer beurteilen. Das heißt, jemand mit der erforderlichen Autorität und Kompetenz muß einen Unterauftragnehmer einschätzen und über seine Auswahl entscheiden. Diese Entscheidung muß mit entsprechender Begründung dokumentiert werden.

Der Lieferant muß beim Einsatz eines Unterauftragnehmers die Art und den Umfang der Überwachung festlegen. Beachten Sie, daß der Standard nicht festlegt, wie stark die Kontrolle zu sein hat. Die Forderung lautet nur, daß der Lieferant seine Entscheidung aufgrund relevanter Fakten treffen muß. Für einen Unterauftragnehmer, der Software entwickelt, kann der Umfang der Überwachung variieren, beispielsweise abhängig von der bisherigen Leistungsfähigkeit des Unterauftragnehmers und der Bedeutung des vergebenen Auftrags. Es folgen Beispiele für Möglichkeiten der Überwachung:

- Regelmäßige Qualitätsaudits des QM-Systems des Unterauftragnehmers
- Prüfung der Pläne des Unterauftragnehmers
- Bestätigen der Prüfungen und Tests seitens des Unterauftragnehmers
- Annahme einzelner Arbeitsergebnisse (z.B. Pläne, Spezifikationen, Code oder Testergebnisse) des Unterauftragnehmers durch den Lieferanten

Ein besonderer Fall tritt ein, wenn die Software im Einzelhandel eingekauft wird. In diesem Fall wird die Organisation zum »Unterauftragnehmer«, die weiterverkauft bzw. bei der eingekauft wird. Der ursprüngliche Entwickler der Software ist also außen vor. Der Weiterverkäufer muß jetzt explizit die Verantwortung für die Überwachung seines Unterauftragnehmers übernehmen. Allerdings benötigt der Käufer manchmal noch den Zugriff auf die ursprüngliche Entwicklungsorganisation, um deren QM-System beurteilen zu können. Der Bedarf und die Möglichkeit der ausdrücklichen Überwachung bei in großen Stückzahlen verkaufter Standardsoftware ist allerdings nur gering. Wenn Sie dagegen Software über den Handel erwerben, fordert ISO 9001, daß Sie die Art und den Umfang der Überwachung festlegen, die durch den Lieferanten (Händler) über den Unterauftragnehmer ausgeübt wird.

Der Lieferant muß qualitätsbezogene Aufzeichnungen über annehmbare Unterauftragnehmer erstellen und aufrechterhalten.

3.2.6.3 Beschaffungsangaben

Die beim Unterauftragnehmer oder Weiterverkäufer bestellten Produkte müssen klar beschrieben sein. Die Forderungen für den Entwicklungsprozeß des Unterauftragnehmers ebenso wie die Forderungen für die Annahme der Arbeitsergebnisse und Verfahren sind im Auftrag zu dokumentieren.

Vor einem Erwerb müssen die Daten durch den Lieferanten geprüft werden.

3.2.6.4 Prüfung von beschafften Produkten

Ein Qualitätsauditor erwartet eine Dokumentation der Entscheidung über die Prüfung jeder beschafften Entwicklung oder des darin enthaltenen Produkts. Es gibt verschiedene Situationen, die zu berücksichtigen sind:

- Es wird ein Tool (Dienstprogramm) zur Unterstützung der Entwicklung oder Prüfung der Software beschafft. Die Qualität des Tools hat keinen Einfluß auf die Produktqualität des Lieferanten oder dessen Servicequalität im Hinblick auf den Kunden. In diesem Fall kann entschieden werden, keine Prüfung vorzunehmen.

- Ein Tool oder ein enthaltenes Produkt werden beschafft. Es handelt sich dabei um Standardware, die schon über geraume Zeit von anderen Anwendern eingesetzt wird. Beispiele dafür sind Compiler und Betriebssysteme. In diesem Fall könnte die Entscheidung dahin gehen, das Produkt als »geprüftes Design« anzusehen und keine oder nur geringe Prüfungen vorzunehmen. Beachten Sie aber, daß eine intensive Verwendung älterer Versionen des Tools oder des enthaltenen Produkts nur ein unzureichender Beweis für ein »geprüftes Design« sein könnten.

- Die Beschaffung betrifft Entwicklung und Produktion von teilweise neuer Hard- oder Software. In diesem Fall könnte eine vernünftige Entscheidung sein, Qualitätsforderungen an die Entwicklung und Produktion (einschließlich Tests) des Unterauftragnehmers zu stellen und zu prüfen, ob diese Forderungen auch vollständig erfüllt werden. Ein Beweis für das Testen durch den Unterauftragnehmer und/oder für die vom Lieferanten vorgenommenen spezifischen Abnahmetests könnte angebracht sein.

- Ein Tool oder ein enthaltenes Produkt wird beschafft. Es handelt sich dabei um bereits entwickelte und produzierte Ware, die aber noch relativ selten verwendet worden ist. Ein Beispiel dafür ist ein Betriebssystem in einer speziellen Version für einen neuen Typ von Prozessorplatinen. In diesem Fall muß der Lieferant sich davon überzeugen, daß das erworbene Produkt den Forderungen entspricht. Die Prüfung kann hier das Sammeln der Erfahrungen anderer Benutzer ebenso wie das intensive Testen einschließen.

Es folgen Beispiele für typische Nichtkonformitäten mit 4.6:

- Keine Liste mit anerkannten Lieferanten
- Unzureichende Überwachung des Unterauftragnehmers
- Keine dokumentierte Prüfung der erworbenen Produkte
- Unzureichender Vertrag mit dem Unterauftragnehmer

3.2.7 Lenkung der vom Kunden beigestellten Produkte (4.7)

Ich war einmal in einer Situation, die mir anfänglich ziemliches Kopfzerbrechen bereitete. Der Kunde hatte zwei Lieferanten eingesetzt, von denen jeder einen Teil des Produkts liefern sollte. Lieferant A entwickelte eine Basissoftware, die in der von Lieferant B entwickelten Software enthalten sein sollte. Die Software wurde direkt von A nach B geliefert. Die Frage war nun, wer für das Funktionieren der Software von A innerhalb des Produkts von B verantwortlich war. Die Antwort überraschte: Der Kunde! Es war nämlich der Kunde, der B aufforderte, die Software von A zu verwenden. Der Kunde erwarb zuerst die Basissoftware von A und lieferte sie dann an B. Absatz 4.7 in ISO 9001 berücksichtigt die Situationen, in denen der Kunde Software zur Verfügung stellt, die im Produkt enthalten sein soll.

Der Standard sagt, daß der Lieferant für vom Kunden beigestellte Produkte entsprechende Verfahrensanweisungen für die Verifizierung, Lagerung und Erhaltung erstellen und aufrechterhalten muß. Für die Qualität dieser Software ist dagegen der Kunde verantwortlich.

Ein Qualitätsauditor geht davon aus, daß beim Lieferanten Verfahrensanweisungen für die Identifikation, die Behandlung von Versionen und für das Melden von Fehlern der vom Kunden beigestellten Software vorhanden sind.

Beachten Sie, daß, selbst wenn der Kunde ausdrücklich die Zusammenarbeit zweier Lieferanten (z.B. die Entwicklung der Software durch den einen und das Einbinden dieser Software durch den anderen Lieferanten) fordert, die letzte Verantwortung beim Kunden liegt. Eine undeutliche Aufteilung der Verantwortlichkeiten zwischen Kunde und Lieferant ist eine verbreitete Nichtkonformität mit diesem Absatz im Standard.

3.2.8 Kennzeichnung und Rückverfolgbarkeit von Produkten

Dieser Absatz wird verwendet, um z.B. folgende Dinge von Softwarelieferanten überwachen zu lassen:

- Für jede Softwareänderung: Auf welchem vorhergehenden Dokument in welcher Ausgabe basiert die entsprechende Änderung?
- Für jedes Quellcode-Modul und Designdokument: Von welcher (welchen) Spezifikation(en) wird ausgegangen?
- Welche Fehlerkorrekturen und Verbesserungen wurden in welche Quellcode-Programme eingebracht?
- Was geschah mit jedem einzelnen Problembericht? Welche Entscheidungen wurden getroffen, welche Änderungen, welche Tests usw.?
- Von welcher Version des Quellcode-Programms wurde ein bestimmtes Lademodul generiert?

Ein Qualitätsauditor könnte beispielsweise eine bestimmte Einheit aufdecken und den Manager fragen: »Woher wissen Sie, daß es sich bei der Einheit um die richtige Version handelt?« Der Qualitätsauditor erwartet allerdings nicht, daß der Manager diese bestimmte Einheit geprüft hat. Statt dessen könnte die passende Antwort wie folgt lauten: »Unser Verfahren XYZ-123 stellt sicher, daß alle Einheiten dieser Art die richtige Version haben. In unseren internen Qualitätsaudits haben wir geprüft, daß das Verfahren angehängt worden ist. Wenn Sie wünschen, können wir durch die Entwicklungsbibliothek gehen und herausfinden, ob diese Einheit den Forderungen entspricht.«

Es überrascht, wie häufig ich bei einem Qualitätsaudit Unzulänglichkeiten in diesem Bereich festgestellt habe. Es folgen einige Beispiele:

- In der Bibliothek befindet sich die falsche Version einer Quellcode-Datei

- Eine Änderung wurde als eingeführt festgehalten, das Gegenteil war jedoch der Fall

- Ein Manager oder ein Projektleiter waren nicht in der Lage zu zeigen, welche Quellcode-Versionen im Systemtest verwendet wurden

- Änderungsanforderungen konnten nur unzureichend zurückverfolgt werden

3.2.9 Prozeßlenkung (4.9)

Dieser Absatz beinhaltet allgemeine Forderungen für die Überwachung der Produktions-, Montage- und Wartungsprozesse. Hinsichtlich Software wird dieser Absatz für Forderungen zur Überwachung der Reproduktion und Installation verwendet. Reproduktion ist das Verfahren, mit dem gelieferte Lademodule oder Daten auf Diskette, Band, PROM oder ein anderes Medium geschrieben werden.

Ein Qualitätsauditor geht davon aus, daß für den verwendeten Reproduktionsvorgang ein dokumentiertes Verfahren vorhanden ist. Ebenso wird er nach einem Verfahren für die Behandlung von Master-PROMs oder Master-Bibliotheken suchen, um sicherzustellen, daß immer die korrekten Versionen benutzt werden.

Nichtkonformitäten mit diesem Absatz des Standards umfassen häufig:

- Kein dokumentiertes Verfahren für die Reproduktion

- Falsche Behandlung der Master-PROMs oder Master-Disketten

3.2.10 Prüfungen (4.10)

Da ISO 9001 für die herstellende Industrie geschrieben wurde, zielt Absatz 4.10 auf Prüfungen von *Produktionsgütern*. Deshalb benutzen wir diesen Absatz für Forderungen hinsichtlich der Prüfungen bei der Reproduktion. Der Qualitätsauditor erwartet schriftliche Verfahrensanweisungen für Prüfungen während der Softwarereproduktion. Warum vertraut ein Lieferant darauf, daß die Software korrekt reproduziert (kopiert) wird, und zwar ausgehend von der korrekten Version der Master-Software? Der Einsatz passender Verfahren ist besonders dann wichtig, wenn die Reproduktion die Kompilierung, das Linken und/oder das Parameterisieren umfaßt.

Nichtkonformitäten in diesem Bereich könnten sein:

- Die Ausrüstung für das Programmieren von PROMs prüft gleichzeitig das Ergebnis. Die Funktion dieser automatischen Prüfung wurde nicht regelmäßig kontrolliert

- Es gibt kein dokumentiertes Verfahren für das Testen von PROMS

Prüfungen im Verlauf der Entwicklung sind in ISO 9001 im Absatz 4.4.7 unter »Designverifizierung« enthalten, während Endtests mit Absatz 4.4.8 »Designvalidierung« abgedeckt werden. Einige Qualitätsauditoren könnten aber auch Absatz 4.10 im Standard für Forderungen hinsichtlich der Endtests von Software anwenden.

3.2.11 Prüfmittelüberwachung

Dieser Absatz deckt hauptsächlich Qualitätsforderungen für die Kalibrierung von Prüfmitteln (z.B. Meßeinrichtungen) ab. In der Softwareentwicklung gibt es kaum Prüfmittel, die kalibriert werden müssen. Mögliche Beispiele sind:

- Uhren zum Prüfen von Zeitanforderungen

- Voltmeter zum Testen von Programmen für D/A-Wandler (Digital/Analog-Wandler)

- Leitungsanalyzer

Schätzmethoden könnten ebenfalls eine Kalibrierung benötigen. Häufig basieren Schätzungen auf typischen Werten aus früheren Projekten. Diese Werte müssen von Zeit zu Zeit überprüft werden, um sicherzustellen, daß sie noch aktuell bzw. geeignet sind.

Der Standard fordert, daß der Lieferant die passende Meßeinrichtung auswählt und ein dokumentiertes Verfahren für die Überwachung der Meßeinrichtung befolgt. Es muß eine Liste aller Instrumente, die eine Kalibrierung benötigen, vorhanden sein. Die Instrumente müssen in vorgeschriebenen Intervallen kalibriert und mit dem jeweiligen Kalibrierstatus markiert werden.

Neben der Meßeinrichtung deckt Absatz 4.11 auch Werkzeuge für Tests ab. Wenn Sie beispielsweise einen Testdaten-Generator verwenden, müssen Sie regelmäßig prüfen, ob auch die richtigen Testfälle generiert werden. Diese regelmäßige Prüfung ist auch dann erforderlich, wenn es sich bei dem Werkzeug um Software handelt, die keinem Verschleiß unterliegt. Grund: Ihre Anwendungen und Ihre Testmethoden können variieren, so daß Ihr Testwerkzeug nur noch beschränkt tauglich ist. Dieser Absatz im Standard kann auch verwendet werden, um jede neue Version eines Softwaretools für Tests so zu überwachen, daß es als Prüfmittel angemessen ist.

3.2.12 Prüfstatus (4.12)

ISO 9001 fordert, daß Spezifikationen und Programme verifiziert werden müssen, d.h. üblicherweise durch Bewertungen (Reviews) und/oder Tests. Der Lieferant muß Verfahren haben, mit denen die Verwendung nicht verifizierter Spezifikationen oder Programme ausgeschlossen wird.

Ein Qualitätsauditor geht von folgenden Voraussetzungen aus:

- Es muß einfach festgestellt werden können, ob eine bestimmte Einheit geprüft, getestet und genehmigt wurde. Normalerweise erreicht man das durch eine Liste mit Spezifikationen und Quellcode-Programmen einschließlich des jeweils aktuellen Status.

- Nicht verifizierte Spezifikationen und Programme müssen von den verifizierten Einheiten getrennt werden (beispielsweise in einem anderen Verzeichnis).

Eine typische Nichtkonformität liegt vor, wenn jemand eine Spezifikation anwendet und nicht weiß, ob diese genehmigt wurde bzw. anerkannt ist.

3.2.13 Lenkung fehlerhafter Produkte (4.13)

Fehlerhafte Produkte sind Spezifikationen und Programme, die entweder die Forderungen nicht erfüllen oder abweichend von den vorgeschriebenen Verfahren entwickelt wurden. Absatz 4.13 fordert, daß der Lieferant Verfahrensanweisungen erstellen und aufrechterhalten muß, um sicher zu sein, daß ein Produkt, welches die festgelegte Qualitätsforderung nicht erfüllt, von einer unbeabsichtigten Benutzung ausgeschlossen wird. Auf Software bezogen, wird ein Qualitätsauditor auf folgendes achten:

- Eindeutige Identifikation der kontrollierten, fehlerhaften Einheiten. Natürlich werden während der Arbeit an Dokumenten oder Programmen meistens noch Fehler vorhanden sein. Dennoch ist es kein fehlerhaftes Produkt, solange es nicht auf irgendeine Weise »eingefroren« wird.

- Eine Methode, den Kunden für die Lieferung einer fehlerhaften Software zu gewinnen, ist beispielsweise die Freigabe einer vorläufigen Version.

In einigen Fällen entsteht die Notwendigkeit, eine Software unvorhergesehen zu modifizieren. Entweder verlangt die mit der Software arbeitende Organisation aus betrieblichen Gründen eine umgehende Änderung, oder in einer Computeranwendung taucht plötzlich ein schwerwiegender Fehler auf. In diesen Fällen ist manchmal einfach nicht die Zeit vorhanden, die normalen und rigorosen Entwicklungsverfahren anzuwenden. »Lenkung fehlerhafter Produkte« bedeutet in diesen Fällen:

- Ein Qualitätsauditor erwartet, Verfahrensanweisungen für die Behandlung kurzfristiger Modifikationen vorzufinden

- Der Umstand, daß modifizierte Spezifikationen und Quellcode-Programme nicht in der normalen Weise gehandhabt wurden, muß dokumentiert werden

- Es muß ersichtlich sein, daß die modifizierte Einheit im nachhinein immer den gleichen Status der übrigen Software erhält, wie beispielsweise durch ein erneutes Prüfen

Eine Nichtkonformität mit Absatz 4.13 im Standard liegt dann vor, wenn unklar ist, welche Dokumente und Programme die aufgetretenen Fehler enthalten.

3.2.14 Korrektur- und Vorbeugungsmaßnahmen (4.14)

ISO 9001 enthält wenig Forderungen zur fortlaufenden Verbesserung der Arbeitsverfahren des Lieferanten und dessen Produktqualität. Vielleicht ist das ganz natürlich, da der Standard ursprünglich zur Anwendung in Einzelverträgen gedacht war. Wenn wir als Kunde nur einmalig mit diesem Lieferanten zu tun haben, sind wir an langfristigen Verbesserungen nicht interessiert. Klar, denn von diesen Verbesserungen würden nur andere Kunden profitieren.

Dennoch enthält Absatz 4.14 einige Forderungen zur Verbesserung von Verfahren zur Softwareentwicklung. Grundsätzlich enthält der Absatz drei Forderungen:

- Die wirksame Behandlung von Kundenbeschwerden und anderen Berichten, die darauf hinweisen, daß die Software nicht den Anforderungen entspricht
- Die wirksame Behandlung der Ergebnisse von Qualitätsaudits und anderer Informationen, die auf Probleme in der Entwicklung hinweisen
- Die aktive Sammlung und Analyse aller verfügbaren Informationen über Produkt- und Verfahrensfehler und angemessene Maßnahmen, um Probleme mit anderer Software zu vermeiden

Die erste Forderung betrifft die normale Korrektur der von Kunden gemeldeten Fehler, was Softwareentwickler und -manager sofort verstehen werden. Dennoch ist es häufig sehr schwierig für mich, Softwaremanagern die Auswirkungen der beiden anderen Punkte verständlich zu machen. Ich werde versuchen, das zu erklären.

Der Grundgedanke von Absatz 4.14 in ISO 9001 ist, daß die Informationen über festgestellte Fehler zu Verbesserungen in der Softwareentwicklung führen sollen. Wird eine Schwachstelle in den Verfahrensanweisungen gefunden, sollte möglichst umgehend eine Verbesserung vorgenommen werden. Wenn Fehler in der Software entdeckt werden, sollte neben der sofortigen Fehlerkorrektur eine Ursachenanalyse veranlaßt werden. Wenn möglich, sollten Maßnahmen zur Verbesserung des jeweiligen Verfahrens getroffen werden, damit diese spezifische Fehlerart nicht erneut vorkommt.

Eine übliche Art der Ursachenanalyse ist das Meeting mit einer Gruppe von Mitarbeitern (z.B. alle drei Monate), um alle Berichte über Design- und Codeprüfungen, Tests, Kundenreklamationen und Qualitätsaudits zusammen mit Verbesserungsvorschlägen von Mitarbeitern durchzugehen. Wenn die Gruppe zu dem Schluß kommt, daß etwas getan werden muß, wird eine Korrekturmaßnahme in der gleichen Art und Weise wie bei Qualitätsaudits initiiert. Anschließend wird der Fortgang der Korrekturmaßnahmen regelmäßig weiterverfolgt.

Qualitätsauditoren finden häufig schwerwiegende Fehler bzw. Nichtkonformitäten mit diesem Absatz in ISO 9001. Es folgen einige Beispiele:

- Eine Kundenreklamation wurde unangemessen bearbeitet
- Eine Unzulänglichkeit wurde in einem internen Qualitätsaudit gefunden, jedoch nicht korrigiert
- Es gibt kein Verfahren, das sicherstellt, daß alle Probleme analysiert werden und entsprechend gehandelt wird
- Es gibt kein Verfahren für das Bekanntgeben von Problemen mit anzuwendenden Regeln und Verfahren

3.2.15 Handhabung, Lagerung, Verpackung, Konservierung und Versand (4.15)

In diesem Absatz geht es um die Handhabung von Produktionsgütern. Deshalb wenden wir ihn auf Software an, die reproduziert (kopiert) wurde und sich in einem PROM, auf einer Diskette oder auf einem anderen Medium befindet. Wir verwenden diesen Absatz außerdem für Forderungen hinsichtlich der Handhabung fertiggestellter Software, die sich z.B. in einer Produktbibliothek befindet, um als Master für das Kopieren, für die Modifikation des Softwareprodukts oder für neue Produkte verwendet zu werden.

Der Lieferant muß Verfahrensanweisungen für Handhabung und Lagerung der Softwaremedien erstellen und aufrechterhalten, so daß eine Beschädigung oder Beeinträchtigung verhindert wird. Beispielsweise müssen magnetische Medien in regelmäßigen Abständen erneuert werden. Medien müssen etikettiert und angemessen verpackt werden.

Die Produktbibliothek (einschließlich Daten und Hilfsprogramme) muß als Backup gesichert werden. Die Produktbibliothek muß außerdem vor unbeabsichtigter Beschädigung (z.B. über limitierte Zugriffsmöglichkeiten) geschützt werden. Der letzte Punkt schützt vor der Tendenz, übereilte, nicht autorisierte Änderungen vornehmen zu wollen.

Selbst wenn strikte Verfahrensanweisungen für die Modifikation von Software vorhanden sind, gibt es das Risiko der *spontanen Änderungen*. Wir gehen davon aus, daß Sie Programmierer in einem Projektteam sind. Ihr Programm ist geprüft und genehmigt worden und unterliegt jetzt der formellen Änderungskontrolle. Am Tage nach dem Review entdecken Sie plötzlich einen unangenehmen, kleineren Fehler in Ihrem Programm. Die normale Maßnahme wäre, schnell und ohne daß jemand etwas merkt, eine kleine Modifikation am Programmoriginal vorzunehmen. Das Risiko dabei ist, daß Sie in der Eile die Modifikation verpfuschen oder mit der Änderung unbemerkt völlig andere Programmfunktionen beeinflussen.

Um vor dieser Art spontaner Änderungen sicher zu sein, sollte eine Organisation darauf achten, daß Programme und Spezifikationen, die der formellen Änderungskontrolle unterliegen, mit beschränkten Zugriffsmöglichkeiten gespeichert bzw. gelagert werden.

3.2.16 Lenkung von Qualitätsaufzeichnungen (4.16)

Wenn von einem Lieferanten zu entwickelnde, komplexe Softwareprodukte eingekauft werden, benötigt der Kunde Vertrauen in das gelieferte Produkt. Grundsätzlich gibt es drei Möglichkeiten für den Kunden, dieses Vertrauen zu erlangen:

- Bisherige Leistungsfähigkeit. Der Kunde wird den Erfolg des Lieferanten bei früheren Unternehmungen überprüfen

- Der Kunde selber wird die Software des Lieferanten testen

- Der Kunde nimmt Einblick in den Entwicklungsprozeß des Lieferanten

Da Softwareprodukte immer komplexer werden, müssen sich Kunden immer mehr auf die letzte Alternative verlassen können. Der Kunde möchte während der Entwicklung und Wartung sehen, was geschieht. Die wichtigste Quelle für Informationen zur Effektivität der Softwareentwicklung sind *Qualitätsaufzeichnungen*. Es handelt sich dabei um Dokumente, aus denen die Maßnahmen zur Sicherstellung oder Überprüfung der Qualität ersichtlich sind. Beispiele für Qualitätsaufzeichnungen sind:

- Protokolle des Managementreview
- Protokolle des Auftragsreview
- Aufzeichnungen der Reviews von Spezifikationen und Programmen
- Aufzeichnungen der Folgeaktivitäten von Reviewbemerkungen
- Aufzeichnungen der Beurteilung von Unterauftragnehmern
- Aufzeichnungen aller berichteter Fehler – vom Erkennen bis hin zur Korrektur
- Berichte über Qualitätsaudits
- Testpläne und -berichte
- Dokumentation von korrigierenden Eingriffen
- Dokumentation über beigestellte Produkte

Der Standard fordert, daß eine Verfahrensanweisung für die Behandlung von Qualitätsaufzeichnungen vorhanden ist. Die Aufzeichnungen müssen sicher gelagert und einfach erreichbar sein. Die Aufbewahrungsdauer von Qualitätsaufzeichnungen nach Projektabschluß muß festgelegt werden.

Typische Nichtkonformitäten sind:

- Es gibt keine Regeln für die Aufbewahrung von Qualitätsaufzeichnungen.
- Es sind keine Reviewaufzeichnungen vorhanden.

- Es sind keine Testaufzeichnungen vorhanden.
- Die Aufbewahrungsdauer von Qualitätsaufzeichnungen ist nicht festgelegt.

3.2.17 Interne Qualitätsaudits (4.17)

Für einen zertifizierten Lieferanten reicht es nicht aus, daß er einem regelmäßigen Qualitätsaudit durch die Zertifizierungsstelle unterliegt. Der Lieferant muß darüber hinaus eine unabhängige Abteilung innerhalb seiner Organisation für interne Qualitätsaudits bestimmen, die regelmäßig alle Tätigkeiten mit Einfluß auf Produkt- oder Servicequalität auditiert.

Derartige interne Qualitätsaudits sollten überprüfen,

- ob die in der Softwareentwicklung ausgeführte Arbeit den Plänen und Verfahrensanweisungen entspricht;
- ob das QM-System effektiv ist (z.B. ob vorhandene Verfahren usw. die richtigen sind).

Interne Qualitätsaudits werden vom Unternehmensmanagement geleitet. Ein Qualitätsauditor muß unabhängig von der auditierten Maßnahme sein; die Person, die eine bestimmte Abteilung auditiert, darf dieser Abteilung nicht angehören. Das Abteilungsmanagement darf von diesem Qualitätsauditor nicht auditiert werden. Häufig werden Qualitätsaudits vom Qualitätsmanager des Unternehmens geplant und verwaltet; dieser Manager setzt Mitarbeiter aus unterschiedlichen Unternehmensbereichen ein, um die jeweils anderen Abteilungen zu auditieren.

Da Softwareentwicklung normalerweise in Projekten vorgenommen wird, müssen Qualitätsaudits jedes einzelne Projekt im Hinblick auf Zweckmäßigkeit und Übereinstimmung mit dem Qualitätssystem prüfen. Derartige Audits werden auch als »Projektaudits« bezeichnet. Andere Aspekte des Unternehmens werden am besten auditiert, indem man sich auf Bereiche außerhalb des jeweiligen Projekts konzentriert (z. B. Abteilungsmanagement, Korrekturmaßnahmen und Training). Diese Audits werden als »Systemaudits« bezeichnet.

Alle Teile eines QM-Systems müssen regelmäßig in festgelegten Intervallen auditiert werden. Dabei sind einige Teile wegen ihrer Bedeutung häufiger als andere zu auditieren. Es muß ein *Auditplan* vorhanden sein, aus dem hervorgeht, welche internen Qualitätsaudits in absehbarer Zeit durchzuführen sind – normalerweise innerhalb der nächsten 12 Monate. Qualitätsaudits müssen geplant und zur Kenntnis gebracht werden, und festgestellte Unzulänglichkeiten sind rechtzeitig zu korrigieren (siehe 2.14).

Typische Nichtkonformitäten sind:

- Kein Auditplan

- Auditplan nicht auf dem aktuellsten Stand

3.2.18 Schulung (4.18)

Der Standard fordert nicht, daß der Lieferant gute Mitarbeiter oder ausgezeichnete Techniker beschäftigen muß. Das wäre weder sinnvoll noch überprüfbar. Statt dessen fordert der Standard, daß der Lieferant für die Schulung aller Mitarbeiter sorgen muß, die mit qualitätswirksamen Tätigkeiten betraut sind.

Absatz 4.18 fordert vom Lieferanten Verfahrensanweisungen für

- die Ermittlung des Schulungsbedarfs für jede Mitarbeiterposition

- die Bereitstellung einer solchen Schulung

- die Aufbewahrung von Aufzeichnungen über Schulungen

In Schweden ist vieles davon in Verfahren für eine »Karrierebewertung« enthalten. Manager setzen sich mit den einzelnen Mitarbeitern zusammen und sprechen die Arbeitssituation, die Karriereentwicklung und verschiedene Wünsche durch.

Beispiele für eingeplante Schulungsarten, die ein Qualitätsauditor erwartet, sind:

- Neue Programmiersprachen und Tools
- Auditschulung für interne Qualitätsauditoren
- Projektmanagement-Schulung

Wie sollte die Schulung ausgerichtet werden? Reicht es aus, dem Programmierer das Handbuch für eine neue Programmiersprache einige Tage zum Lesen zu überlassen? Nun, es ist nicht unbedingt die Aufgabe von Qualitätsauditoren, Ihre Art von Schulung und Fortbildung zu beurteilen. So lange die Schulung dokumentiert wird und *ausreichend* ist, wird der Qualitätsauditor zufrieden sein. Das Kriterium für ausreichende Schulung ist, daß die jeweilige Person in die Lage versetzt wird, die Arbeit auf einem ausreichend hohen Standard auszuführen. Der Qualitätsauditor könnte das beispielsweise an den Aufzeichnungen und am Erfolg des Projekts feststellen. Qualitätsauditoren und andere Mitarbeiter, die eine spezielle Qualifikation benötigen, sollten Aufzeichnungen über explizite Schulungen anfertigen.

Typische Nichtkonformitäten sind:

- Keine Verfahrensanweisungen für die Planung von Schulungen
- Keine Aufzeichnungen über Schulungen
- Mitarbeiter wurden für die übertragenen Aufgaben nicht geschult

3.2.19 Wartung (4.19)

Der Standard legt fest, daß der Lieferant Verfahrensanweisungen für die Wartung erstellen und aufrechterhalten muß, wenn Wartung eine *festgelegte Forderung des Auftrags* ist. Der Standard führt die Reparatur gelieferter Einheiten an, z.B., wenn jemand beim Kunden einen fehlerhaften Kühlschrank reparieren muß.

Im Softwaregeschäft beinhaltet dieser Absatz die Wartung bzw. Pflege, d.h. Fehlerbeseitigung und die Erweiterung bereits gelieferter Software. Abschnitt 4.14 »Korrektur- und Vorbeugungsmaßnahmen« fordert, daß der Lieferant in der Lage sein muß, Kundenreklamationen entgegenzunehmen. Unter Verwendung von Absatz 4.19 fordert der Qualitätsauditor, daß beim Lieferanten Verfahrensanweisungen für die Behandlung von Reklamationen und Änderungswünschen vorhanden sind. Der Lieferant kann diese Forderungen nur dann verhindern, wenn weder Wartungsverträge noch Garantievereinbarungen geschlossen werden. Da die Softwarewartung im technischen Bereich sehr der ursprünglichen Entwicklung ähnelt, treffen die meisten Forderungen der Absätze 4.4 bis 4.23 ebenfalls zu.

Eine verbreitete Sorge unter Softwarelieferanten hinsichtlich der Erfüllung von ISO 9001 betrifft die Pflege alter Software. Die aktuelle Softwareentwicklung erfolgt nach gut definierten Verfahren mit einigen typischen, während der Entwicklung erstellten Dokumenten. Diese Dokumente sind für alte Software nicht vorhanden; also kann auch die alte Software nicht in Übereinstimmung mit den neuen Verfahrensanweisungen gewartet werden. Die Lösung liegt darin, spezifische Verfahrensanweisungen für die Pflege alter Software zu erstellen. Diese Verfahren sollten am besten in den Wartungsplänen für die verschiedenen Softwareprodukte festgehalten bzw. dokumentiert werden. Der Qualitätsauditor erwartet nur, daß die Wartung unter Kontrolle ist.

Typische Fehler sind:

- Wartungsarbeiten für einen Kunden ohne Vertrag

- Bestimmte Methoden für die Wartung eines alten Produkts wurden nicht festgehalten

- Keine Verfahrensanweisung für das Testen nach einer Wartung bzw. Pflege

3.2.20 Statistische Methoden (4.20)

Statistische Methoden sind wichtig, wenn z.B. die Qualität von Schrauben und Muttern durch eine Stichprobenentnahme überwacht wird. Absatz 4.20 handelt von derartigen Kontrollen.

Für Software dagegen wird dieser Absatz als Forderung an den Lieferanten interpretiert, sowohl die Qualität des Produkts als auch die des Entwicklungsprozesses zu messen.

Der Qualitätsauditor prüft die gesammelten Daten und deren Analyse hinsichtlich der Anzahl gefundener Fehler in verschiedenen Phasen sowie die Fähigkeit, bestimmte Termine einhalten zu können.

Als Qualitätsauditor würde ich fragen: »Wie viele Fehler finden Sie während des Systemtests, und wie viele Fehler finden Ihre Kunden für Sie?« Schwierigkeiten bei der Beantwortung dieser Frage würden zu einer Nichtkonformität führen.

KAPITEL
4

Besonderheiten

4.1 Allgemein

Einige Gegebenheiten können für Unternehmen, die sich nach ISO 9001 zertifizieren lassen wollen, problematisch werden. In diesem Kapitel wird darauf eingegangen, obwohl einiges schon kurz in den vorherigen Kapiteln behandelt wurde.

Oft entstehen die Diskussionen aus Fällen, in denen der Qualitätsmanager unzufrieden mit dem Versuch ist, die Softwareentwicklung seines Unternehmens auf die Forderungen in ISO 9001 auszurichten. Eine typische Klage könnte sein: »Ich weiß nicht, wie ich mit Fällen umgehen soll, bei denen ich selber nicht an die Forderung des Standards glaube. Ich habe einfach ein ungutes Gefühl, die Forderungen durchzusetzen und gleichzeitig daran zu denken, daß unsere Softwareentwickler anders vorgehen sollten.« Meine Reaktion darauf ist immer, daß ich nach einem Beispiel frage. Bis jetzt fielen die mir genannten Beispiele immer unter zwei Kategorien:

1. Die Forderung dreht sich um *Aufzeichnungen*. Softwareentwickler können oft nicht den Nutzen im Vorbereiten und Weiterführen von Aufzeichnungen über Reviews, Tests usw. erkennen.

2. Die buchstabengetreue Umsetzung der Forderung würde das Unternehmen zu einem *weniger* kompetenten Softwarelieferanten machen.

Bei der Kategorie 1 liegt das Problem darin, die Notwendigkeit von Aufzeichnungen zu verstehen und zu akzeptieren. Die Notwendigkeit entstammt der Tatsache, daß eine Aktivität *auditierbar* sein muß, um eine Übereinstimmung mit ISO 9001 zeigen zu können. Und auch das ist ganz natürlich: Wenn sich ein Unternehmen verbessern kann, sollte es auch dokumentieren können, was vor sich geht.

Probleme der Kategorie 2 haben mit Mißverständnissen über die Tragweite und die Absicht von ISO 9001 zu tun. Beispielsweise betont der TickIT-Leitfaden, daß Qualitätsauditoren den Standard nicht zu wörtlich auslegen sollten. Es ist absolut kein Problem, wenn ein Lieferant nicht buchstabengetreu mit ISO 9001 übereinstimmt. Wichtig ist nur, daß die Absicht des Standards erfüllt wird.

4.2 Parallele Entwicklung

ISO 9001 benötigt explizit eine abgeschlossene und genehmigte Spezifikation, bevor diese als Grundlage für weitere Arbeiten verwendet wird. Das wurde von einigen Unternehmen, die eine ISO-9001-Zertifizierung erlangen wollten, als Problem angesehen. Diese Unternehmen versuchen, den Zeitplan für ein Projekt zu verkürzen, indem sie möglichst viele Aktivitäten parallel laufen lassen. Beispielsweise sollen Programmierer Spezifikationen verwenden, bevor diese verabschiedet sind (z.B. vorläufige, nicht genehmigte Versionen).

Die Verwendung vorläufiger Spezifikationen könnte sicherlich von einem kompetenten Qualitätsauditor akzeptiert werden, aber nur, wenn klar ersichtlich ist, daß das endgültige Arbeitsresultat immer die endgültige Version der Spezifikation erfüllt. Außerdem würde der Qualitätsauditor Aufzeichnungen verlangen, so daß jeder andere Auditor erkennen kann, daß dieses Vorgehen für alle Projekte begründet ist.

Eine Möglichkeit, sicherzustellen, daß die endgültigen Arbeitsergebnisse (z.B. ein Programm) die endgültige Version der Spezifikation erfüllen, ist ein umfassendes Review. Es sollte ein rigoroses Verfahren vorhanden sein, mit dem nach Annahme der Spezifikation das Programm sorgfältig überprüft bzw. einer Revision unterzogen und aktualisiert wird, um so vollständig die bestätigte Version der Spezifikation zu erfüllen.

Das Arbeiten mit vorläufigen Spezifikationen kann manchmal als *Vorbereitung* einer aktuellen Arbeit angesehen werden. Der Programmierer entwickelt im Grunde genommen kein Programm, sondern bereitet es nur vor. Wenn dann die Spezifikation endgültig angenommen ist, kann die entsprechende Programmentwicklung tatsächlich gestartet werden. Geht man so vor, kann man sich auf Fortschritte im Programmieren erst dann beziehen, wenn die Spezifikation verabschiedet ist. Wenn dann die Spezifikation plötzlich eine andere Richtung einnimmt, kann möglicherweise das bisherige Programm nicht mehr verwendet werden.

4.3 Forschungsabteilungen

Wenn in Ihrem Unternehmen langfristig angelegte Forschungsaktivitäten im Softwarebereich vorhanden sind, müssen dann auch die Forscher das strikte Modell für die Softwareentwicklung befolgen? In vielen Unternehmen gibt es sogenannte »Labor«-Aktivitäten, wo Ideen erst ausprobiert werden. Die Ergebnisse dienen dann als Entscheidungsgrundlage für die Entwicklung eines neuen Produkts. Derartige Aktivitäten verursachen häufig Probleme sowohl für die Mitarbeiter des Unternehmens, die eine Zertifizierung vorbereiten, als auch für unerfahrene Qualitätsauditoren. Grund dafür ist, daß die Forscher sich normalerweise dagegen wehren, das generelle Entwicklungsmodell für Software zu befolgen.

Die Lösung dieses Problems findet sich im Titel von ISO 9001: »Modell zur Qualitätssicherung/QM-Darlegung in Design, Entwicklung, Produktion, Montage und Wartung«. Forschung bewegt sich außerhalb des Standards. Das bedeutet, daß die Überwachung von Design und Dokumenten, das Testen usw. nicht auf die Forschungsabteilung angewendet werden kann. Allerdings ist das nur dann zutreffend, wenn die Forscher keine Produkte entwickeln. Wenn Forschungsergebnisse (Spezifikationen oder Quellcode) in einem Produkt verwendet werden, sprechen wir von Entwicklung und nicht von Forschung.

Die Tatsache, daß der Standard nicht für die Forschung zutrifft, darf aber nicht bedeuten, daß die Forschungsabteilung ignoriert werden kann. Wenn eine Zertifizierung das Gesamtunternehmen beinhaltet, müssen auch die Aktivitäten außerhalb des Bereichs von ISO 9001 überwacht werden. Der Qualitätsauditor erwartet eine Dokumentation dessen, was die Forscher als Ergebnis bringen sollen, sowie Aufzeichnungen von Berichten und Folgeaktivitäten. Auch wenn ein Forscher völlig frei in der Ausrichtung seiner Arbeit ist, sollte das ebenfalls dokumentiert werden.

4.4 Entwicklung von Prototypen

4.4.1 Prototypen als Teil der Forderungenanalyse

Einige Anforderungen können eigentlich erst dann festgelegt werden, wenn sie vorher ausprobiert worden sind. Das trifft besonders auf Benutzerschnittstellen zu, so daß Entwickler häufig sogenannte »Wegwerf«-Software entwickeln. Das geschieht auf die einfachste Weise, um auszuprobieren, wie die Anforderungen tatsächlich sein sollen. Diese »Wegwerf«-Software wird als *Prototyp* bezeichnet. Ein solcher Prototyp wird *nicht* in Übereinstimmung mit den Forderungen in ISO 9001 hinsichtlich Designüberwachung usw. entwickelt.

So lange diese Prototypen tatsächlich zum Wegwerfen bestimmt sind, gibt es keinerlei Probleme. Die Prototypentwicklung ist eine Informationssammlung und keine Produktentwicklung. Häufig tritt auch der Fall ein, daß der Verkaufsmanager auf einen Prototypen stößt. »Warum? Sie haben das Programm doch schon fast fertig. Es muß nur noch geringfügig überarbeitet werden.« Anschließend verschwindet der Verkaufsmanager und verspricht seinem Kunden die umgehende Lieferung. Nun haben Sie ein Problem.

Wenn Sie einen Prototyp verkaufen, wird ein ISO-9001-Qualitätsauditor alles andere als glücklich sein. Denn das bedeutet, daß Sie dem Kunden ein Produkt liefern, das überhaupt nicht in Übereinstimmung mit Ihrem Qualitätssicherungssystem entwickelt wurde. Ein derartiges Verhalten wird durch einen Qualitätsauditor sehr streng beurteilt.

Dennoch könnte es mit großer Mühe gelingen, den Qualitätsauditor davon zu überzeugen, daß der Prototyp vor einer Auslieferung in das endgültige Produkt umgewandelt wird. Doch warum? Eine Umwandlung würde mehr kosten als eine direkte Neuentwicklung unter Verwendung der mit dem Prototyp gewonnenen Erfahrungen.

Außerdem müssen Sie eine Verfahrensanweisung haben, in der steht, wie die Umwandlung vorzunehmen ist. Mit anderen Worten, sämtliche für ein Produkt erforderlichen Dokumente müssen aufbereitet sein. Außerdem müssen sehr ausführliche Reviews durchgeführt werden, um sicherzustellen, daß die Dokumente richtig sind.

4.4.2 Prototypen als Entwicklungsmethode

Das Erstellen von Prototypen ist manchmal auch eine Entwicklungsmethode, besonders dann, wenn der spätere Anwender nur schwer erklären kann, was von der Software erwartet wird. In einer Organisation wurde mir diese Arbeitsmethode wie folgt beschrieben: Eine Spezifikation mit den Anforderungen wurde mit sehr allgemeinen Begriffen, doch sehr anspruchsvoll zu Papier gebracht. Danach würde der Programmierer aus sich heraus das entsprechende Programm – einen Prototyp – entwickeln. Der Anwender würde dann das Programm ausprobieren und anschließend dem Programmierer mitteilen, wie sich seiner Ansicht nach das endgültige Programm verhalten müßte. Der Programmierer würde den Prototyp modifizieren und dem Anwender zurückgeben. Dieser würde erneut testen usw. Am Schluß, wenn der Anwender mit dem Programm zufrieden wäre, würde der Programmierer eine Spezifikation niederschreiben, und das Produkt wäre fertig.

Ich kann mir nur sehr schwer vorstellen, wie eine derartige Entwicklungsmethode mit den ISO-9001-Forderungen hinsichtlich Designüberwachung übereinstimmen kann. Eine mögliche Betrachtungsweise dieser Methode wäre, den Programmierer als Berater anzusehen, der an einem Projekt unter Kontrolle des Anwenders arbeitet. Doch auch das hilft nicht viel weiter.

Wenn das der Weg ist, über den Sie Software entwickeln wollen, und wenn Ihre Kunden damit zufrieden sind, kann ich Sie nicht davon abhalten. Allerdings sollten Sie nicht nach einer ISO-9001-Zertifikation suchen. Ich persönlich glaube nicht an eine Entwicklung über Prototypen. Das Ergebnis ist immer ein Programm, das sehr häufig geändert wurde – ohne Anforderungen und ohne Prüfung der Verständlichkeit und Modifizierbarkeit. Außerdem gibt es keinen Grund zu glauben, daß eine nachträgliche Spezifikation genau oder ausreichend für die Wartung ist. Die Entwicklung über Prototypen ist ein Fall von unkontrollierter Softwareentwicklung.

4.5 Beratung

4.5.1 Hintergrund

Beratungsfirmen werden vielfach Softwarehäuser sein, die eigene Entwicklungsprojekte durchführen und die Lieferverantwortung für ein bestimmtes Produkt an ihre Kunden übernehmen. Deshalb möchten diese Unternehmen nach ISO 9001 zertifiziert werden, um auch diese Möglichkeit potentiellen Kunden aufzuzeigen. Dabei gibt es jedoch einige Schwierigkeiten, die ich im folgenden ansprechen werde.

4.5.2 Beratung durch Bereitstellung von Arbeitskraft

Ein Unternehmen, das ausschließlich Arbeitskraft für das Projekt eines Kunden bereitstellt, kann nicht nach ISO 9001 zertifiziert werden. Derartige Firmen können leider dem Anspruch nicht nachkommen, daß ihr Geschäftsbereich auch *Design* beinhaltet. Das Geschäft besteht nur aus *Bereitstellung*. Sämtliche Berater arbeiten im Hinblick auf Design nach dem Qualitätssystem des Kunden. Allerdings kann die Beratungsfirma nach ISO 9002 (»Produktion, Montage und Wartung«) zertifiziert werden. Das kann Unbehagen auslösen, da ISO 9001 von vielen irrtümlich als der »höchste« Standard angesehen wird und somit Zertifikate auch wertvoller erscheinen. Egal, ob Sie nach ISO 9001, 9002 oder 9003 zertifiziert sind – mit der »Güte« Ihres Qualitätssicherungssystems hat das nichts zu tun. Es sagt nur etwas über die Art der von Ihrem Unternehmen durchgeführten Arbeiten aus. Wenn Sie produzieren, beinhaltet ISO 9001 genau dieselben Forderungen wie ISO 9002 für Ihren Produktionsprozeß.

Würde das Unternehmen bestimmte Dienstleistungen bereitstellen, beispielsweise eine »Vorstudie für den Einsatz von Computern im Bankwesen«, könnte es möglich sein, eine Zertifizierung nach ISO 9001 zu erhalten. Wenn das Unternehmen Dienstleistungen entwirft und produziert, könnte eine Übereinstimmung mit den Forderungen in ISO 9001 (z.B. in bezug auf Designüberwachung) gezeigt werden. Dennoch würde ein derartiges Zertifikat nichts darüber aussagen, ob die Fähigkeit zum Design und zur Produktion von *Software* zertifiziert wurde. Jede ISO-9001-Zertifikation enthält einen Hinweis auf den *Bereich*, d.h., welche Geschäftsbereiche und Geschäftsaktivitäten vom Zertifikat abgedeckt werden.

4.5.3 Verwendung des Qualitätssicherungssystems des Kunden

Die Tatsache, daß das Beratungsunternehmen das Qualitätssystem des Kunden verwendet, schließt von sich aus eine Zertifizierung nach ISO 9001 nicht aus. Der Standard fordert nicht, daß ein Unternehmen das komplette Qualitätssicherungssystem selber entwickelt. Das Unternehmen könnte sogar verschiedene Qualitätssicherungssysteme für unterschiedliche Projektarten haben. Wenn ein Unternehmen ausschließlich das Qualitätssicherungssystem seiner Kunden verwendet, sollten die folgenden Bedingungen erfüllt werden, um für das Unternehmen eine ISO-9001-Zertifizierung zu erlangen:

- Das Unternehmen selbst sollte die Verantwortung für Entwicklungsprojekte übernehmen, und das sollte klar im Vertrag mit dem Kunden verankert sein.

- Die Teile des Kunden-Qualitätssicherungssystems, die für das Unternehmen zutreffend sind, sollten eindeutig im Vertrag genannt werden.

- Der restliche Teil des Qualitätssicherungssystems, der für das Unternehmen benötigt wird, muß aktiv angewendet werden und die Forderungen gemäß ISO 9001 erfüllen.

- Die internen Qualitätsaudits des Unternehmens sollten alle Aktivitäten abdecken, die unter dem Kunden-Qualitätssicherungssystem ausgeführt werden.

- Die internen Qualitätsaudits des Unternehmens sollten die Teile des Kunden-Qualitätssicherungssystems abdecken, die vom Unternehmen verwendet werden.

- Für das Unternehmen sollte ein Mechanismus vorhanden sein, um korrigierende Aktionen für diejenigen Teile des Kunden-Qualitätssicherungssystems anzufordern und zu ermöglichen, die vom Unternehmen verwendet werden.

- In allen Fällen, in denen ein Unternehmen das Qualitätssicherungssystem eines Kunden verwendet, sollte dieses die Forderungen gemäß ISO 9001 voll erfüllen. Das sollte in einem Vertrag mit dem Kunden eindeutig festgehalten werden.

4.5.4 Konglomerat von Beratung und Entwicklung

Einige Unternehmen sind sowohl in der reinen Beratung als auch in der Entwicklung tätig. Für eine Zertifizierung gemäß ISO 9001 müssen sie zeigen, daß die Bereitstellung von Beratung und Entwicklung ordentlich überwacht und die Forderungen in ISO 9001 erfüllt werden.

Gehen wir einmal davon aus, daß ein derartiges Unternehmen eine Zertifizierung gemäß ISO 9001 erhalten hat, und zwar sowohl für die Beratung als auch für die Softwareentwicklung. Lassen Sie uns weiter unterstellen, daß dieses Unternehmen einem Kunden einen Projektmanager für ein Softwareentwicklungsprojekt zur Verfügung stellt. Der Projektmanager ist ein Berater und arbeitet in Übereinstimmung mit dem kaum vorhandenen Qualitätssicherungssystem des Kunden. Durch das Nichtvorhandensein eines vernünftigen Qualitätssicherungssystems scheitert das Projekt auf ganz spektakuläre Weise. Anschließend beschwert sich der Kunde in der Fachpresse: »Das Projekt scheiterte am Projektmanager unseres Beraters von XYZ-Soft. Und diese Firma wurde von QPL-GmbH gemäß ISO 9001 zertifiziert!«

Diese Situation könnte für die in Frage kommende Zertifizierungsstelle äußerst schädlich sein. Durch die Ausstellung des Zertifikats hat sich QPL-GmbH für die Fähigkeiten von XYZ-Soft verbürgt, und für eine Zertifizierungsstelle ist das wichtigste Kapital ihr Ruf. Wenn Ihre Zertifizierung sowohl Entwicklung als auch Beratung umfassen soll, wird die Zertifizierungsstelle sicherlich von Ihnen verlangen, nur in den Fällen eine Beratung durchzuführen, in denen ein geeignetes Qualitätssicherungssystem vorhanden ist. Es kann darüber debattiert werden, wie diese Forderung zu formulieren ist, doch scheint es wenig sinnvoll zu sein, daß Sie nur die Kunden beraten dürfen, die ein ISO-9001-Zertifikat besitzen.

4.6 Alte Softwareprodukte

Häufig will ein Lieferant neue Regeln und Standards für die Softwareentwicklung einführen, um eine Übereinstimmung mit ISO 9001 zu erzielen. Beim Lieferanten ist meist in erheblichem Umfang alte Software vorhanden, die nach früheren (oder keinen) Regeln entwickelt wurde. Manchmal nimmt auch die Wartung und Erweiterung alter Software den Hauptanteil am Geschäft des Lieferanten ein.

Ich bekomme manchmal die Frage gestellt: »Müssen wir die gesamte alte Software neu schreiben, um unseren neuen Regeln und dem Standard zu entsprechen?« Zum Glück lautet die Anwort »Nein«. Andernfalls wäre ISO 9001 für einen großen Teil der Softwareindustrie unerreichbar. Um mit ISO 9001 übereinzustimmen, muß der Lieferant zeigen, daß die Wartung alter Software einwandfrei überwacht wird.

Die einwandfreie Überwachung könnte beispielsweise eine dokumentierte Verfahrensanweisung für Erweiterungen und die Fehlerkorrektur alter Software sein. Dieses Verfahren würde folgendes beinhalten:

- Für welche Softwareprodukte das Verfahren zutrifft

- Verantwortlichkeiten und Kompetenzen für die Wartung

- Ein Verfahren für Fehlererfassung und Änderungsforderungen

- Ein Verfahren für das Konfigurationsmanagement alter Software

- Regeln für die Dokumentation der Änderungen in alter Software

- Regeln für das Prüfen (Review) und Testen geänderter Software

Natürlich lassen sich einige der Verfahren und/oder Regeln im Wartungsverfahren für alte Software auch für neue Software anwenden.

4.7 Kundenschulung

Kundenschulung ist häufig ein wichtiger Teil im Softwaregeschäft. Im Zusammenhang mit ISO 9001 handelt es sich dabei um eine Dienstleistung, und dieses wiederum ist eine Art von Produkt. Wie nun die Forderungen des Standards hier anzuwenden sind, hängt von der Art der durchzuführenden Schulung ab. Ein Qualitätsauditor wird auf folgendes achten:

- Dokumentierte Verantwortlichkeiten und Kompetenzen für die Entwicklung von Schulungen und Schulungsmaterial
- Verfahrensanweisungen für die Entwicklung und Wartung von Schulungen
- Verfahren für das Konfigurationsmanagement von Schulungsmaterial
- Vereinbarungen mit Kunden, in denen die zu liefernde Schulung klar umrissen ist
- Methoden, um das Ausmaß der Kundenzufriedenheit mit der Schulung festzustellen

ISO 9004-2 enthält weitere Ratschläge für Qualitätssicherungssysteme für Dienstleistungen.

KAPITEL 5

Vergleiche mit anderen Systemen

5.1 SEI Capability Maturity Model (CMM) (Modell zur Tauglichkeitsreife)

CMM wurde im Software Engineering Institute in Pittsburgh (USA) entwickelt und ist im Softwarebereich eine ernste Konkurrenz für ISO 9001.

CMM ist ein Schema zur Klassifizierung einer Organisation für Softwareentwicklung hinsichtlich ihrer Tauglichkeit. CMM beinhaltet fünf Tauglichkeitsgrade:

1. *Initial* (Anfang): Die Softwareentwicklung läuft formlos und hängt von der Kompetenz weniger Personen ab.

2. *Repeatable* (Wiederholbar): Es gibt ein allgemeines System für Projektmanagement und Projektüberwachung.

3. *Defined* (Definiert): Es gibt ein allgemeines System für Softwaretechnik-Aktivitäten.

4. *Managed* (Organisiert): Der Prozeß der Softwareentwicklung ist stabil und bringt eine übereinstimmende Produktqualität. Messungen werden verwendet, um den Prozeß und das Produkt zu überwachen.

5. *Optimizing* (Optimieren): Der Prozeß der Softwareentwicklung enthält seinen eigenen Verbesserungsprozeß.

Es gibt vier wichtige Unterschiede zwischen ISO 9001 und CMM:

- ISO 9001 ist hauptsächlich für die Industrie gedacht, während CMM speziell für Software gilt.

- CMM ist detaillierter und spezifischer.

- ISO 9001 setzt eine annehmbare Stufe des Managements und der Prozesse des Lieferanten fest, während CMM ein Werkzeug zur Einschätzung der Leistungsfähigkeit eines Lieferanten auf einer Skala von 1 bis 5 ist.

- ISO 9001 setzt als Schwerpunkt die Beziehung zwischen Kunde und Lieferant; CMM beschäftigt sich vorrangig mit dem Prozeß der Softwareentwicklung.

In den zurückliegenden Jahren wurden mehrere Papiere veröffentlicht, in denen die Unterschiede zwischen ISO 9001 und CMM diskutiert wurden (siehe Verweise). Dabei kam heraus, daß eine gemäß ISO 9001 zertifizierte Organisation auch die meisten Forderungen vom CMM Stufe 2 erfüllen würde. Und umgekehrt würde eine Organisation auf CMM Stufe 2 die meisten Forderungen gemäß ISO 9001 erfüllen. Allerdings gibt es einige Forderungen in ISO 9001, die in keiner der CMM-Stufen gut abgedeckt werden. Beispielsweise die Forderungen in ISO 9001, die sich auf einen *Kunden* beziehen (z.B. 4.3 »Vertragsprüfung« und in 4.14 der Teil »Korrektur- und Vorbeugungsmaßnahmen« in bezug auf Kundenreklamationen), werden in CMM nur unvollständig abgedeckt. Aus der CMM-Perspektive sind Kunden eben nicht auffällig.

Sollte eine Softwarefirma sich nun für ISO 9001 oder CMM bewerben? Der Weg zur CMM-Stufe 2 wäre einfacher, da CMM speziell auf Software ausgerichtet ist. Das Unternehmen könnte sich außerdem zu einem späteren Zeitpunkt für die höheren Stufen von Produktivität und Qualität bewerben. Der Vorteil von ISO 9001 allerdings ist, daß der Standard weltweit in den unterschiedlichsten Industriebereichen bekannt ist und akzeptiert wird. Ein Zertifikat gemäß ISO 9001 ist sicherlich nützlicher als eines für eine bestimmte CMM-Stufe.

Das erste Kriterium für die Wahl zwischen ISO 9001 und CMM ist natürlich die Notwendigkeit. Um beispielsweise Geschäfte mit dem amerikanischen Verteidigungsministerium abwickeln zu können, sollten Sie sich für CMM entscheiden. Wenn Sie umgekehrt ein ISO-9001-Zertifikat für den Abschluß internationaler Geschäfte benötigen, sprechen Sie mit der Zertifizierungsstelle. Wenn beide Zertifizierungen erforderlich sind oder kein bestimmter Bedarf für eine dokumentierte CMM-Stufe besteht, sollte sich eine Softwareorganisation erst um eine ISO-9001-Zertifizierung gemäß TickIT bemühen und danach CMM zur weiteren Verbesserung benutzen.

5.2 IEEE 730

Das IEEE (Institute of Electrical and Electronics Engineers = Institut der Elektro- und Elektronikingenieure) veröffentlicht eine Anzahl von Standards für Softwareingenieure. IEEE 730 läuft unter dem Titel »IEEE Standard for Software Quality Assurance Plans« (IEEE-Standard für Software-Qualitätssicherungspläne). Beim Festlegen der im Plan enthaltenen Forderungen wurden auch solche für das Management der Softwareentwicklung festgelegt. IEEE legt Minimalforderungen an die zu erstellende Dokumentation sowie die durchzuführenden Reviews und Audits fest. »Audit« in diesem Zusammenhang unterscheidet sich deshalb vom Begriff »Qualitätsaudit«, wie er in diesem Buch verwendet wird.

IEEE 730 entspricht in etwa dem Absatz 4.4 »Designlenkung« in ISO 9001.

5.3 AQAP-110 und AQAP-150

Das Militär beschafft die unterschiedlichsten Ausrüstungsgegenstände. Deshalb hat die NATO Standards für die Kundenseite veröffentlicht, von denen zwei unter der Bezeichnung AQAP-110 und AQAP-150 laufen. AQAP ist die Abkürzung für »Allied Quality Assurance Publication« (Veröffentlichung zur alliierten Qualitätssicherung).

AQAP Ausgabe 1 wurde im März 1993 veröffentlicht, und zwar unter dem Titel »NATO Quality Assurance Requirements for Design, Development and Production« (NATO Qualitätssicherungsforderungen für Design, Entwicklung und Produktion).

AQAP-150 ersetzt die ältere Version AQAP-13. AQAP-150 soll entweder allein oder zusammen mit AQAP-110 bei Beschaffungsmaßnahmen, die Softwareentwicklung beinhalten, angewendet werden.

Da AQAP-150 auf Software ausgerichtet ist, sollten wir diesen Standard vielleicht mit ISO 9000-3 vergleichen. Der erste Unterschied liegt darin, daß AQAP-150 ein *Standard* ist. Bei ISO 9000-3 dagegen handelt es sich um einen *Leitfaden*. ISO 9000-3 sagt »sollte«, während AQAP-150 »soll« sagt. AQAP-150 ist streng auf die Produktion ausgerichtet, und zusammengefaßt enthält dieser Standard Forderungen für den Inhalt eines »Qualitätssicherungsplans für Software« für die Aktivitäten, die mit diesem Plan überwacht werden sollen. AQAP-150 ist unpräzise in Bereichen wie Qualitätspolitik, Management-Review, Vertragsüberprüfung, interne Qualitätsaudits und Schulung. Auch gibt es kaum Hinweise zur Wartung. Abgesehen davon unterscheidet sich AQAP-150 von ISO 9000-3 jedoch auch in Details.

5.4 MIL-STD-498

Das U.S. Department of Defense (DoD = U.S. Verteidigungsministerium) ist weltweit einer der Haupteinkäufer für Softwareentwicklung. Deshalb ist das DoD auch in der Lage, unter den Lieferanten eine gewisse Vereinheitlichung hinsichtlich Management und Entwicklung von Software durchzusetzen. Dafür wurde im Dezember 1994 MIL-STD-498 das Hauptinstrument, in dem die früheren Standards DOD-STD-2167A und DOD-STD-7935 zusammengefaßt wurden. DOD-STD-2167A war für eingebettete Systeme und DOD-STD-7935 für Software für Informationssysteme zuständig.

MIL-STD-498 mit dem Titel »Military Standard Software Development and Documentation« (Militärstandard für Softwareentwicklung und -dokumentation) ist eine detaillierte Anweisung für den Softwareentwicklungsprozeß des Lieferanten. Der Standard beschreibt, welche Aktivitäten auszuführen, welche Dokumente zu erstellen und welche Überprüfungen vorzunehmen sind. Die Forderungen sind sehr ausführlich; beispielsweise sind der genaue Inhalt einer »Softwaredesign-Beschreibung« sowie 21 weitere Dokumente spezifiziert.

MIL-STD-498 entspricht dem Absatz 4.4 »Designlenkung« in ISO 9001, und zwar mit über 100 Seiten expliziter Forderungen. Der Standard deckt außerdem Teile der ISO-9001-Absätze 4.5 »Lenkung der Dokumente und Daten«, 4.6 »Beschaffung«, 4.14 »Korrektur- und Vorbeugungsmaßnahmen«, 4.15 »Handhabung, Lagerung, Verpackung, Konservierung und Versand« und 4.17 »Interne Qualitätsaudits« ab.

Ich hatte die Möglichkeit, den Vorgänger DOD-STD-2167A bei verschiedenen großen Softwareeinkäufen zu erleben. Dabei stellte ich fest, daß dieser Standard ein recht nützliches Entwicklungsmodell für Großprojekte beschrieb. Ein solcher Standard kann Probleme mit sich bringen, wenn ein Lieferant erstmalig damit konfrontiert ist. Verwendet der Lieferant bereits ein passendes Entwicklungsmodell, sollte er dabei bleiben. Keine Seite hat nämlich Vorteile, wenn für nur einen Auftrag ein Umschwenken auf das MIL-STD-498-Modell durchgesetzt wird. Der Standard ist schwer zu begreifen, und es kann bei der erstmaligen Anwendung viele Mißverständnisse geben.

Die Forderungen in MIL-STD-498 sollen vom Kunden angepaßt und dann auf den Lieferanten angewendet werden. Das ist besonders wichtig bei kleinen oder mittelgroßen Projekten, wo der Standard leicht zu einer Schikane werden kann. Bei DOD-STD-2167A dagegen scheinen die Kunden die Tendenz zu haben, die Lieferanten aufzufordern, ihr vorhandenes Entwicklungsmodell dem Standard anzupassen.

Verweise

[Bamford 1993] R.C. Bamford und W.J. Deibler, »Comparing, contrasting ISO 9001 and the SEI capability maturity model«, *IEEE Computer*, Oktober 1993

[Paulk 1994] M.C.Paulk, R.C.Bamford und W.J. Deibler, »Basis of contrast between ISO 9001 and SEI capability maturity model challanged«, *IEEE Computer*, Februar 1994

[Paulk 1993] M.C. Paulk, »Comparing ISO 9001 and the capability maturity model for software«, *Software Quality Journal*, Ausgabe 2, S. 245–256, 1993

[Paulk 1995] M.C. Paulk, »How ISO 9001 compares with the CMM«, *IEEE Software*, Januar 1995

[Coallier 1994] F.Coallier, »How ISO 9001 fits into the software world«, *IEEE Software*, Januar 1994

KAPITEL 6

Einrichten eines Qualitätssicherungssystems für Software

6.1 Was ist ein Qualitätssicherungssystem?

Die folgenden Definitionen entstammen dem *Buch DIN-TERM – Qualitätsmanagement, Statistik, Zertifizierung – Begriffe aus DIN Normen* (Beuth Verlag):

- Qualitätssicherungssystem: Aufbauorganisation, Verantwortlichkeiten, Abläufe, Verfahren und Mittel zur Verwirklichung des Qualitätsmanagements.

- Qualitätsmanagement: Derjenige Aspekt der Gesamtführungsaufgabe, der die Qualitätspolitik festlegt und verwirklicht.

- Qualität: Die Gesamtheit von Eigenschaften und Merkmalen eines Produkts oder einer Dienstleistung, die sich auf deren Eignung zur Erfüllung festgelegter und vorausgesetzter Erfordernisse bezieht.

Die Definitionen sagen anscheinend aus, daß das Qualitätssicherungssystem die Festlegung der Qualitätspolitik festlegt. Können Sie noch folgen?

Lassen Sie es uns anders versuchen. Ein *Qualitätssicherungssystem* ist die Aufbauorganisation usw., welche die Qualität der Produkte und Dienstleistungen eines Lieferanten überwacht und beeinflußt. *Qualität* ist das, was Ihren Kunden zufriedenstellt.

Kapitel 6

Nahezu alles in einer Organisation für Softwareentwicklung beeinflußt die Qualität, so daß in der Praxis das Qualitätssicherungssystem in einer derartigen Organisation die *Führung der Softwareentwicklung* bedeutet. Es folgen einige Beispiele für das, was Teil eines Qualitätssicherungssystems für Software sein kann.

- Arbeitsplan und Agenda für die Meetings leitender Angestellter
- Zuweisung von Befugnissen und Verantwortlichkeiten im Unternehmen
- Verfahrensanweisungen für das Projektmanagement
- Muster für Dokumente
- Verfahrensanweisungen für Reviews (Bewertungen) und Tests
- Verfahrensanweisungen für die Handhabung von Kundenreklamationen
- Aufzeichnungen von Mitarbeiterschulungen
- Verfahrensanweisungen für interne Qualitätsaudits
- Verfahrensanweisungen für Änderungen von Spezifikationen und Programmen
- Zentrale Produktbibliothek für Software

Was aber ist ein ausreichendes Qualitätssicherungssystem, um ISO 9001 vollständig zu erfüllen? Das ist eine Frage, die mir häufig gestellt wird. Manager fragen mich: »Wenn wir so vorgehen, entspräche das dann ISO 9001?« »Na ja«, antworte ich, »das kommt darauf an. Schwer zu sagen ... Ich müßte einfach mehr über Ihr Unternehmen wissen.« Ich fühle mich immer unwohl bei einer derartigen Antwort. Ich müßte doch ganz einfach Ja oder Nein sagen können. Aber immer wieder stelle ich fest, daß die Antwort »das kommt darauf an« genau richtig ist. Was nämlich für ein Unternehmen richtig ist, muß nicht notwendigerweise auch für ein anderes Unternehmen richtig sein.

Die Grundforderung an ein Qualitätssicherungssystem ist, daß dieses System funktioniert. Wenn ein externer Qualitätsauditor erkennen kann, daß Ihr Qualitätssicherungssystem arbeitet, kann er sicherlich nur noch kleinere Kritikpunkte finden.

6.2 Benötigen wir ein Qualitätssicherungssystem für Software?

Einige der erfolgreichsten Softwareprogramme wurden ohne die geringste Mitwirkung eines Qualitätssicherungssystems erstellt. Und hier das Rezept: Man nehme drei begnadete Programmierer frisch von der Uni. Anschließend schließe man sie in eine Garage in Kalifornien ein und warte. Die Jungs haben dann viele phantastische Ideen und programmieren diese, meist in Assembler-Sprache. Jetzt braucht man die Programme nur noch zu verkaufen und wird dann *sehr* reich.

Also, warum sich noch mit einem Qualitätssicherungssystem abgeben? Nun, dafür gibt es einige mögliche Gründe:

- Ihre Kunden verlangen, daß Ihre Software funktioniert

- Sie wollen die Software modifizieren können

- Sie müssen Ihren Kunden bereits vorab überzeugen, daß Sie das passende Produkt liefern können

- Sie stellen vielleicht Programmierer ein, die Familie und Privatleben haben und nicht drei Jahre lang Tag und Nacht arbeiten wollen

- Die ursprünglichen Superprogrammierer könnten Ihre Firma verlassen und ein eigenes Geschäft aufbauen

- Sie könnten in der Produkthaftung sein

Wenn Sie Klarheit darüber haben wollen, was und wann Sie etwas bekommen, sollten Sie also besser ein Qualitätssicherungssystem einsetzen. Ansonsten – versuchen Sie es mit der Garage in Kalifornien.

Die intelligente Anwendung der Forderungen in ISO 9001 macht einen Softwarelieferanten einfach besser, wobei die Betonung auf »intelligent« liegt. Für eine bislang unkonventionell geführte Firma muß der Übergang zu ISO 9001 allerdings sehr sorgfältig vorgenommen werden. Es gibt zu viele Dinge, die schiefgehen können.

6.3 Einrichten des Qualitätssicherungssystems

Lassen Sie uns davon ausgehen, daß Sie in einem Geschäftsbereich arbeiten, in dem es wichtig ist, ob Softwareprodukte zuverlässig sind, termingerecht eintreffen und modifiziert werden können. Lassen Sie uns weiterhin unterstellen, daß das Management die Entscheidung getroffen hat, daß für das Unternehmen die Erfüllung des ISO-9001-Standards wichtig ist. Da Sie für diese Aufgabe ausgewählt wurden, müssen Sie jetzt herausfinden, wie dieses Ziel zu erreichen ist.

6.3.1 Wer sollte das Qualitätssicherungssystem einrichten?

Versuchen Sie bitte nicht, ein Projektteam mit Mitarbeitern aus untergeordneten Abteilungen zusammenzustellen, um das Qualitätssicherungssystem einzurichten. Weniger qualifizierte Leute könnten versagen, und ein falsches Ergebnis würde von der Organisation nicht akzeptiert werden.

Das Qualitätssicherungssystem einzurichten, durchzusetzen und aufrechtzuerhalten ist eine Aufgabe für Abteilungsmanager. Meiner Ansicht nach besteht die wichtigste Aufgabe von Abteilungsmanagern darin, Mitarbeitern Weisungen zu erteilen sowie Einflußmöglichkeiten, Verantwortlichkeiten usw. zuzuweisen. Das wird von den Managern nicht immer so verstanden; manchmal begegne ich Managern, die ihre Zeit damit verbringen, Kunden Versprechungen zu machen, Leute einzustellen, Projektleiter unter Druck zu setzen und in unter Zeitdruck stehenden Arbeitsgruppen mitreden zu wollen. Statt dessen sollten Manager einen Weg finden, um Druck und Zeitdruck abzustellen.

Die Abteilungsmanager sind also diejenigen, die das Qualitätssicherungssystem einrichten sollten. Natürlich können auch Mitarbeiter dabei helfen, doch sollte jeder Manager für seinen bereichsspezifischen Teil des Qualitätssicherungssystems verantwortlich sein. Manager sollten außerdem mit den Mitarbeitern kooperieren, die für übergeordnete Teile des Qualitätssicherungssystems zuständig sind.

Das ist auch ein Test für den wichtigsten Erfolgsfaktor für das Einrichten eines Qualitätssicherungssystems: *Engagement des Managements*. Wenn die Manager der verschiedenen Bereiche nicht das Gefühl haben, daß das Qualitätssicherungssystem wichtig und *richtig* ist, kann dieses nie eingerichtet werden.

Der erfolgreichste Ansatz, den ich je gesehen habe, ist folgender: Ein aktiver und äußerst überzeugender Qualitätsmanager plante die Arbeit und unterstützte die Abteilungsmanager. Der Qualitätsmanager bereitete die Arbeit der Abteilungsmanager vor und unterstützte sie, indem er Beispiele für Dokumente aufbereitete und Aktionen vorschlug. Er trieb die Manager an, Nächte und Wochenenden mit Ausarbeitungen zu verbringen, wie ihrer Meinung nach das Unternehmen geführt werden sollte. Erst als das klar war, konnten die Manager andere Mitarbeiter mit der Detailarbeit beauftragen.

Als der Qualitätsmanager das Gefühl hatte, daß das Qualitätssicherungssystem des Unternehmens im Einsatz war, beauftragte er zwei externe Berater mit der Durchführung eines internen Qualitätsaudits gemäß ISO 9001. Die Berater fanden nur noch wenige Dinge, die verbessert oder hinzugefügt werden mußten. Anschließend wurde das Unternehmen nach ISO 9001 zertifiziert, und zwar ohne jeglichen Hinweis auf eine Nichtübereinstimmung.

6.3.2 Schritt 1: Verantwortung, Befugnis und Schnittstellen

Wenn sich das Management erst einmal für die Einrichtung eines Qualitätssicherungssystems entschieden hat, sollten im nächsten Schritt die Verantwortlichkeiten, Befugnisse und Schnittstellen festgelegt werden. Ihre Organisation ist wahrscheinlich nicht besonders definiert. Normalerweise sind einige Verantwortlichkeiten festgelegt, Befugnisse dagegen seltener. Es gibt Fragen, die beantwortet werden müssen:

- Wer achtet auf X und führt notwendige Aktionen aus?
- Wer entscheidet über Y?
- Wie ist der formelle Zusammenhang zwischen Organisation X und Organisation Y? Welche Seite ist wofür verantwortlich? Was wird von den Organisationen geliefert?

Erst wenn solche Fragen beantwortet sind, kennen Sie Ihr Unternehmen. Dann können Sie sich die detailliertere Vorgehensweise für die Tagesabläufe vornehmen.

Wenn das Management schließlich alles über Verantwortlichkeiten, Befugnisse und Schnittstellen weiß, werden diese Kenntnisse dokumentiert und an alle Betroffenen weitergeleitet. Eine Person mit Verantwortung und/oder Befugnis muß auf entsprechende Dokumentationen zugreifen können.

6.3.3 Schritt 2: Verschiedene Prozesse

In Schritt 2 arbeitet jeder einzelne *Unternehmensbereich unter der Leitung seines Managements* seine Verfahren bzw. Vorgehensweisen aus.

Normalerweise müssen nur wenige Verfahren neu entwickelt werden, da Ihr Unternehmen bereits vor ISO 9001 gearbeitet hat. Es müssen daher Verfahrensanweisungen vorhanden sein, obwohl nicht alle davon dokumentiert sind. Dokumentieren Sie also vorhandene Verfahren, und vielleicht überarbeiten Sie diese auch ein wenig. Falls notwendig, müssen Sie neue Verfahrensanweisungen einrichten. Sie sollten wirklich der Versuchung widerstehen, vorhandene Verfahren sämtlich über Bord zu werfen und alles neu zu erfinden. Sollten Sie das tun, könnten Sie damit die Abläufe im Unternehmen unterbrechen. Und das könnte die Einführung des Qualitätssicherungssystems erheblich verzögern. Wenn das System bisher funktionierte, wird das voraussichtlich auch mit ISO 9001 der Fall sein. Wenn Sie sicher sind, daß es geändert werden sollte, sollten Sie die Änderungen als gesonderte Aktivität nach Einführung des Qualitätssicherungssystems vornehmen. Der wahrscheinlichste Bereich, in dem Sie Verfahren und Regeln hinzufügen müssen, hat mit Aufzeichnungen zu tun. Softwareentwickler erkennen nur selten die Notwendigkeit für Aufzeichnungen; da sie sich an alles Wichtige sofort erinnern können, übersehen sie häufig die berechtigte Notwendigkeit auf Seiten des Kunden, entsprechende Aufzeichnungen einsehen zu wollen.

6.3.3.1 Leitendes Management

Dokumentieren Sie die Vorgehensweisen für das leitende Management, um ein Feedback zu den Abläufen im Unternehmen zu erhalten. Beispielsweise sollte regelmäßig ein Managementreview des Qualitätssicherungssystems abgehalten werden. Das kann geschehen, indem die Manager die Ergebnisse und Aktionen aus internen Qualitätsaudits und Problemanalysen in einem jährlichen Überblick vorstellen. Auch die Erfüllung der gesetzten Qualitätsziele sollte überprüft werden.

6.3.3.2 Entwicklung

Dokumentieren Sie, wie Projekte gemanagt, kontrolliert und geplant werden. Erarbeiten Sie eine Vorlage für Projektpläne. Dokumentieren Sie die Befugnisse der Projektmanager, um projektspezifische Verfahren festlegen zu können.

Dokumentieren Sie ein grundlegendes Entwicklungsmodell mit Aktivitäten, den verschiedenen Arten von Dokumenten, Reviews und Tests. Erarbeiten Sie Vorlagen für Dokumente und Verfahren für Reviews und Tests. Erstellen Sie Verfahrensregeln, für welche Bereiche Aufzeichnungen vorbereitet und vorgenommen werden müssen.

Dokumentieren Sie Verfahren zur Identifizierung, Archivierung und Änderungskontrolle von Dokumenten und Programmen. Dokumentieren Sie Verfahren für die Fehleraufzeichnung während der Entwicklung.

Dokumentieren Sie Verfahren zur Lieferung und Installation. Dokumentieren Sie Verfahren für Archivierung, Fehlerberichtigung und Erweiterungen nach Lieferung.

Eine verlockende Abkürzung wäre die Entscheidung, daß für jedes neue Projekt eigene Verfahren und Standards definiert und diese in Entwicklungs- und Qualitätssicherungsplänen dokumentiert werden müßten. Dann bräuchten wir nicht viel zu tun, oder? Das Problem der Erfüllung von ISO 9001 müßte jetzt von den Projektmanagern gelöst werden.

Es wäre wenig effizient, wenn jeder Projektmanager das Rad neu erfinden müßte. Außerdem würden die Projektmanager in der Praxis Verfahrensanweisungen und Standards alter Projekte benutzen, so daß ein *informelles*, allgemeines Qualitätssicherungssystem entstehen würde. Wenn Sie so eine Zertifizierung nach ISO 9001 erhalten wollen, würde diese für das Unternehmen und nicht für die einzelnen, individuellen Projekte gelten.

Ein Qualitätsauditor muß selbst entscheiden, wie weit Sie sich auf individuelle Projekte beziehen dürfen. Allerdings sollten Sie berücksichtigen, daß, wenn für zwei Projekte die gleichen Vorgehensweisen, Verfahren oder Regeln angewandt werden, diese etwas allgemein Verbindliches in Kraft setzen, das außerhalb des Projekts dokumentiert werden muß.

6.3.3.3 Qualitätssicherung

Dokumentieren Sie Pläne und Verfahrensanweisungen für interne Qualitätsaudits.

Dokumentieren Sie Verfahren für die Sammlung statistischer Daten, Problemberichte und andere Aufzeichnungen sowie die sich daraus ergebenden Analysen, um Schwachpunkte in den Arbeitsabläufen herauszufinden. Dokumentieren Sie, wie Aktionen gestartet und aufgezeichnet werden.

6.3.3.4 Verkauf

Die Verkaufsabteilung sollte die Fortschritte im Verkauf dokumentieren und dabei besonders den Vertrag überprüfen. Vielleicht gibt es Untersuchungen darüber, wie zufrieden der Kunde ist oder welche Kundenreklamationen vorkommen. Dokumentieren Sie Verfahrensanweisungen.

Sie werden sicherlich festgestellt haben, daß der Verkauf in ISO 9001 nicht enthalten ist. Verkauf ist weder im Titel angeführt, noch gibt es irgendeinen Hinweis im Text des Standards. Bis jetzt verlangt ein Qualitätsauditor als Schlußfolgerung nur, daß die Aktivitäten zur Unterstützung von Design, Entwicklung, Produktion, Installation und Wartung überwacht werden.

6.3.3.5 Belegschaft

Normalerweise sind in der Personalabteilung Akten mit Aufzeichnungen über die einzelnen Mitarbeiter vorhanden – also der ideale Ort für Aufzeichnungen über Schulungen. Die Personalabteilung könnte auch dafür zuständig sein, daß regelmäßige Diskussionen zwischen Managern und Mitarbeitern über notwendige Schulungen angesetzt und durchgeführte Schulungen festgehalten bzw. aufgezeichnet werden. Dokumentieren Sie dafür Verfahrensanweisungen.

Außerdem sollten Verfahren für die Anwerbung und die Einarbeitung neuer Mitarbeiter dokumentiert werden.

6.3.4 Einführung des Qualitätssicherungssystems

Normalerweise ist es am besten, wenn ein Qualitätssicherungssystem Schritt für Schritt in einem überschaubaren Zeitraum eingeführt werden kann.

Wenn das neue Qualitätssicherungssystem durch einen abrupten Wechsel eingeführt wird oder Ihre Projekte über einen langen Zeitraum laufen, stellt sich die Frage, was mit den alten, noch laufenden Projekten geschehen soll. Vermutlich unterliegen diese keinem Qualitätssicherungssystem, das an ISO 9001 heranreicht. Bedenken Sie dabei, daß Ihr Unternehmen ein Qualitätssicherungssystem in Übereinstimmung mit ISO 9001 nicht in Anspruch nehmen kann, wenn die laufenden Projekte die Forderungen des Standards nicht erfüllen.

Andererseits müssen alte Projekte nicht mehr auf das neue Qualitätssicherungssystem ausgerichtet werden. Eine gute Vorgehensweise in dieser Situation ist, die Pläne für alte Projekte so zu modifizieren, daß der Rest des Projekts in einer dem Standard entsprechenden Weise überwacht wird. Natürlich ist keine Notwendigkeit vorhanden, die bereits fertiggestellten Teile des Projekts neu anzufangen.

6.4. Was werden die Programmierer sagen?

Weit verbreitete Meinung: »Programmierer sind kreative Individualisten, die man nicht leiten kann.«

Manchmal höre ich die Klagen der Manager über die Abneigung ihrer Programmierer gegen jede Art von Management, Vorschriften und Büroarbeit. »Wir haben alles versucht. Ein Berater hat ein umfangreiches, dreiteiliges Handbuch für die Programmentwicklung erarbeitet, aber wir können die Programmierer nicht dazu bringen, dieses Handbuch zu benutzen.«

Ich habe häufig auf der Kundenseite mit Verträgen gearbeitet, in denen auch Softwareentwicklung enthalten war. Fast immer, wenn ich den Lieferanten wegen Mängeln an Management und Verfahren der Softwareentwicklung kritisieren mußte, nahm mich ein Programmierer beiseite, um mir zu sagen: »Es war wirklich gut, daß Sie das gesagt haben. Wir setzen dem Management schon seit vielen Jahren zu, weil wir neue Regeln und Standards für unsere Softwareentwicklung brauchen.«

Ich hatte oft mit der Einführung formeller Entwicklungsprozesse für Software zu tun, und zwar mit Vorschriften und Büroarbeit. Doch dabei habe ich *nie* von einem Programmier gehört: »Das ist doch nur Unsinn! Papier und Vorschriften engen unsere Kreativität ein und halten uns von der Arbeit ab.«

Die Programmierer sind absolut kein Problem. Im Gegenteil: Sie helfen mit Begeisterung bei der Vorbereitung von Spezifikationsvorlagen, Programmiervorschriften und Verfahren für das Review. Dabei gelten jedoch zwei Bedingungen:

1, Die Vorlagen, Vorschriften, Verfahren usw. werden mit der Zielsetzung eingeführt, Programmierer zu unterstützen und ihnen zu helfen, einen noch besseren Job auszuführen.

2, Die Vorlagen, Vorschriften, Verfahren usw. sind die *richtigen*.

Einen Profi zu zwingen, eine Regel zu befolgen, die keinen Sinn ergibt, ist gleichwohl beleidigend und demoralisierend. Schlimmer noch ist der nicht seltene Fall, daß eine Vorschrift zusätzliche Kosten verursacht und gleichzeitig den Programmierer zwingt, einen schlechten Job auszuführen. Es ist wichtig, Anweisungen für die Softwareentwicklung von den richtigen Leuten erarbeiten zu lassen. Häufig hat eine Softwareorganisation ein oder zwei »Gurus«, zu denen jeder geht, der Probleme mit Spezifikationen oder Programmen hat. Beauftragen Sie diese »Gurus«, die Vorschriften und Verfahren auszuarbeiten. Überlassen Sie diese Arbeit auf keinen Fall Mitarbeitern, die nicht selber Softwareexperten sind. Und setzen Sie keine externen Berater ein, die den kompletten Job übernehmen wollen.

6.5 Ablauf der Zertifizierung

6.5.1 Vorbereitung für die Zertifizierung

Ihr Unternehmen besitzt jetzt ein Qualitätssicherungssystem gemäß ISO 9001 (glauben Sie). Warum sollte man sich nicht schon jetzt für ein externes Zertifikat bewerben? Es mag tatsächlich eine gute Idee sein, bei Beginn der Arbeit mit dem Qualitätssicherungssystem die Entscheidung für eine Zertifizierung zu treffen. So würde jeder bei seiner Arbeit ein bestimmtes Ziel vor Augen haben, und außerdem wäre es einfacher, eine »außenstehende Macht«, die Zertifizierungsstelle, ins Spiel zu bringen, die jederzeit die Ergebnisse inspizieren könnte.

Nachfolgend wird beschrieben, wie die Zertifizierung einer Firma für Softwareentwicklung ablaufen könnte. Dabei wird die in den jeweiligen Veröffentlichungen festgelegte, internationale Terminologie verwendet.

Einige Unternehmen wollen ganz schnell nach Einrichtung ihres Qualitätssicherungssystems eine Zertifizierung erhalten, oft nur, weil die Manager ein bestimmtes Datum als Ziel für die Zertifizierung festgelegt haben. Sie werden enttäuscht sein. Nachdem ein Qualitätssicherungssystem in Betrieb genommen ist, muß einige Zeit vergehen, bevor man sich um eine Zertifizierung bemühen kann. Grund: Die Zertifizierungsstellen wollen nicht »gute Absichten« zertifizieren. Sie müssen aufzeigen können, daß alle Verfahrensanweisungen in Betrieb sind, indem diese beispielsweise auf einige Projekte von Anfang bis Ende angewendet werden.

Wie lange können die Erstellung und Implementierung eines Qualitätssicherungssystems für Softwareentwicklung dauern? Das hängt natürlich von der Situation, in der Sie angefangen haben, und von der Zeitdauer Ihres Projekts ab. Wenn es nur Projekte gibt, die über einen langen Zeitraum laufen, sollten Sie vielleicht ein kurzes Projekt in Angriff nehmen, nur um der Zertifizierungsstelle schneller Ihre Möglichkeiten aufzuzeigen, das vollständige Qualitätssicherungssystem anzuwenden. Im allgemeinen ist es sinnvoll, ein oder zwei Jahre für die Einrichtung des Qualitätssicherungssystems und den Nachweis, daß Sie alle Teile davon anwenden können, vorzusehen.

Der erste Schritt ist die Auswahl der Zertifizierungsstelle. Eine Liste der Zertifizierungsstellen, die bei der Akkreditierungsstelle akkreditiert sind, erhalten Sie unter folgender Anschrift:

TGA – Trägergemeinschaft für Akkreditierung GmbH
Stresemannallee 13
60596 Frankfurt
Tel.: 069-63009-111

Diese Liste gibt keine Auskunft darüber, welche Zertifizierungsstelle die Zertifizierung von Softwareentwicklung vornehmen kann.

Holen Sie Angebote mehrerer Zertifizierungsfirmen ein. Als Basis für ein Angebot benötigen diese Firmen einige Informationen über Ihr Unternehmen, beispielsweise

- Größe
- Anzahl der Niederlassungen
- Geschäftsbereich

Eine Zertifizierungsstelle sollten Sie nach folgenden Kriterien auswählen:

- Preis

- Referenzen anderer Kunden der Zertifizierungsstelle im Bereich Softwareentwicklung

- Die dokumentierte Kompetenz der Zertifizierungsstelle für Softwareentwicklung, insbesondere für ihr angehörende Qualitätsauditoren

Bestehen Sie darauf, daß Ihre Softwareentwicklung nur von Qualitätsauditoren zertifiziert wird, die selber Erfahrung in der Entwicklung von Software besitzen.

Viele europäische Zertifizierungsstellen bieten als Service eine sogenannte »Vorzertifizierung« an, d.h. ein kurzes Audit zur Sicherstellung, daß in Ihrem Unternehmen keine grundsätzlichen Widersprüche zu ISO 9001 vorhanden sind. Falls möglich, verzichten Sie auf diesen Service. Da Zertifizierungsstellen keine Ratschläge geben dürfen, kann das Ergebnis einer Vorzertifizierung nur von geringer Hilfe sein. Die Qualitätsauditoren könnten beispielsweise sagen: »Ihre Dokumentenkontrolle ist unzureichend, und es gibt Schwächen in Ihrer Designkontrolle.« Den Auditoren ist es untersagt, vorzuschlagen, wie Sie diese Mängel beheben können. Es ist viel besser, jemanden zu suchen, der sich mit ISO 9001 und Software auskennt, ein sorgfältiges Audit Ihrer Operationen durchführt und einen ausführlichen Bericht mit detaillierten Ratschlägen für das, was zu tun und zu lassen ist, abliefert. Der Grund, warum Zertifizierungsstellen keine Ratschläge geben dürfen, ist der, daß Qualitätsauditoren ein Qualitätssicherungssystem, das auf Grund ihrer Ratschläge eingerichtet wurde, nicht neutral beurteilen könnten.

Wenn Sie eine passende Zertifizierungsstelle beauftragt und Einigkeit für den Zeitraum des Zertifizierungsaudits erzielt haben, müssen Sie Ihre Mitarbeiter klar über die Zertifizierung selbst informieren und darüber, was von ihnen dafür benötigt wird. Die meisten sind es nicht gewohnt, daß Fremde auf sie zukommen und schwierige Fragen zu ihrer Arbeitsweise stellen. Man kann einen Mitarbeiter in solchen Situationen sehr schnell einschüchtern, besonders dann, wenn er unvorbereitet ist. Und genau das kann man vermeiden. Einer der Vorteile, einen Außenstehenden zu haben, der ein Audit als Vorbereitung für die Zertifizierung durchführt, ist auch die entsprechende Vorbereitung der Mitarbeiter. Im Zertifizierungsaudit können sie sich dann von ihrer besten Seite zeigen. Sagen Sie den betreffenden Mitarbeitern auch, daß sie weder lügen noch etwas verbergen müssen, aber dennoch vorsichtig in dem sein sollten, was sie den Qualitätsauditoren sagen. Andernfalls könnte ganz einfach die Kontrolle über das, was gedacht und gesagt wird, versagen. Das Ergebnis wäre ein völlig falscher Eindruck.

Wenn Mitarbeiter zurückhaltend auf ein anstehendes Zertifizierungsaudit reagieren, sollte man sie über Vorgänge und Abläufe aufklären. Erläutern Sie, worum es bei einem Audit geht, wie es durchgeführt wird und wie man sich als Auditierter zu verhalten hat. Vielleicht führen Sie vor versammelter Mannschaft ein Audit-Interview, damit jeder Mitarbeiter ein Gefühl für diese Situation bekommt. Sie sollten Ihre Mitarbeiter auch über den Inhalt und die Auswirkungen von ISO 9001 informieren, nur schicken Sie sie bloß nicht zu all den Kursen, die für ISO 9001 angeboten werden. Die Manager und diejenigen, die mit dem Design des Qualitätssicherungssystems beschäftigt sind, sollten die einzigen sein, die über ISO 9001 Bescheid wissen. Grund: Sie müssen ein Qualitätssicherungssystem gemäß dem Standard erstellen. Die anderen Mitarbeiter sollen nur das Qualitätssicherungssystem sehen.

Unter diesen Gegebenheiten sollten Sie noch keinen Termin für die Zertifizierung festlegen:

- Wenn Ihr Unternehmen gerade neu organisiert wurde
- Wenn die Hälfte der Programmierer an einem Kursus teilnimmt
- Wenn sich Ihr Projekt in einer kritischen Phase befindet

6.5.2 Das Zertifizierungsaudit

Wenn der Termin und die Dauer für das Zertifizierungsaudit festliegen, bereitet die Zertifizierungsstelle ein *Auditprogramm* vor. In diesem Programm wird festgelegt, wann die Qualitätsauditoren sich mit welcher Abteilung und welchen Mitarbeitern treffen wollen. Folgende Funktionsträger werden mit Sicherheit im Auditprogramm enthalten sein:

- Geschäftsführer

- Qualitätsmanager

- Abteilungsleiter

- Personal- und Schulungsleiter

- Projektmanager und Softwareingenieure für laufende Projekte

Am ersten Tag des Zertifizierungsaudits werden einige Mitarbeiter bestimmt nervös sein. Es ist die »Abschlußprüfung« nach einer langen Vorbereitungszeit. Auf der positiven Seite steht, daß man mit Eifer die eigene Arbeit und seine Fähigkeiten vorzeigen will. Andererseits gibt es aber auch das Gefühl, daß die Zertifizierungsstelle sich zuviel herausnimmt.

Der erste Tag beginnt mit einem Einstiegsmeeting, in dem sich die Zertifizierungsauditoren mit dem Unternehmensmanagement und den Personen treffen, die an diesem Tag die Leitung haben. Im Einstiegsmeeting wird der Qualitätsauditor den Zweck des Qualitätsaudits erklären und die einzelnen Auditoren vorstellen. Anschließend stellen sich die Repräsentanten Ihres Unternehmens vor. Das Auditprogramm wird diskutiert und möglicherweise geändert. Den Auditoren wird für interne Meetings ein Büro zur Verfügung gestellt. Auch wird ein Überblick über das Unternehmen präsentiert, möglicherweise gefolgt von einer kurzen Besichtigung.

Dann beginnt das eigentliche Qualitätsaudit. Ziel des Audits ist herauszufinden, ob Ihr Qualitätssicherungssystem dem Standard ISO 9001 entspricht und ob es in die täglichen Abläufe Ihres Unternehmens implementiert wurde. Die Auditoren verteilen sich, jeder mit einem Begleiter aus dem Betrieb, um die verschiedenen Mitarbeiter zu befragen. Die Interviews finden normalerweise am Arbeitsplatz des Befragten statt. Der Qualitätsauditor wird daran interessiert sein, wie die jeweilige Person arbeitet und welche Dokumente verfügbar sind. Ein guter Qualitätsauditor wird die Fragen frei formulieren und nicht nach dem Standard oder einer Checkliste vorgehen. Die Interviewten sollen in eigenen Worten ihre Tätigkeit beschreiben. Danach wird der Qualitätsauditor einige Fragen stellen. Einen Manager könnte er wie folgt befragen:

- »Wie managen Sie Ihre Abteilung?«
- »Wie erhalten Sie ein Feedback von Ihren Mitarbeitern?«
- »Welche Aufzeichnungen gibt es, die Sie kontrollieren?«

Wenn der Interviewte auf ein Dokument verweist, wird der Auditor sich dieses sofort zeigen lassen. Das ist ein vorprogrammierter Reflex aller Qualitätsauditoren. Leuten zuzuhören, die über ihre Arbeit erzählen, ist bestimmt interessant. Ein derartiges Gespräch ist jedoch nur produktiv, wenn greifbare Dinge inspiziert werden können (z.B. eine Spezifikation, ein Programm oder eine Review-Aufzeichnung).

Am Ende des Tages kommen die Qualitätsauditoren wieder zusammen, um ihre Notizen zu vergleichen. Danach gibt es ein Meeting mit den Managern, in dem die Auditoren alle gefundenen Nichtübereinstimmungen präsentieren. Sie haben jetzt die Möglichkeit, die Fehler so zu korrigieren, daß die Auditoren diese noch während des Audits abhaken können. Sie werden aufgefordert, zumindest einen Aktionsplan zur Beseitigung der festgestellten Nichtübereinstimmungen auszuarbeiten.

Einige Nichtübereinstimmungen lassen sich nicht sofort beheben – wenn beispielsweise einige wichtige Aktivitäten, wie interne Qualitätsaudits oder Design-Reviews, nicht ausgeführt wurden. Selbst wenn Sie in der Lage sind, alle Nichtübereinstimmungen z.B. hinsichtlich der Dokumentenüberwachung zu beheben, können die Auditoren weiterhin auf einer Nichtübereinstimmung bei diesem Qualitätselement bestehen. Die Qualitätsauditoren nehmen nur Stichproben. Wenn sie Nichtübereinstimmungen in einem bestimmten Bereich feststellen, gehen sie davon aus, daß für jeden aufgedeckten Fehler noch viele weitere Fehler vorhanden sind. Deshalb reicht es nicht aus, nur die vom Qualitätsauditor festgestellten Nichtübereinstimmungen abzustellen. Sie müssen den per Stichprobe geprüften Bereich sorgfältig durchleuchten, um sicherzustellen, daß keine Nichtübereinstimmungen verbleiben, die in einer anderen Stichprobe wieder auftauchen könnten.

Jeder weitere Tag beginnt wieder mit dem Einstiegsmeeting, bei dem Sie die Gelegenheit haben, Korrekturen und/oder Aktionspläne zur Behebung von Nichtübereinstimmungen vorzustellen.

Schließlich kommt der letzte Tag des Qualitätsaudits, an dem für den Nachmittag ein *Abschlußmeeting* eingeplant ist. Bei diesem Meeting stellen dann die Qualitätsauditoren das Ergebnis des Audits vor. Dabei gibt es drei Möglichkeiten:

1. Die Auditoren empfehlen eine sofortige Zertifizierung. In diesem Fall dürfen keine ungelösten Nichtübereinstimmungen vorliegen. Ein seltenes Ereignis, aber es kommt vor.

2. Die Auditoren empfehlen eine Zertifizierung nach zufriedenstellender Behebung aller verbleibenden Nichtübereinstimmungen innerhalb eines bestimmten Zeitraums (z.B. drei Monate). Die Zertifizierungsstelle muß bestätigen können, daß die Nichtübereinstimmungen korrigiert wurden. Das kann durch vom Unternehmen vorgelegte Dokumente oder den Besuch eines Qualitätsauditors geschehen.

3. Die Auditoren können eine Zertifizierung nicht empfehlen. Sie müssen weiter an Ihrem Qualitätssicherungssystem und dessen Umsetzung im Unternehmen arbeiten. Anschließend können Sie sich erneut für eine Zertifizierung bewerben.

Hoffentlich gehören Sie zum Fall 1 oder 2, so daß Sie nach einiger Zeit ein eindrucksvolles Zertifikat mit der Aussage erhalten, daß Ihr Unternehmen jetzt ein Mitglied der beneidenswerten Gruppe von Softwarelieferanten ist, die den Anforderungen des internationalen Qualitätsstandards ISO 9001 entsprechen.

6.5.3 Aufrechterhaltung eines Zertifikats

Das Zertifikat, das Sie gerade erhalten und im Konferenzraum an die Wand gehängt haben, gilt für einen bestimmten Zeitraum, normalerweise drei Jahre. Danach müssen Sie sich erneut für eine Zertifizierung bewerben – und der gesamte Ablauf beginnt erneut. Der Vorgang wird dann jedoch (hoffentlich) viel einfacher werden.

Wenn Sie Ihr Zertifikat erhalten haben, können Sie sich zurücklehnen und sich drei Jahre lang ausruhen. Wie wunderbar nach den vielen Überstunden, die Sie investiert haben, um das Qualitätssicherungssystem zum Laufen zu bringen.

Leider ist das nicht die Realität. Die Qualitätsauditoren werden schon bald wieder erscheinen. In Ihrem Vertrag mit der Zertifizierungsstelle steht, daß während der

Gültigkeit des Zertifikats zweimal im Jahr weitere Qualitätsaudits durchgeführt werden. Häufig arbeitet eine Organisation so lange optimal, bis die Zertifizierung da ist. Dann kommt als Reaktion auf das so disziplinierte Arbeiten wieder die übliche Nachlässigkeit. Das ist der Grund dafür, weshalb die Zertifizierungsstelle zurückkommt und sich vergewissert, ob Ihre Firma nicht zu dieser Art von Unternehmen gehört. Die regelmäßigen Kontrollaudits sind weniger umfangreich als die Qualitätsaudits, und normalerweise konzentrieren sich die Auditoren jedesmal auf andere Bereiche Ihres Qualitätssicherungssystems.

Sie können das Zertifikat während der Laufzeit aber auch wieder verlieren. In einigen Situationen hat die Zertifizierungsstelle die Pflicht und auch die Befugnis, Ihr Zertifikat zurückzuziehen. Es folgen einige Beispiele:

- Wenn Sie eine während des Kontrollaudits herausgefundene Nichtübereinstimmung nicht in der vorgegebenen Zeit beheben können.
- Wenn Sie das Zertifikat im Marketing falsch einsetzen, d.h. beispielsweise die Aussage treffen, daß es sich um ein Zertifikat für die Qualität Ihrer Produkte handelt.
- Wenn Sie die Rechnung der Zertifizierungsstelle nicht bezahlen.

Eine umfangreiche Neuorganisation oder der Zusammenschluß mit einem anderen Unternehmen kann das Zertifikat ungültig werden lassen. Das läßt sich meist dadurch vermeiden, daß die Zulassungsstelle in die jeweiligen Änderungen einbezogen wird. So können deren Qualitätsauditoren die neue Organisation auditieren und die Zertifizierung bestätigen.

6.6 Aufrechterhaltung eines Qualitätssicherungssystems

Ein Qualitätssicherungssystem, das nicht aufrechterhalten bzw. gepflegt wird, verkümmert schnell. Verantwortlichkeiten und Befugnisse verändern sich, sobald Mitarbeiter in der Organisation versetzt werden; Regeln werden außer Kraft gesetzt, da angeblich bessere Methoden gefunden wurden, usw. Natürlich kommt die Zertifizierungsstelle zweimal jährlich zur Überprüfung zurück. Aber es werden nur Stichproben durchgeführt, und Sie dürfen die Audits nicht benutzen, um herauszufinden, was zu tun ist; das müssen Sie schon selber feststellen.

Sie haben vier Hauptwerkzeuge, um das Qualitätssicherungssystem aufrechtzuerhalten:

1. Interne Qualitätsaudits. Statt nun »Polizeiaktionen« zu initiieren, die sicherstellen sollen, daß die Mitarbeiter das Qualitätssicherungssystem befolgen, sollten Ihre internen Qualitätsaudits dahingehend ausgerichtet werden, Fehler im System selbst festzustellen und Verbesserungsmöglichkeiten herauszufinden. Beispielsweise kann die Tatsache, daß jemand eine Verfahrensanweisung nicht befolgt, Hinweis darauf sein, das entsprechende Verfahren zu ändern.

2. Ihre permanenten Verbesserungsaktivitäten. Im Absatz 4.14 von ISO 9001 wird gefordert, daß Sie aktiv Informationen über Probleme, Kundenreklamationen, Fehler usw. sammeln, um mögliche Verbesserungen herauszufinden. Der Standard fordert weiter, daß Sie ausgehend von diesen Informationen eine Vorstellung von der Umsetzung und von Folgeaktivitäten haben müssen.

3. Vorschläge und Beschwerden der Mitarbeiter bezüglich des Qualitätssicherungssystems. Machen Sie jedem klar, daß Vorschläge und Beschwerden *willkommen* sind; vereinfachen Sie die Erfassung bzw. Dokumentation von Vorschlägen und Beschwerden (im System oder über spezielle Formulare). Sagen Sie den Mitarbeitern, an wen sie sich zu wenden haben. Vorschläge und Beschweren können die Grundlage für Prozeß 2 (s.o.) sein.

4. Nachträgliche Analyse. Es ist empfehlenswert, sich sofort nach Beendigung eines Projekts zusammenzusetzen und zu diskutieren, was gut und was während der Projektausführung schlecht gelaufen ist. Dazu gehören Regeln, Verfahrensanweisungen usw. Schreiben Sie einen kurzen Bericht, und verwenden Sie diesen ebenfalls in Prozeß 2.

Zur Erinnerung: Wenn ein Unternehmen sich nicht verbessert, verschlechtert es sich. Um an der Spitze zu bleiben, müssen Sie permanent Verbesserungen vornehmen.

TEIL 2

*Anwendung von ISO 9000
auf Softwareprojekte*

Einführung

ISO 9000 beschäftigt sich – wie wir bereits gesehen haben – mit einer Welt, die weit von Software entfernt ist. Schon vor geraumer Zeit wurden viele Anstrengungen unternommen, um diesen Standard für Software anzupassen. Leider gibt es aber immer noch einige Aspekte, die einfach fehlen.

In diesem Abschnitt werden wir darauf eingehen. Die Anwendung von ISO 9000 auf Software ist nicht so einfach, wie es in den Dokumenten von ISO 9000-3 und TickIT den Anschein hat. Wir präsentieren in diesem Buch die Idee, ISO 9000 auf Softwareprojekte anzuwenden, ein Vorgang, der erhebliche Anstrengungen im Hinblick auf Anpassung und Auslegung erfordert. (Mit dieser Behauptung stehen wir nicht allein; Avison [1994] sagt beispielsweise: »ISO 9001 ist eine nützliche Ausgangsbasis für Qualitätsverbesserungen ... aber der Nutzen und die Effektivität sind nur begrenzt«; und »der Standard basiert auf Übereinstimmung und nicht auf Effektivität einer Organisation ... es gibt Leute, die zu den ausschließlich für den Standard erarbeiteten Verfahren nur ein Lippenbekenntnis abgeben.«)

In diesem Teil des Buchs gibt es zwei Hauptkapitel. In Kapitel 7 unterteilen wir Software in verschiedene Projektarten. Jede Projektart – so sagen wir – muß unterschiedlich behandelt werden. ISO 9000-3 kann nicht kritiklos auf alle Projektarten angewendet werden. Wir haben bereits früher festgestellt, daß der Standard für jeden einzelnen Vorgang interpretiert werden muß.

Die hier vorgestellten Projektarten unterscheiden sich nach Projektgröße, Anwendungsbereich des Projekts, Projektproblematik und Projektinnovation. Jede Projektart – wir werden sie im folgenden noch näher definieren – bedarf einer anderen Auslegung des ISO-9000-Standards.

Die einzelnen Auslegungen stellen wir in Kapitel 8 vor. Unter Verwendung der in ISO 9003 vorgegebenen organisatorischen Rahmenbedingungen, die sehr von der Lebensdauer der Software abhängig sind, stellen wir verschiedene Techniken zur Entwicklung von Qualitätssoftware vor. Außerdem zeigen wir Ihnen, welche Techniken Sie für welche Projektart anwenden können (ausgehend von den in Kapitel 7 definierten Arten).

Das Ergebnis mag im Vergleich zu den einfachen Richtlinien in ISO 9000-3 etwas verwirrend erscheinen. Doch das überrascht insbesondere diejenigen nicht, die wirklich die Problematik im Zusammenhang mit Software kennen. Wenn Software tatsächlich »die komplexeste, jemals von menschlichen Wesen entwickelte Aktivität« ist, wie viele Softwareexperten sagen, dann gibt es keine einfachen Ansätze zur Problemlösung.

Darüber hinaus kann man selbst für die einfachsten Schritte die verschiedensten Werkzeuge auswählen. Und jedes dieser Werkzeuge wird für eine bestimmte Projektart verwendet. Ein Waldarbeiter würde bestimmt weder einen Lötkolben noch einen Uhrmacherschraubenzieher benutzen. Warum sollten wir also von einem Softwareprofi erwarten, daß er nur allgemeine Werkzeuge verwendet?

Die folgenden Ansätze sind auch kontrovers. Die Projektarten und die jeweiligen Techniken finden Sie kaum in der traditionellen Softwareliteratur. Sie werden nicht in der Lage sein, die Klassifizierung nach Projektarten oder die Menüs zu akzeptieren oder abzulehnen, indem Sie sich irgendwo anders eine zusätzliche Meinung einholen. Wir erwarten aber auch nicht vom Leser, daß er unsere Klassifizierung oder unsere Menüs ohne weitere Überlegungen und rückhaltlos akzeptiert. Wir hoffen, daß der Leser, der Probleme mit unseren Ansätzen hat, weiter denkt und eigene Alternativen entwickelt. Wir glauben, daß es äußerst wichtig ist, die Projekte nach ihrer Art zu unterscheiden. Außerdem sollten Lösungen kritisch angewendet werden, und zwar unter dem Gesichtspunkt der jeweiligen Projektart. Wir möchten Ihnen hier Möglichkeiten vorstellen – d.h., es ist weniger wichtig, daß Sie voll hinter unserer speziellen Klassifizierung und hinter unseren Zusammenstellungen stehen. Sie sollten auch eigene Vorstellungen entwickeln.

Verweis

[Avison 1994] D.E. Avison, H.U.Shah und D.N.Wilson »Software Quality Standards in Practice: The Limitations of Using ISO 9001 to Support Software Development«, *Software Quality Journal*, vol.3, S. 105–111, 1994

KAPITEL 7

Projektunterschiede und Qualität: Verschiedene Ansätze

Seit Jahrzehnten nun sind in der Softwareforschung die Probleme bei Software mit dem Ansatz »Eine Größe für Alle« angegangen worden. Jedes neue Konzept dieser Forschungen wurde zu sehr »bejubelt« und zu wenig kritisch untersucht. Wenn ein brillanter Forscher eine Idee hat und weitere Untersuchungen diese Idee vielversprechend erscheinen lassen, wird zu häufig als nächster Forschungsschritt ein enthusiastisches Papier veröffentlicht und die Umsetzung der Idee in die Praxis empfohlen. Das Problem ist also eine zu frühe Begeisterung. Die theoretische Analyse kann das Testen nicht ersetzen. Es bedarf empirischer Meßmethoden, einer Beurteilung der neuen Idee in einer einigermaßen realistischen Umgebung, um zu entscheiden, ob der Jubel begründet ist. Tatsächlich gibt es im Softwarebereich einfach zu wenig empirische und bewertende Forschung [JSS 1995].

Das zweite Hauptproblem mit diesem Ansatz ist der Gedanke, daß neue Ideen gleichermaßen für jegliche Software anwendbar sind. Leider stellt es sich immer mehr heraus, daß für unterschiedliche Projektarten auch unterschiedliche Ideen erforderlich sind. Früher, als neue Entwicklungen noch recht häufig waren und fast jede neue Idee auch eine gute Idee war, wäre es durchaus sinnvoll gewesen, zu unterstellen, daß neue Ideen für die gesamte Software wertvoll seien. Doch diese Zeit ist längst vorbei. Es ist wichtig, daß neue Ideen nicht nur empirisch bewertet werden, sondern daß sich diese Ideen auch in einer Umgebung entwickeln, in der die Umsetzbarkeit beurteilt werden kann.

Der Rest dieses Kapitels ist eine Vertiefung dieser Ansichten, die wiederum für die Kernaussage dieses Buchs und unsere Interpretation von ISO 9000 wichtig sind. Obwohl nur wenig im Standard steht über unterschiedliche Techniken bei unterschiedlichen Projekten, wäre der Verzicht auf unseren Ansatz vergleichbar mit der »Holzhammermethode« im Softwarebereich.

7.1   Eine Größe für alle?

Diese Frage wurde natürlich bereits im vorigen Abschnitt beantwortet. Dennoch lohnt es sich, vertiefend darauf zurückzukommen. Grund: Die Sicht, daß unterschiedliche Projekte unterschiedliche Vorgehensweisen erfordern, ist im Softwarebereich noch immer unüblich. Neue Methoden werden mit dem Anspruch eingeführt, daß sie unternehmensweit verwendet werden sollen. (Sofern das Unternehmen nicht ausschließlich bestimmte Softwareentwicklung betreibt, ist dieser Ratschlag ziemlich schlecht und kontraproduktiv.) Neue Modelle, wie die vom Software Engineering Institute (SEI), sind so definiert, daß sie die Ansprüche aller Softwareorganisationen erfüllen, unabhängig von der Art der anstehenden Arbeiten. (Einer der Hauptgründe, die gegen das SEI-Modell sprechen, liegt sowohl für große als auch für kleine Projekte in den erforderlichen Verfahren.) Es werden neue Standards empfohlen, ohne Rücksicht darauf, wie und wann sie verwendet werden sollten. ISO 9000 gibt wenig Hinweise auf die Anpassung und Anwendung der im Standard enthaltenen Konzepte.

Glücklicherweise wird die Rolle von Projektarten in der Softwaretechnik immer besser verstanden. Leider ist dieses Verständnis bis jetzt hauptsächlich bei den Praktikern vorhanden. Einer von ihnen hat einmal gesagt: »Jeder, der glaubt, daß eine Größe für alle ausreicht, gehört in eine Zwangsjacke gesteckt.« [Plauger 1994]. Ein anderer, bekannt als erfolgreicher Softwarefuturist, sagt, daß die Abkehr von der Ansicht, »sämtliche Software ist vom Kern her gleich«, ein »höchst interessanter und beispielhafter Wandel ist, der sich momentan vollzieht« [Yourdon 1995]. Forscher und Methodiker verstehen meist zuwenig von Softwareprojekten, d.h., es fehlt der erforderliche Einblick. Forscher tendieren dazu, die Softwarewelt aus der engen Sicht kleiner Systemprogramm-Applikationen heraus zu sehen, während Methodiker die

Softwarewelt meist aus dem Blickwinkel großer Geschäftsanwendungen heraus sehen. Es bedarf noch eines gewaltigen Sprungs, bis alle am Softwarebereich beteiligten Mitspieler die gleiche Sprache sprechen. Es zeugt schon von Ironie, daß ein Forscher, der mehr als die meisten anderen die Notwendigkeit zur Unterscheidung nach Projekten begriffen hat, in einem führenden Journal einen Artikel über »Eklektische Designansätze« geschrieben hat, und zwar ausgerichtet auf die Notwendigkeit von Projektdifferenzierung [Sanden 1989]. Das Journal, voll hinter der traditionellen »Eine Größe für alle«-Sicht und anscheinend ohne die geringste Ahnung davon, was der Autor mitzuteilen versuchte, druckte den Artikel unter der Überschrift »Elektrische Designansätze«!

Dennoch scheint sich der Gedanke der projektspezifischen Ansätze, speziell unter dem Gesichtspunkt der Unterscheidung von Anwendungsbereichen, den Weg in die mehr akademische Literatur zu bahnen. In Veröffentlichungen wie [Vessey 1995] und [Glass 1992] werden die Probleme der Klassifizierung von Anwendungen diskutiert, und [Vessey 1994] zeigt die Vorteile einer solchen Vorgehensweise auf.

7.2 Die Rolle der Projektgröße

Bei der Unterscheidung nach Projekten ist deren Größe sicherlich der wichtigste Faktor. In diesem Buch teilen wir Projekte in »groß« und »klein« auf. Das ist natürlich eine willkürliche Unterscheidung nach dem Prinzip schwarz und weiß. Außerdem läßt sich nur sehr schwer definieren, was »groß« und »klein« wirklich bedeutet.

Die am häufigsten anzutreffende Annäherung in der Diskussion über die Projektgröße im Softwarebereich ist die Maßeinheit LOC (lines of code = Zeilen mit Code). Die gesamte Zeilenanzahl einschließlich Prozeduren, Daten und Kommentaren wird ermittelt, um dann die Entscheidung über die jeweilige Projektgröße zu treffen. Die LOC-Methode wird sowohl zum Einschätzen der Projektkosten und des Zeitbedarfs benutzt als auch zum Ermitteln der Projektgröße nach der Fertigstellung eines Produkts.

Kapitel 7

Trotz der vielen Befürworter gibt es auch viele Gegner der LOC-Methode. Der sicherlich am häufigsten zitierte Skeptiker ist Capers Jones, der LOC als eine überaus gefährliche Meßmethode darstellt. Für diese Einstellung hat er gute Gründe. Ein und dieselbe Anwendung, einmal in Hochsprache und einmal in Maschinensprache programmiert, wird äußerst unterschiedliche LOC-Eigenschaften haben. Auch können verschiedene Regeln dafür gelten, was als »Zeile« gezählt werden soll. Die Unterschiede bei den Zählregeln können beim Messen erhebliche Abweichungen ergeben. Obwohl LOC leicht anzuwenden ist, scheint es eine äußerst unzuverlässige Meßmethode zu sein.

Viele Gegner von LOC unterstützen statt dessen den Ansatz FP (»function point« = Funktionspunkt). Funktionspunkte sind funktionale Elemente innerhalb eines Problems, für dessen Lösung ein Softwareprojekt ausgerichtet ist. Capers Jones beispielsweise ist ein großer Befürworter von FP anstelle von LOC. Dennoch gibt es auch Probleme mit FP. Wenn man die Definition für einen FP prüft, wird für diejenigen, die sich in unterschiedlichen Anwendungsbereichen auskennen, schnell ersichtlich, daß der FP-Ansatz für die meisten Anwendungen nicht praktikabel ist. FP läßt sich meist nur für Geschäftsanwendungen mit Schwerpunkt auf Datenmanipulation einsetzen. Selbst Capers Jones hat ein entsprechendes Maß mit der Bezeichnung »feature points« entwickelt. Hier wird der traditionelle FP-Ansatz mit einigen zusätzlichen Zählregeln für weitere algorithmische Anwendungsarten erweitert.

Aber all diesen Ansätzen zum Messen der Projektgröße fehlt ein wichtiges Element. Große Projekte unterscheiden sich erheblich von kleinen Projekten, und entscheidend dabei sind weniger die Art der Lösung (LOC) noch das Problem (FP), sondern eher die Eigenarten der Projektteams bei großen und kleinen Projekten. Große Projekte erfordern eine intensive Kommunikation zwischen den Beteiligten, die am besten mit gut definierten Kommunikationsschienen ermöglicht wird. Natürlich müssen diese Verfahren formell festgelegt und diszipliniert eingehalten werden.

Angenommen, der fähigste Software-Guru ist mit der Entwicklung des kompliziertesten Softwareprojekts aller Zeiten beauftragt worden. Und angenommen, dieser Experte schreibt täglich viele tausend Zeilen von fehlerfreiem Programmcode, um Tausende von Funktionspunkten innerhalb des Problems zu lösen. Zusätzlich unterstellen wir, daß sich das Endprodukt nur noch in Gigazeilen von Programmcode messen läßt. Wäre das ein großes Projekt? Natürlich ja, würde man von den am häufigsten verbreiteten Definitionen ausgehen. Nur bei einer der hier vorgestellten Definitionen wäre das nicht der Fall. Ein Superprogrammierer, der alleine arbeitet, hat kaum Kommunikationsprobleme. (Obwohl eine Notwendigkeit zur Dokumentation von Dingen besteht, die der Superprogrammierer sonst vergessen würde, muß diese Dokumentation nur vom Programmierer selbst gelesen werden. Er kann also seine eigenen, für ihn hilfreichen Konventionen erstellen, und zwar unabhängig von jedem vorhandenen Standard). Disziplin und Formalität lassen sich durch innovatives und zweckdienliches Vorgehen ersetzen, und zwar so lange, wie die entsprechende Genauigkeit vorhanden ist und das Ergebnis die Produktentwicklung voranbringt.

Die Projektgröße sollte also nach der Anzahl der am Projekt Beteiligten ermittelt werden, und zwar wegen der benötigten Kommunikationsschienen. Aber wo ziehen wir die Grenze zwischen groß und klein? Genau hier ist alles – wir sagten es bereits – etwas willkürlich. In zwei früheren Büchern [Glass 1979, 1992] habe ich den Standpunkt vertreten, daß kleinere Projekte bis zu 5, mittlere 6 bis 25 und große über 30 Entwickler beschäftigen. Ausgehend von der Tatsache, daß von 1980 bis 1990 die Projektgrößen um den Faktor 50 gewachsen sind, sehe ich trotzdem keinen Grund, diesen Standpunkt zu verlassen. Das größte mir bekannte Projekt mit fast 1000 Entwicklern wurde in den 70er Jahren durchgeführt. Vielleicht stellen einige große, von grafischen Benutzeroberflächen (GUI) geprägte, integrierte Softwarepakete diese Zahl noch in den Schatten. Doch bisher habe ich noch keine Anhaltspunkte, um daran zu glauben. Microsoft beschäftigt insgesamt (d.h. für alle Projekte) nur 1600 Softwareentwickler [AP 1995]. Es ist also tatsächlich so, daß große Projekte im Mikrocomputerbereich zu den informellen Vorgehensweisen von kleineren Projekten tendieren. Um das zu ermöglichen, müssen die Teamgrößen klein gehalten werden. Statt eine große Anzahl von Entwicklern zu beschäftigen, zeichnen sich einige der heute als Musterbeispiel geltenden Softwareunternehmen durch den Anfall vieler Überstunden aus.

Nachdem wir jetzt kleine, mittlere und große Softwareprojekte in einem Buch definiert haben, das nur zwischen kleinen und großen Projekten zu differenzieren ver-

143

sucht, haben wir uns offensichtlich selber ein Problem mit der Einteilung geschaffen. Deshalb nun die Lösung dieses Problems:

Unter kleinen Projekten verstehen wir diejenigen, die bis zu fünf Entwickler beschäftigen. Große Objekte umfassen 30 und mehr Entwickler. Projekte mit 6 bis 29 Leuten fallen in die Grauzone, in der Projektleiter entscheiden müssen, welche Größe das Projekt hat. Das ist nicht so zufällig, wie es auf den ersten Blick aussieht. Die Hauptentscheidung für das, was zwischen kleinen und großen Projekten liegt, ist die Formalität der angewendeten Methoden. Im Gegensatz zu umfangreichen Projekten mit formellen, organisatorischen Methoden für das Konfigurationsmanagement und die Qualitätssicherung lassen sich die gleichen Probleme bei kleinen Projekten viel zwangloser lösen. Projekte mit 6 bis 29 Entwicklern sollten sich selber dann in der Mitte des Spektrums einordnen.

7.3   Die Rolle des Anwendungsbereichs

Das sicherlich am wenigsten verstandene Kriterium bei der Differenzierung nach Projekten ist die Unterscheidung in Anwendungsbereiche. Das liegt daran, daß es nur wenige Experten im Softwarebereich gibt, die wirklich Erfahrung mit Projekten in mehr als einem oder zwei Anwendungsbereichen haben. Die meisten Forscher – wir haben darauf bereits hingewiesen – haben an wichtigen Projekten in höchstens einem und häufig in gar keinem Bereich teilgenommen.

Auf Grund der geringen Erfahrung mit Anwendungsbereichen mangelt es selbst an den einfachsten Werkzeugen für die Unterscheidung nach Bereichen. Beispielsweise gibt es keine allgemein akzeptierte und vernünftig abgesicherte Klassifizierung für Anwendungsbereiche. Die Forschung zu diesem Thema zeigt bereits bei der Definition der Klassifizierung recht unklare Ansätze. Meist gibt es schon untereinander solche Widersprüche, daß das Thema, das an sich geklärt werden sollte, noch verworrener wird [Glass 1993]. Es gibt zwar historische Gründe dafür, warum das so ist [Glass 1992a], aber das hilft nicht weiter – es hat nur wenig Fortschritte bei der Charakterisierung der Anwendbarkeit von Softwaretechniken auf Anwendungsbereiche von Software gegeben, hauptsächlich weil der Begriff »Bereiche« zu wenig definiert ist. (Eine interessante Ausnahme ist der Vorschlag in [Jones 1994], der zwischen MIS [Management Information Systems = Datenverarbeitung], Systemen sowie kommerziellen, militärischen, kontraktierten/ausgegliederten Bereichen und solchen für Endanwender unterscheidet.)

Gleichzeitig sind viele davon überzeugt, daß der Bereich eine führende Rolle bei der Diskussion über die Eignung bzw. Anwendbarkeit von Softwaretechniken einnehmen muß. Beispielsweise vertritt Pott [1993] den Standpunkt, daß »die Definition von Anforderungen sich bestimmt nicht verbessern wird, bis wir bereichsspezifische Bezeichnungen und analytische Methoden für neue wissenschaftliche Erkenntnisse einsetzen«; McSharry [1994] sagt, »ein bereichsspezifisches, auf dem Produkt aufbauendes Verbesserungsprogramm kann der Beginn für meßbare Ergebnisse sein«; und das USNRC (U.S. National Research Council) [1990] verweist auf den Bedarf an »verschiedenen Abstraktionsarten und Sprachanforderungen im Hinblick auf die Unterschiede bei der Darstellung von Anwendungsinformationen«.

Dennoch sind Fortschritte für bereichsspezifische Auffassungen kaum auszumachen. Potts [1993] merkt an, daß »sich die meisten Forschungsvorhaben für Softwaretechnik auf allgemeine Mechanismen und Sprachen konzentrieren«. Glauben Forscher tatsächlich, daß die gleiche Methodik beispielsweise bei datenbankorientierten Geschäftsanwendungen und geräteorientierten Echtzeitanwendungen greifen kann? Können wir objektorientierte Ansätze sowohl auf die Compilerentwicklung als auch auf GUI-Software anwenden? Helfen die heute in Mengen vorhandenen CASE-Werkzeuge dem wissenschaftlich arbeitenden Entwickler ebenso wie dem Entwickler von Geschäftsanwendungen? Obwohl bisher die Antworten auf diese Fragen äußerst diffus sind, könnte die Antwort sowohl »Nein« als auch »Ja« lauten.

Wie sollten wir aber in diesem Buch verfahren? Wir glauben, es ist sehr wichtig, zwischen den hier vorgestellten Techniken nach Anwendungsbereichen ebenso wie nach Größe und anderen Projekteigenschaften zu differenzieren, obwohl die dazu benötigten Werkzeuge – die Klassifizierungen – fehlen.

Zum Glück gibt es eine traditionelle Rückzugsposition. Schon seit Beginn der Softwareentwicklung besitzen wir eine einfache Klassifizierungsmöglichkeit, um zwischen Anwendungen zu unterscheiden. Ihre Genauigkeit ist zwar weniger zufriedenstellend, aber zumindest wird sie noch allgemein akzeptiert und verstanden. Diese Klassifizierung unterscheidet zwischen:

- Geschäftsanwendungen, wie Buchhaltungs- und Informationssystemen
- Wissenschaftlichen Anwendungen, vielfach gekennzeichnet durch mathematische Algorithmen
- Systemanwendungen, ausgerichtet auf die Bedürfnisse von Softwareentwicklern, mit allen benötigten Werkzeugen
- Echtzeit-Anwendungen, vielfach gekennzeichnet durch Interaktionen zwischen Hardwaregeräten (z.B. Abspielen komprimierter Videos)

Wir verwenden nicht die zuvor beschriebene Klassifizierung von Jones [1994], da sie nicht allgemein akzeptiert wird und Anwendungsbereiche (z.B. MIS, Systeme) und Projektmodi (z.B. ausgelagert, Endanwender) vermischt.

Im Schatten von ISO 9000 ist dies sicherlich ein weiteres Beispiel für die dringend benötigte allgemein verbindliche Klassifizierung. Trotzdem werden wir – da nichts besseres vorhanden ist – im Buch diese Klassifizierung verwenden.

7.4 Die Rolle der Projektkritikalität

Wenn Größe der wichtigste Faktor zur Unterscheidung zwischen Projekten ist und wenn Anwendungsbereiche am wenigsten verstanden werden, wie können wir dann den Begriff *Kritikalität* charakterisieren? Hier ist der Bedarf an Differenzierung am größten.

Kritische Software ist Software, die das menschliche Leben und/oder den Fluß großer Geldmengen beeinflußt. Kritische Software ist Software, deren Ausfall als Katastrophe charakterisiert werden kann. Ausgehend von dieser Definition ist kritische Software im gesamten Softwarebereich selten, aber es ist die Art von Software, die in bezug auf einwandfreies Funktionieren größter Aufmerksamkeit bedarf.

Welche Beispiele für kritische Software gibt es? Software zur Flugüberwachung der Maschine, in der Sie gerade reisen. Finanzsoftware zur Abwicklung internationaler Geldtransfers zwischen den Banken. Medizinische Software zur Anzeige von Patientendaten. Steuerungssoftware zur Funktionsüberwachung von Kernkraftwerken. Selbst die Software für den Computer, der die ABS-Bremsen in Ihrem Auto kontrolliert. Wie Sie sehen, gibt es kritische Software in allen Größenordnungen, Bereichen und Lebenssituationen!

Worauf richtet sich das Hauptaugenmerk bei kritischer Software? Es ist hauptsächlich ein bestimmter Aspekt der Qualität, nämlich die Zuverlässigkeit. Kritische Software darf einfach nicht unzuverlässig sein. Bei der Einteilung von Technologien nach Projekteigenschaften sollten nahezu alle Techniken, welche die Zuverlässigkeit erhöhen können, für kritische Projekte bis zur x-ten Stufe angewendet werden.

Der Begriff der kritischen Software ist nicht neu. Software für die Flugüberwachung gibt es bereits seit den 60er Jahren in Flugzeugen. Überwachungssoftware ist seitdem auch bei Bahnsystemen eingeführt, sowohl in den Zügen als auch in den Stellwerken. Glücklicherweise haben wir über die Jahre genug dazugelernt, um kritische Software wirklich zuverlässig zu machen. Darauf werden wir Ihre Aufmerksamkeit in den Teilen des Buchs lenken, in denen auf kritische Anwendungen eingegangen wird.

7.5 Die Rolle der Projektinnovation

Innovation als Projekteigenschaft ist neu, selbst für mich. Ich meine damit nicht, daß ich noch nicht festgestellt habe, daß einige Projekte innovativer als andere sind (beispielsweise war ich an Softwareprojekten für die Raumfahrt in den 50er und 60er Jahren beteiligt). Ich habe aber erst kürzlich erkannt, daß auch diese Projektarten Methoden erforderlich machen, die sich von denen für andere Projekte unterscheiden. Diese Einsicht erlangte ich durch einige Kollegen und Mitarbeiter, die mir bei der Entwicklung eines früheren Buchs, *Software Creativity* [Glass 1995] halfen. (Ihr Beitrag wird im Schlußteil des genannten Buchs besonders erwähnt und diskutiert).

Sie hoben hervor, daß sie, nachdem sie anfingen an einigen für sie völlig neuartigen Softwareprojekten zu arbeiten, alles bisherige Wissen über die Erstellung guter Software über Bord warfen, um genau die Techniken anzuwenden, von denen sie anderen abgeraten hatten!

Je mehr ich über diese Einsicht nachdachte, desto mehr erkannte ich, daß meine Mitarbeiter einer bestimmten Sache auf der Spur waren. Wie oft haben wir die Geschichte von dem Softwareentwickler gehört, der, von irgendeinem externen Faktor unter Druck gesetzt, mitten in die Softwareentwicklung hineinplatzte, das Problem löste und dabei alle disziplinierten, formellen Prozesse, die seit über drei Jahrzehnten empfohlen wurden, außer acht ließ. Ist das nur eine Dummheit, die immer und immer wieder gemacht wird, oder gibt es eine andere Erklärung?

Ich glaube, daß meine Mitarbeiter und die unter Druck handelnden Softwareentwickler richtig liegen. Es gibt Zeiten, in denen das gesamte bisherige Wissen in Frage gestellt, ja sogar übergangen werden muß, um einfache (vielleicht sogar unfertige) Komponenten zur Bewältigung der Arbeit einzusetzen. Das sollte uns nicht überraschen. Der Softwarebereich ist relativ neu, und das gesamte Wissen ist nur einige Dekaden alt. Wenig davon wurde wirklich empirisch getestet. Vielleicht, sagen diese Mitarbeiter, kann ein Teil unseres bisher erworbenen Wissens außer acht gelassen werden, oder es ist sogar falsch.

Mit dem, was in diesem Buch folgt, gehen wir (zum ersten Mal) in diese neue Richtung. Innovative Projekte zeichnen sich durch neue und differenzierende Probleme aus. (Viel seltener haben innovative Projekte neue und unterschiedliche Lösungsansätze zur Folge). In dem Augenblick, wo Sie sich Gedanken darüber machen, *ob* Sie das Problem insgesamt lösen können, scheinen die Feinheiten der Lösungsmethoden weniger wichtig zu sein. Es liegt an der Art dieser Projekte, daß die Begriffe Formalität und Disziplin alles andere als hilfreich sind. Hier wird Kreativität verlangt, die durch nichts gestört werden darf.

Verweise

[JSS 1995] Ausgabe von *Journal of System Software* mit Themen über den Mangel an und den Bedarf einer bewertenden Forschung, Jan. 1995

[Glass 1992] Robert L. Glass und Iris Vessey, »Toward a Taxonomy of Application Domains: History«, *Journal of Systems and Software*, S. 189–199, Feb. 1992

[Plauger 1994] P.J. Plauger, *Programming on Purpose*, Englewood Cliffs, N.J.: Prentice Hall, 1994

[Sanden 1989] Bo Sanden, »The Case for Electric [sic] Design of Real-Time Software«, *IEEE Transactions on Software Engineering*, SE-15 (3), S. 360–362

[Vessey 1994] Iris Vessey und Robert L. Glass, »Rethinking the Nature of Application System Development«, Arbeitspapier, Pennsylvania State University; eine formlose Version dieses Papiers wurde unter »Application-Based Methodologies« in *Information Systems Management*, Herbst 1994, veröffentlicht.

[Vessey 1995] Iris Vessey und Robert L. Glass, »Contemporary Application Domain Taxonomies«, *IEEE Software*, Juli 1995

[Yourdon 1995] Ed Yourdon, »Pastists' and Futurists: Taking Stock at Mid-Decade«, *Guerilla Programmer* vol.2, no.1, Jan. 1995

[AP 1995] »Living in a Microsoft World«, Sonderausgabe von *American Programmer*, Feb. 1995

[Glass 1979] Robert L. Glass, *Software Reliability Guidebook*, Englewood Cliffs, N.J.: Prentice Hall, 1979

[Glass 1992] Robert L. Glass, *Building Quality Software*, Englewood Cliffs, N.J.: Prentice Hall, 1992

[Glass 1992a] Robert L. Glass und Iris Vessey, »Toward a Taxonomy of Software Application Domains: History«, *Journal of Systems and Software*, Feb. 1992

[Glass 1993] Robert L. Glass und Iris Vessey, »Toward a Taxonomy of Software Application Domains: Work in Progress«, *Proceedings of the Second Annual Conference on Achieving Quality in Software*, Venedig, Okt. 1993; ([Vessey 1995] ist eine vollständigere Version dieses Papiers).

[Glass 1995] Robert L. Glass, *Software Creativity*, Englewood Cliffs, N.J.: Prentice Hall, 1995

[Jones 1994] Capers Jones, *Assessment and Control of Software Risks*, Yourdon Press, 1994

[McSharry 1994] Maureen McSharry, »Can You Tell Me When You've Improved?« (zitiert Frank McGarry, damals im NASA-Goddards Softwareentwicklungslabor), *The Software Practitioner*, März 1994

[Potts 1993] Colin Potts, »Software-Engineering Research Revisited«, *IEEE Software*, Sept. 1993

[USNRC 1990] U.S. National Research Council: Computer Science and Technology Board, »Scaling Up: A Research Agenda for Software Engineering«, *Communications of ACM*, März 1990

KAPITEL 8

Das Qualitätssicherungssystem und der Lebenszyklus

Im vorherigen Kapitel haben wir gesehen, daß die Anwendung von ISO 9000 auf ein bestimmtes Projekt eine nicht alltägliche Aufgabe ist. Es gibt viele verschiedene Projektarten mit vielen verschiedenen Anforderungen, und die Allgemeinplätze im Standard müssen als eine ganz bestimmte Methode für ein bestimmtes Projekt ausgelegt werden. Wir werden in diesem Teil des Buchs versuchen, die Lücke zwischen generalisiertem Standard und spezifischen Projektanforderungen zu schließen. Dafür werden wir den organisatorischen Rahmen von ISO 9000-3 verwenden und entsprechende Hinweise darauf geben, was bei der Erstellung von Qualitätssoftware für bestimmte Projektarten zu tun ist.

Das in ISO 9003 enthaltene Material für ein Qualitätssicherungssystem ist in drei Abschnitte unterteilt:

- Rahmen

- Lebenszyklustätigkeiten

- Unterstützende Tätigkeiten

Wir beschäftigen uns in diesem Kapitel mit den Punkten »Lebenszyklustätigkeiten« und »Unterstützende Tätigkeiten«. Dabei akzeptieren wir die in ISO 9000-3 enthaltene Unterteilung des Lebenszyklus in:

- Forderungen

- Design und Implementierung

- Testen und Validierung

- Annahme

- Vervielfältigung, Lieferung und Installierung

- Wartung

Beachten Sie, daß es viele Variationen bei der Definition von Lebenszyklus gibt. Auch Ihre eigene Interpretation kann anders sein. Allerdings ist ISO 9000-3 ziemlich flexibel, was die Definition des Lebenszyklus anbelangt. Der Leser braucht deshalb nur seine Definition im Standard zu hinterlegen, um den Standard – und dieses Buch – verwenden zu können.

Obwohl ISO 9000-3 entschieden zwischen Lebenszyklustätigkeiten und unterstützenden Tätigkeiten trennt, sind beide Gebiete in diesem Abschnitt enthalten. Und das deshalb, weil die Art der Diskussion bei beiden gleich ist: Wir zeigen zuerst, was ISO 9000-3 für das Gebiet fordert (z.B. Forderungen oder unterstützende Tätigkeiten), gehen dann auf verwandte Punkte ein (Themen mit bislang ungelösten Fragen), folgen anschließend mit einer Diskussion über die Qualitätstechniken für das entsprechende Gebiet und schließen mit einer Zusammenfassung, in der die Forderungen von ISO 9000-3 mit den vorgestellten und den nach Projektarten differenzierten Techniken (sofern diese erforderlich sind) verglichen werden.

Ein wichtiger Punkt ist, daß ISO 9000-3 stark auf Planungsaktivitäten ausgerichtet ist. Im entsprechenden Abschnitt 5.4.1 wird speziell auf einen Entwicklungsplan, einen Qualitätssicherungsplan, einen Konfigurationsmanagementplan, einen Integrationsplan und einen Testplan hingewiesen. Andere Abschnitte des Standards beinhalten zusätzliche Pläne (z.B. einen Wartungsplan in Abschnitt 5.10.2). In diesem Kapitel gehen wir jedoch weniger auf Planung ein, sondern eher auf das, was zu tun ist. Wir gehen deshalb so vor, weil vorher bekannt sein muß, was zu tun ist, bevor es dann in einem möglichen Plan dokumentiert wird.

Im folgenden werden Sie Auswahlmöglichkeiten finden, um ein Softwareprojekt zu einem Qualitätsprodukt zu machen. Gleichzeitig bieten wir einen Leitfaden für diese Auswahlmöglichkeiten – also Ratschläge, für welche Projektart jede der verschiedenen Aktivitäten am häufigsten (oder am wenigsten) benötigt wird. Wir glauben, daß es mit dieser Methode möglich ist, ein projektspezifisches Qualitätsverfahren einzurichten und einen Plan zu erstellen, der die Erfolgschancen für das Projekt maximiert.

8.1 Forderungen

ISO 9000 ist auf gekaufte Software zugeschnitten. Das ist besonders aus Abschnitt 5.3 von ISO 9000-3 (»Spezifikation des Auftraggebers«) ersichtlich.

Doch seit jeher benötigt Software die Definition von Forderungen, egal, ob die Software für den Verkauf über den Handel oder für die Anwendung durch einen bestimmten Kunden entwickelt wird. Die Forderungen für Software, die über den Handel verkauft werden soll, beruhen sicherlich auf einer Marktanalyse; Software für den internen Gebrauch oder für einen externen Kontrakt basiert auf Interaktionen mit dem Kunden. Der Unterschied zwischen der traditionellen und der in ISO 9000-3 festgelegten Methode liegt darin, wer die Spezifikationen niederschreibt. Obwohl ISO 9000-3 die Möglichkeit bietet, daß der »Lieferant« (der Software) die Spezifikationen »in enger Zusammenarbeit mit dem Auftraggeber« festlegt, ist die fundamentale Voraussetzung doch die »Spezifikation des Auftraggebers«.

In jedem Fall fordert ISO 9000-3, daß die Spezifikation der Forderungen folgenden Inhalt hat:

- Funktionale Forderungen (diese sollten »vollständig und eindeutig« sein)

- Andere Aspekte des »Bedarfs des Auftraggebers«: Leistung, Ausfallsicherheit, Zuverlässigkeit, Datensicherheit, Persönlichkeitsschutz, Schnittstellen (und alles weitere, was ein Auftraggeber benötigen könnte)

Schließlich fordert ISO 9000-3 Lieferant und Auftraggeber auf, während der Entwicklung der Spezifikation zusammenzuarbeiten, und zwar durch:

- Benennung von Verantwortlichen (auf beiden Seiten) für die Erstellung der Spezifikationen

- Methoden zur Einigung über Forderungen und zur Genehmigung von Änderungen

- Maßnahmen, um Mißverständnissen vorzubeugen, wie z.B. Definition von Begriffen, Erklärung des Hintergrunds von Forderungen

- Aufzeichnung und Überprüfung von Diskussionsergebnissen auf beiden Seiten

Das ist die von ISO 9000-3 vorgegebene Richtung. Aber es gibt neben der Spezifikation von Forderungen noch viele weitere Aktivitäten und Punkte, die zur Erfüllung von ISO 9000-3 berücksichtigt werden müssen.

8.1.1 Forderungspunkte

Das englische Wort »issue« ist ein wunderbar vieldeutiges Wort. Deshalb ist es auch schwierig, ihm einen präzisen Begriff zuzuordnen. Beispielsweise enthält mein Wörterbuch fünf Definitionen für »issue« als Substantiv und fünf weitere für den Gebrauch als Verb. Dennoch, hier ist eine Definition (bzw. Übersetzung), die klar verdeutlicht, worüber wir sprechen wollen. Diese Definition von »issue« lautet:

»der fragliche Punkt, ein wichtiges Thema zur Diskussion«

Dieser Abschnitt über die Forderungen (8.1.1) widmet sich diesen Punkten, diesen wichtigen Themen, welche die Lebenszyklusphase der Forderungen betreffen. Einen derartigen Abschnitt gibt es für jedes weitere Thema in Kapitel 8.

In diesen »Punkte«-Abschnitten wollen wir kontroverse Bereiche aufzeigen, die bislang jeder Lösung widerstanden haben. Mit anderen Worten, ein fraglicher Punkt ergibt in der Diskussion große Meinungsunterschiede, und eine Lösung für diese Unterschiede ist bislang noch nicht in Sicht. Das bedeutet, daß »fragliche Punkte«

für turbulente Bereiche stehen. Diese Punkte können auch Bereiche repräsentieren, in denen weder dieses noch ein anderes Buch eine beständige, definitive Klärung herbeiführen kann. Natürlich soll damit nicht gesagt werden, daß eine Lösung unmöglich ist. Für jeden fraglichen Punkt gibt es tatsächlich qualifizierte Lösungen. Doch wenn man die Ratschläge der Befürworter genauer unter die Lupe nimmt, stellt sich schnell heraus, daß es keine eindeutige »korrekte« Beschlußfassung bzw. Lösung gibt. Auf unterschiedliche Weise kennzeichnet das Thema Software die größten Möglichkeiten in einem Bereich, in dem Zustimmung und Ablehnung häufig erst zu lebhaften Diskussionen und dann in der abschließenden Analyse zu einem besseren Verständnis führen.

In jedem »Lebenszyklus«-Thema dieses Kapitels sind Punkte für eine Diskussion enthalten. (Denken Sie daran, daß wir diese Punkte vorstellen, aber nicht endgültig klären werden!) Die Lebenszyklusphasen der Forderungen sind keine Ausnahme.

Die Punkte hinsichtlich Forderungen hängen mit Inhalt und Form der Spezifikation der Forderungen zusammen.

8.1.1.1 Inhalt

Wegen des Inhalts gibt es eine Kontroverse im Softwarebereich im Hinblick auf die Notwendigkeit einer vollständigen und eindeutigen Spezifikation. Seit ISO 9000-3 eine derartige Spezifikation fordert, gibt es bei den Organisationen und Projekten, die eine Übereinstimmung mit dem Standard erzielen wollen, nur die Wahl, die Anweisungen zu befolgen. Um der Vollständigkeit willen ist es lohnenswert, sich mit dem Gegenteil der Forderung »vollständig und eindeutig« auseinanderzusetzen.

Wenn die häufigsten Probleme bei schwierigen Softwareprojekten definiert werden, steht »Unveränderbarkeit der Forderungen« an erster Stelle. Die Unveränderbarkeit der Forderungen bezieht sich auf die Situation, in der während der Projektimplementierung der Kunde oder Lieferant die Anforderungen ändern muß. Es ist offensichtlich, daß das Vorliegen einer »vollständigen und eindeutigen« Spezifikation eine Möglichkeit ist, dieses Problem zu steuern. Einige Softwareexperten sind aber der Ansicht, daß diese Art der Steuerung ziemlich unrealistisch ist.

Grund für diese scheinbar konträre Betrachtungsweise ist, daß Software zur präzisen Problemlösung gewählt wurde, gerade weil es sich hier um ein veränderbares Produkt handelt (wie auch aus der Bezeichnung »Soft«ware oder »weiche Ware« deutlich wird). Es ist keinesfalls ein Schwäche im Softwarebereich, daß die Wartungsaktivitäten im Laufe der Zeit einen Anteil von 50% bis 80% der meisten Budgets für Softwareentwicklung haben, im Gegenteil, es ist eine Stärke. Software ist das Produkt, daß sich ausgehend von den Anwenderbedürfnissen entwickeln kann. Studien zeigen, daß etwa 60% der anspruchsvolleren Wartungsaktivitäten Änderungen (auch »Erweiterungen« genannt) des Softwareprodukts betreffen, die vom Anwender definiert wurden.

Schon immer haben Softwareentwickler auf den Bedarf von Änderungen während des Entwicklungsprozesses reagiert, und zwar genauso, wie es ISO 9000-3 vorschlägt: Erstellung vollständiger und eindeutiger Spezifikationen und dann eine strenge Kontrolle der Anwendung der Spezifikationen. Aber ausgehend von der evolutionären Natur des Softwareprodukts wird nach einer Softwarespezifikation verlangt, die sowohl für die Entwicklung als auch für die Weiterentwicklung des Produkts herhalten soll, sofern der Kunde das versteht und die Verantwortung dafür übernimmt, daß die Änderung Einfluß auf Kosten und Zeitaufwand hat. Ein Buch über Software-Akquisition [Tardy 1991] vertritt den Standpunkt, daß »viele Probleme bei der Software-Akquisition entstehen, weil die Empfindlichkeit von Softwareforderungen nicht akzeptiert wird und keine Strategien entwickelt werden, die das berücksichtigen«. Der Autor schlägt weiterhin vor, daß »der für die Softwareakquisition zuständige Manager die Unverrückbarkeit der Forderungen und den Änderungsplan in seiner Strategie berücksichtigen muß. Er muß auf die Bereiche achten ... deren festgelegte Einhaltung entweder nicht erreicht werden kann und/oder unproduktiv ist. Nur so kann unnötiger Aufwand für die Erfüllung einer zu genauen und damit nicht anwendbaren Spezifikation vermieden werden. Er muß seine Akquisitionsstrategie so anlegen, daß Vertreter die ungenauen Forderungen in annehmbarer Weise auslegen können.« Der Autor, mit der Forderung »vollständig und eindeutig« in ISO 9000-3 konfrontiert, sagt: »Das erste Ziel der Akquisitionsstrategie wurde anfänglich folgendermaßen festgelegt: Erstelle vollständige Spezifikationen. In Anbetracht der Realitäten bei der Software-Akquisition muß dieses Ziel neu festgelegt werden: Akquiriere ein

Softwareprodukt erfolgreich und berücksichtige dabei unbeständige und ungenaue Forderungen.«

Ein anderer Autor über Softwaretechnologie vertritt einen ähnlichen Standpunkt. An zwei verschiedenen Stellen [Blum 1993 und 1995] bezieht Bruce Blum eine noch radikalere Position als die des vorherigen Autors. Im ersten Verweis sagt er, daß »die Zeiten von ›Gib mir eine Spezifikation und Du erhältst von mir ein fehlerfreies Programm‹ für immer vorbei sind.« Im zweiten Verweis wird er genauer, eine Zeit vorwegnehmend, in der sowohl die Forderungen als auch das Softwaredesign variieren können, nicht nur während der Entwicklung, sondern auch während der Wartung: »Ich sehe eine neue ›Ära des Designs‹, in der das Gestalten das Machen ist ... Der Umgang mit Computern liefert einen Mechanismus ... der uns von fiPlanen und Bauen‹ zu ›Bauen und Ausbauen‹ führt ... Produktion muß Design-Änderung als Prozeßsteuerungsvariable berücksichtigen.«

Sicherlich liegt ISO 9000-3 mit dem, was den Inhalt von Forderungsspezifikationen anbelangt, richtig. Man kann nur schwer gegen die Notwendigkeit »vollständiger und eindeutiger« Forderungsspezifikationen argumentieren. Und es ist schwierig, gegen die Logik derer zu argumentieren, die entsprechende Erfahrungen gemacht haben. Ein Journal veröffentlichte (mit Auszügen der beiden oben angeführten Autoren) sogar einen »Katalog schädlicher Forderungsspezifikationen« [SP 1993]! Einige Entwickler planen bereits einen Änderungsschritt nach der ersten Lieferung ein, um Forderungsänderungen nachkommen zu können, die während der Entwicklung entstanden sind. Wir sehen also langsam ein, daß die Einhaltung der anscheinend einfachen und direkten Anforderungen von ISO 9000-3 im Bereich der Forderungsspezifikationen problematisch und gleichzeitig kritisch für den Erfolg eines Softwareprojekts ist. Später in diesem Buch gehen wir darauf ein, wie diese Schwierigkeiten gelöst werden können.

8.1.1.2 Form

Wenn schon die Einhaltung der Anforderungen von ISO 9000-3 im Hinblick auf die Forderungsspezifikationen problematisch ist, so ist die Wahl der Form noch problematischer! Es gibt ein zentrales Thema in der Computerwissenschaft, nämlich die

Frage, welche Form für diese Spezifikation zu verwenden ist: eine formelle, mathematische Form oder eine informelle in normaler Sprache.

Das Thema findet sich in der Computerwissenschaft unter »formelle Methoden« wieder. Dort wird die Ansicht vertreten, daß die Spezifikation der Forderungen nur »vollständig und eindeutig« sein kann, wenn sie in einer formellen, mathematischen Sprache festgelegt wird. In Frage kommende Sprachen wurden an vielen Stellen empfohlen (beispielsweise gleichzeitig in drei verschiedenen Zeitschriften der Computerwissenschaft [*Computer* 1990, *Software* 1990 und *Transactions* 1990]). Doch wieder gibt es eine Kontroverse darüber, inwieweit solche Sprachen erstrebenswert sind.

Das Thema des Inhalts ist offensichtlich ein Teil dieser Kontroverse. Wenn die Forderungsspezifikation sich mit der Zeit so entwickelt, daß sie den Erfordernissen des Anwenders entspricht, und wenn sie tolerant gegenüber schwankenden und ungenauen Forderungen ist, muß dann aber auch über die zusätzlichen Kosten für die Erstellung einer stabilen, genauen und eindeutigen Spezifikation gesprochen werden. (Es gibt wenig Informationen aus der Praxis über die Kosten und Vorteile der Techniken für eine formelle Spezifikation, da sie bis heute kaum angewendet werden; allerdings würden die meisten Experten zustimmen, daß der Einsatz dieser Techniken, die mit größerem Aufwand entwickelt werden müssen, den Prozeß der Softwareentwicklung zumindest mit Vorkosten belastet.) Wenn jemand die Forderung in ISO 9000-3 nach einer vollständigen und eindeutigen Spezifikation akzeptiert, dann muß man formelle Spezifikationen in Betracht ziehen. Wenn jemand die konträre Sicht der beiden oben genannten Autoren akzeptiert, dann wird im Idealfall die Notwendigkeit formeller Spezifikationen erheblich verringert (und entfällt!).

Das Thema Form ist zu kompliziert, um es unter dem Thema Inhalt laufen zu lassen. Es ist wichtig – unter Berücksichtigung der Form der Forderungsspezifikation – an die Zielgruppe zu denken. Sicherlich müssen auch die Kommunikationsbedürfnisse der Anwender berücksichtigt werden, indem die Form jedes Dokuments definiert wird, und zwar einschließlich dieser Spezifikation. Die Zielgruppe für eine Forderungsspezifikation ist dreigeteilt (siehe z.B. [Davis 1989]):

- Designer, die ein Design in Übereinstimmung mit den in der Spezifikation festgelegten Forderungen produzieren

- Kunden und Anwender, um sicherzustellen, daß die Anforderungen für das jeweilige Produkt in der Spezifikation enthalten sind

- Tester, um Tests auf die Forderungen hin auszurichten

Lassen Sie uns diese Zielgruppen charakterisieren. Die erste und dritte, die Designer und Tester, sind wahrscheinlich erfahrene Spezialisten, die mit den meisten der in Frage kommenden Formen der Computerdokumentation vertraut sind. Wenn beispielsweise eine formelle Spezifikation benutzt wird, dann können die Designer und Tester (entsprechendes Training vorausgesetzt) mit dieser auch arbeiten.

Das zweite Mitglied der Zielgruppe ist problematischer. Die Kunden und Anwender des Produkts, bestimmt Experten auf ihrem Gebiet, sind nicht mit speziellen Sprachen für die Lösung von Softwareproblemen vertraut und müssen das auch nicht sein. Und sicherlich fordert die spezielle, von Computerwissenschaftlern definierte Spezifikationssprache vom Leser, daß er mit der Mathematik vertraut und bereit ist, etwas Neues zu lernen. Hier wird die formelle Spezifikationssprache nicht zu einer Hilfe bei der Definition der vollständigen und eindeutigen Forderungen, sondern zu einer Barriere. Wenn der Kunde/Anwender die Spezifikation nur schwer lesen kann, dann kann sie auch nicht die beabsichtigten Forderungen zwischen Lieferant und Auftraggeber vermitteln. Beachten Sie, daß die Terminologie von ISO 9000-3 unter der Überschrift »Spezifikation des Auftraggebers« es extrem unwahrscheinlich macht, daß formelle Sprachen diese Notwendigkeit erfüllen können, da Auftraggeber kaum solche exotischen Sprachen benutzen wollen. Aber beachten Sie auch weiter, daß die Alternative, die Verwendung einer natürlichen Sprache zur Formulierung der Spezifikationen, Probleme im Hinblick auf die Eindeutigkeit nach sich zieht. Noch einmal, die Erfüllung der scheinbar einfachen Notwendigkeiten von ISO 9000-3 ist unter der Oberfläche voller Komplikationen.

Wir werden im nächsten Abschnitt dieses Buchs Wege zur Lösung dieser Komplikationen aufzeigen.

Verweise

[Blum 1993] Bruce I. Blum, »Talk About TEDIUM«, *The Software Practitioner*, März 1993

[Blum 1995] Bruce I. Blum, *Beyond Programming*, Oxford Press, 1995

[Computer 1990] Sonderausgabe von *IEEE Computer* über »Formal Methods – Preludo to Virtuoso Software«, Sept. 1990

[Davis 1989] Alan M. Davis, *Software Requirements: Analysis and Specification*, Englewood Cliffs, N.J.: Prentice Hall, 1989

[Software 1990] Sonderausgabe von *IEEE Computer* über »Formal Methods – Developing Virtuoso Software«, Sept. 1990

{SP 1993] *The Software Practitioner*, Sonderbeitrag über »Requirements Specifications Considered Harmful«, März 1993

[Tardy 1991] Jean E. Tardy, *A Map for Software Acquisition*, Monterege Design Inc., 1991

[Transactions 1990] Sonderausgabe von *IEEE Transactions on Software Engineering* über »Formal Methods«, Sept. 1990

8.1.2 Problemanalyse

Nachdem wir die Themen der Forderungenphase diskutiert haben, lassen Sie uns die Forderungenprozesse anschauen, die bei der Erstellung von Qualitätssoftware hilfreich sind.

Die Problemanalyse ist eine Aufgabe, die bei allen Softwareprojekten anfällt. *Wie* diese ausgeführt wird, ist abhängig von den projektspezifischen Wahlmöglichkeiten.

Die Problemanalyse ist der Teil der Forderungen, wo der Systemanalytiker die Probleme zu verstehen beginnt. Die Kriterien für eine erfolgreiche Problemanalyse, wie in [Davis 1989] aufgeführt, sind:

- Das Ergebnis erleichtert die Kommunikation zwischen der Person mit dem Problem und dem Problemlöser.
- Es wird ein Weg zur Definition der Systemgrenzen aufgezeigt.
- Es werden die Vorstellungen von Aufteilung, Abstraktion und Projektion unterstützt (siehe unten).
- Der Problemlöser wird zum Problem und nicht zur Lösung geführt.
- Es wird eine Prüfung von Alternativen ermöglicht.
- Es werden dort, wo es möglich ist, widersprüchliche Alternativen festgestellt.

Die Problemanalyse umfaßt eine Phase der Problemfindung und eine der Problemspaltung. Die Findungsphase ist diejenige, in welcher ein erstes Verständnis für die Probleme erlangt wird. Es folgen mögliche Ausgangsbereiche für die Problemfindung:

- Vorgaben/Ergebnisse. Besonders geeignet für kleinere Projekte und für Projekte, die von Vorgaben/Ergebnissen geprägt sind, beispielsweise die Verarbeitung von Transaktionen in Geschäftsanwendungen.
- Hauptfunktionen. Besonders geeignet für Anwendungen, die von Funktionen geprägt sind, beispielsweise wissenschaftliche Anwendungen.

- Objekte. Die objektorientierte Analyse wird als neuartiger, für alle Anwendungen geeigneter Ansatz hingestellt, doch es gibt wenig Gründe zur Unterstützung dieses Anspruchs. Er ist besonders für Anwendungen geeignet, die mit Objekten arbeiten, wie z.B. für grafische Benutzerschnittstellen. Es gibt aber Anzeichen dafür – obwohl Echtzeit-Anwendungen häufig Objekte manipulieren –, daß die Performance von Echtzeit-Lösungen unter der Verwendung von objektorientierten Methoden leidet. Sie sind deshalb für solche Projektarten nicht geeignet. Für diesen Bereich ist ganz eindeutig mehr Grundlagenforschung erforderlich.

- Anwender. Besonders geeignet für Anwendungen mit mehreren Anwendern mit unterschiedlichen Bedürfnissen. Das kommt häufig bei umfangreichen Geschäftsanwendungen vor, z.B. bei Management-Informations-Systemen.

- Umgebung. Besonders geeignet für Anwendungen, die sich mit einer komplexen oder anspruchsvollen Umgebung gegenseitig beeinflussen, z.B. Echtzeit-Anwendungen (besonders eingebettete Anwendungen).

Die Problemspaltung baut auf der Problemfindungsphase auf, indem die (voraussichtlich) großen Probleme in kleinere aufgeteilt werden. Mögliche Ansätze sind:

- Abstraktion. Ein abwärts gerichteter Prozeß, bei dem die Substanz eines hochstehenden Problems festgestellt wird; diese Substanz wird dann in tiefer angelegte Ebenen zerlegt, wobei jede dieser Ebenen detaillierter, spezifischer und konkreter als die jeweils höhere angelegt ist. Der gesamte Vorgang wird so lange wiederholt, bis das Problem begriffen ist.

- Aufteilung. Ein aufwärts gerichteter Prozeß, bei dem ein schwer zu begreifendes Gesamtproblem in einen Satz kleinerer Probleme aufgeteilt und jedes davon ähnlich zerlegt wird. Die Gesamtheit der Forderungen für das Gesamtproblem ist dann die Summe der Forderungen für die kleinen Probleme.

- Projektion. Ein aus mehreren Betrachtungsweisen zusammengesetzter Vorgang, bei dem das Problem aus Sicht der Schlüsselpersonen (z.B. Anwender) auf eine mögliche Lösung hin geprüft wird. Alle Forderungen des Gesamtproblems sind dann die Summe der Forderungen aus der jeweiligen Projektion der Schlüsselpersonen.

Für welche Projektarten eignen sich diese Ansätze am besten? Abstraktion ist sicherlich der Standardansatz, wenn keiner der anderen überlegen ist. Aufteilung ist sinnvoll, wenn die Lösung des Gesamtproblems unmöglich erscheint; das könnte bei sehr umfangreichen und komplexen (oder vielleicht innovativen) Projekten der Fall sein. Projektion eignet sich für Projekte, bei denen die Ansichten der Schlüsselpersonen sehr unterschiedlich sind; wie bereits ausgeführt, ist das bei vielen großen Geschäftsanwendungen, besonders bei Management-Informations-Systemen, zu beobachten.

Verweis

[Davis 1989] Alan M. Davis, *Software Requirements: Analysis and Specifications*, Englewood Cliffs, N.J.: Prentice Hall, 1989. (Vieles in diesem Abschnitt und einiges aus dem nächsten stammt aus Davis' Arbeit.)

8.1.3 Modelle und Simulationen

Häufig ist der Prozeß des Verstehens von Problemen so kompliziert, daß rein gedankliche Vorgehensweisen unzureichend sind. Bei komplexen Problemen könnte es erforderlich sein, ein Modell des Problems zu bauen und dann eine Simulation einzurichten und auszuführen, um das Verhalten des Modells in verschiedenen Situationen zu erforschen.

Glücklicherweise gibt es auf Software aufbauende Möglichkeiten zur Unterstützung von Modellen und Simulationen. Dafür gibt es fertige Softwarepakete, mit denen sich ziemlich leicht Standardarten von Systemelementen darstellen lassen; deshalb kann eine Simulation auch relativ preiswert und einfach eingerichtet werden. Es gibt außerdem auch Sprachen für Modelle und Simulationen, in denen der Problemanalytiker direkt ein spezielles Modell des Problems einrichten und dann, ausgehend von den Möglichkeiten in der jeweiligen Sprache, die Simulation ausführen kann.

Für welche Projektarten sind Modelle und Simulationen am besten geeignet? Zunächst für all jene, die sehr umfangreich sind; zweitens für jene mit vielen komplexen Schnittstellen; drittens für jene mit schwer zu erfüllenden Leistungsanforderungen; und viertens für jene mit bisher noch nie aufgetretenen Problemen. Deshalb sollten Modelle und Simulationen für große Projekte, für Echtzeit-Projekte und für innovative Projekte vorgesehen werden.

163

8.1.4 Entwicklung von Prototypen

Die Entwicklung von Prototypen (Prototyping) ist die Konstruktion einer angenommenen Problemlösung, um herauszufinden, ob diese wirksam ist. Obwohl die Unterscheidung zwischen Modellen und Prototypen nicht eindeutig ist, tendieren Modelle zum Problem selbst hin und Prototypen mehr zur Problemlösung.

Das Prototyping und dessen Anwendung ist sowohl in der Forderungsphase als auch in der Designphase von Software möglich. In jeder Phase liegt das Ziel darin, ein Schlüsselelement für eine anschließende Konstruktion des Arbeitssystems zu untersuchen. In der Forderungsphase wird das Prototyping für das Verständnis eines oder aller Schlüsselaspekte des Problems verwendet, um so die Durchführbarkeit und Nützlichkeit von Lösungsmöglichkeiten untersuchen zu können. Eine verbreitete Verwendung des Prototyping ist beispielsweise der Aufbau einer funktionierenden Benutzerschnittstelle, um herauszufinden, ob sie den Anwenderbedürfnissen entspricht. Tatsächlich gibt es genau dafür auch Standardwerkzeuge, so daß das häufig benötigte Prototyping für eine Benutzerschnittstelle ohne Programmierarbeit durchgeführt werden kann.

Häufiger jedoch ist der Prototyp ein bereits arbeitendes Programm, eine Untergruppe der vermutlichen Lösung, und wird meist mit wenig Rücksicht auf die Produktqualität programmiert, da er nur der Untersuchung dient. Sobald der Prototyp seine Aufgabe erfüllt hat, wird er zur Seite gelegt. Über die Untersuchung von Benutzerschnittstellen hinaus könnten Prototypen auch Anforderungen an das Zeitverhalten aufzeigen und feststellen, ob eine Lösung durchführbar ist; die Funktionalität untersuchen, um eventuelle Konflikte herauszufinden; Objekte definieren, um festzustellen, was wiederverwendet werden kann und was nicht vorhanden ist usw. Designprototypen könnten Lösungsvorschläge untersuchen, um herauszufinden, ob sie programmierbar sind und/oder die festgelegten Forderungen erfüllen. Allerdings ist das Prototyping auch problematisch:

Das Management übt allzu häufig Druck aus, den Prototyp in das arbeitende Endprodukt zu integrieren (der Begriff »schnelles Prototyping« spiegelt diese Denkweise wieder). Es gibt Situationen, in denen das angemessen ist; aber erinnern Sie sich bitte daran, daß Prototypen normalerweise eilig zusammengestrickt werden, und zwar ohne Rücksicht auf Qualität. Wichtig ist nur die Untersuchung eines ganz bestimmten Problems. Deshalb sind Prototypen meist nur schlechte Anwärter auf eine qualitativ hochwertige Endlösung.

Es ist äußerst schwierig, einzuschätzen, welche Projekte ein Prototyping erforderlich machen. Die Konstruktion und Ausführung eines Prototypsystems wirkt sich auf die Kosten und den Zeitplan aus, und die Entscheidungen nach Überprüfung der Ergebnisse des Prototyps können die Ausrichtung des Projekts verändern. Das Nettoergebnis kann auf Grund des besseren Verständnisses der Forderungen eine insgesamt schnellere Softwareentwicklung sein; dennoch ist anfangs das »schnelle Prototyping« alles andere als schnell.

(Beachten Sie, daß diese Punkte Teil zweier ausführlicher Managementpunkte im Softwarebereich sind: Beim Management wird zu großes Gewicht auf die Erfüllung des Zeitplans gelegt und zu wenig auf Qualität; häufig werden Schätzungen für den Zeitaufwand gefordert, obwohl ein Problem noch zu wenig verstanden wird, um eine realistische Schätzung abzugeben.)

Für welche Problemarten eignet sich das Prototyping am meisten? Erstens für Aufgaben, die innovativ sind. Ob eine Lösung überhaupt möglich ist, zeigt sich häufig erst nach dem Einsatz von einem oder sogar zwei Prototypen. Zweitens für jene, die sehr umfangreich sind. Prototyping ist ein Weg, um die Problemspaltung sorgfältig darzulegen. Nur so wird verstanden, was im einzelnen angegangen werden muß. Es ist weniger klar, ob sich das Prototyping nur für bestimmte Bereiche (große Echtzeit-Projekte könnten Prototypen zur Überprüfung der Forderungen hinsichtlich der Leistungsfähigkeit benötigen) oder nur für sehr kritische Projekte eignet.

8.1.5 Darstellung

Dies ist der Punkt, mit dem wir uns bereits früher im Abschnitt Forderungen (8.2 und 8.2.2) beschäftigt haben. Wir haben dort gesehen, daß es gegensätzliche Einschätzungen der Notwendigkeit vollständiger und eindeutiger Forderungsspezifikationen sowie der Formalität der Sprache gibt, die zum Niederschreiben der Spezifikationen benutzt wird.

Es gibt acht Wahlmöglichkeiten für die Darstellungsform der niederzuschreibenden Forderungsspezifikation:

- Natürliche Sprache

- Strukturierte Sprache (zwingt zu einem problem- oder forderungsspezifischen Vokabular)

- Formelle Sprache

- Entscheidungstabellen

- Finite Statusmaschine

- Datenstrukturmodell

- Datenflußmodell

- Datenlexikon

Diese Darstellungen können vermischt und übereinstimmend sein. Beispielsweise ist es in einigen Applikationen heute üblich, natürliche Sprache, Datenflußmodelle und ein Datenlexikon zu verwenden.

Es muß darauf hingewiesen werden, daß CASE-Werkzeuge (CASE = Computer-Aided Software Engineering = computergestützte Softwareentwicklung) vorhanden sind, welche die Erstellung und Wartung der meisten dieser Darstellungen unterstützen. Da die Erstellung und Wartung der Forderungendarstellung ein beschwerlicher, hauptsächlich in Schreibarbeit ausartender Job ist, sind solche CASE-Werkzeuge sehr hilfreich. (Allerdings sind sie nicht der Durchbruch hinsichtlich Unterstützung, wie ursprünglich oft behauptet wurde.)

Für welche Projektarten passen diese Darstellungen am besten? Natürliche Sprache wird noch immer dann gewählt, wenn Kunden und Anwender die Spezifikation verstehen sollen. Im allgemeinen ist diese Notwendigkeit für fast alle Projekte vorhanden. Strukturierte Sprache mag ein Ersatz sein, solange die Sprache sorgfältig gewählt und damit für den Kunden bzw. Anwender verständlich ist. Formelle Spezifikationssprachen sind selten nützlich, obwohl sie in England sogar per Gesetz für bestimmte Typen von militärischen Echtzeit-Systemen gefordert werden! Entscheidungstabellen können für Projekte mit einer großen Anzahl logischer Wahlmöglichkeiten angebracht sein, wie bestimmten Typen von geschäftlichen Management-Informationssystemen. Es läuft zur Zeit eine Untersuchung, die herausfinden soll, inwieweit Entscheidungstabellen als Darstellungsform für Geschäftsanwendungen verwendet werden können. (Es gibt allerdings einige Bedenken hinsichtlich der Anwendbarkeit von Entscheidungstabellen für umfangreiche Projekte.) Finite Statusmaschinen sind häufig nützlich für Echtzeit-Anwendungen, wo das Problem oft in den verschiedenen Zuständen von Schaltaggregaten liegt. Datenstruktur, Datenfluß und Datenlexika sind Ansätze, die äußerst sinnvoll für Geschäftsanwendungen sind. Allerdings hat man herausgefunden, daß sie sich auch für andere Anwendungen gut eignen. Abgesehen von den Anwendungen ähneln sich Darstellungsarten hinsichtlich Projektgröße, Kritikalität oder Innovation.

8.1.6 Rückverfolgbarkeit

Ausgehend davon, daß die Forderungen die Plattform für die gesamte Problemlösung darstellen, wäre es da nicht ideal, für jeden Teil des »wie erstellten« Programms die Forderungen zu erkennen, nach denen es programmiert wurde? Und wäre es nicht schön, eine bestimmte Forderung vorzugeben, um dann alle Teile des Programmcodes zu finden, mit denen die jeweilige Forderung erfüllt worden ist?

Darum geht es bei der Rückverfolgbarkeit. Das Konzept der Rückverfolgbarkeit sieht vor, daß es bidirektionale Verknüpfungen zwischen den Problemforderungen und allen Komponenten der »wie erstellten« Problemlösung gibt, also Design, Code, Testfälle und sogar Dokumentation. Theoretisch betrachtet könte die Rückverfolgbarkeit äußerst wichtig für die Softwareerstellung und die Wartungsprozesse sein. Aber diese Theorie konnte bis heute nicht in die Praxis umgesetzt werden.

Das liegt nicht an fehlenden Versuchen. Forderungen hinsichtlich Rückverfolgbarkeit bei der Erstellung von Software gibt es z.B. im U.S. Verteidigungsministerium (DoD). Es gibt CASE-Werkzeuge für die Rückverfolgbarkeit, die helfen sollen, nach den Forderungen des DoD liefern zu können. Einige Softwarehäuser benutzen Teile des Rückverfolgbarkeitsansatzes seit über 20 Jahren. Aber Tatsache ist, daß die theoretischen Möglichkeiten bisher nicht annähernd erreicht werden konnten.

Die Schwierigkeit liegt darin, daß viele Fallen zwischen den Problemforderungen und der Lösung vorhanden sind. Am bekanntesten ist die sogenannte »Forderungsexplosion« – während sich ein Softwareprodukt von der Definition der Forderungen hin zur Designlösung bewegt, »explodieren« die ursprünglichen Problemforderungen zu einer Ansammlung von Designforderungen, die zur Problemlösung notwendig sind. Einige haben diese Explosion gemessen und sind zu dem Ergebnis gekommen, daß sie durchaus den Faktor 100 und mehr beinhalten kann. Im Laufe der Evolution des Softwareprodukts werden Teile des Designs und Codes erstellt, um nicht nur eine, sondern mehrere dieser expliziten und impliziten Forderungen zu erfüllen. Deshalb explodieren Forderungen nicht nur, sie verfangen sich auch gegenseitig. Gute Programme können beispielsweise Module enthalten, die bei der Lösung von einem Dutzend und mehr durch Forderungen verursachten Problemen helfen können.

Das ist natürlich genau der Problemtyp, der mit Hilfe von Software gelöst werden kann. Es sollte also möglich sein, ein umfassendes CASE-Werkzeug zu konstruieren, das die Explosion und das Durcheinander verhindern kann. Vielleicht befindet sich dieses Werkzeug schon kurz vor der Markteinführung. Mit anderen Worten, geben Sie nicht auf bei der Lösung des Rückverfolgbarkeitproblems. Hilfe scheint in Sicht zu sein.

Aber bis dahin ist es schwierig, eine vollständige Rückverfolgbarkeit zu empfehlen, ausgenommen bei den Projekten, bei denen sie gefordert wird (eingebettete Echtzeit-Anwendungen für das DoD). Allerdings ist eine begrenzte Form der Rückverfolgbarkeit möglich und allgemein anerkannt: Verknüpfung von Forderungen mit Testfällen. Es wird eine Matrix erstellt, die zeigt, welche Testfälle welche Forderungen anwenden. Die Matrix läßt sich einfach anlegen, entweder manuell oder mit Hilfe von Werkzeugen. Wir empfehlen diese Technik bei allen Projektarten anzuwenden, unabhängig von Größe, Anwendungsbereich, Kritikalität oder Innovativität.

8.1.7 Review

Nachprüfungen bzw. Reviews sind nach wie vor die wirkungsvollste und kostengünstigste Lösung zur Fehlerbeseitigung bei einem Softwareprodukt. Diese Feststellung wird durch Studien im Bereich Design und Codeprüfung erhärtet, doch es gibt jeden Grund zur Annahme, daß Nachprüfungen von Forderungen ebenso wichtig sind.

Die Aufgabe der Nachprüfung von Forderungen liegt darin, alle Beteiligten im Forderungenprozeß für die Spezifikation der Forderungen zusammenzubringen, und zwar mit der Erwartungshaltung, die Spezifikation zu optimieren. Diese Zusammenkunft kann als Meeting oder als unabhängiges und losgelöstes Review stattfinden. Der Vorgang kann formell (mit gut definierten Prüfregeln und Anweisungen) oder informell (»Bitte lesen Sie die Spezifikationen, und informieren Sie uns über jeden gefundenen Fehler«) erfolgen. Die Schlüsselpersonen sind die Kunden, Anwender und Systemanalytiker, von denen die Spezifikationen erarbeitet wurden, und – sofern angemessen – alle Ebenen des Managements. Da unter den Schlüsselpersonen auch Teilnehmer ohne Computerkenntnisse sind, gehört dieses Review zu den letzten computertechnischen Reviews, die während des Softwareprozesses durchgeführt werden. Natürlich überrascht das nicht, da der gesamte Forderungenprozeß auf das zu lösende Problem und nicht auf die Lösung selbst ausgerichtet sein sollte.

Für welche Projektarten sollten Reviews von Forderungen durchgeführt werden? Für alle, wobei sehr kleine Projekte die Ausnahme bilden können. Daß es verschiedene Grade der Formalität gibt, wird bereits durch die Überschrift »Review« impliziert. Es gibt absolut keinen Grund dafür, nicht wenigstens ein informelles Review der Forderungen auch beim unwichtigsten Projekt durchzuführen. Die Formalität sollte mit der Größe oder der Kritikalität eines Projekts gesteigert werden. Hier ist Vorsicht geboten. (Es ist klar, daß *rigorose* Reviews sehr wichtig sind, wobei *Rigorosität* eine zielgerichtete, gewissenhafte und geschickte Konzentration auf das Review des jeweiligen Produkts bedeutet. Ob nun *formelle* Reviews [vor dem Hintergrund von Regeln] dazu tendieren, rigoroser zu sein, kann nicht bewiesen werden.) Die Natur des innovativen Projekts bestimmt den Grad von Formalität, die für diese Projektart erforderlich ist – wenn die Neuerung das Problem betrifft, sollten diejenigen, die das Problem am besten verstehen (Kunde und Anwender), an einem formellen Reviewprozeß teilnehmen; wenn sich die Innovation auf den Lösungsansatz bezieht, verringert sich der Bedarf an Formalität.

Die Notwendigkeit für Reviews von Forderungen hängt auch von der jeweiligen Anwendung ab. Für Geschäftsanwendungen mit unterschiedlichen Kunden und Anwendern gibt es einen akuten Bedarf. Für Systemprogramme, bei denen die Softwareentwickler selbst die besten Kunden sein können, ist der Bedarf für Forderungenreviews eher gering. Andererseits ist es immer richtig zu sagen, daß Forderungenreviews für alle Anwendungsbereiche geeignet sind.

8.1.8 Zusammenfassung der Forderungen

Zu Beginn dieses Abschnitts stellten wir die Forderungen in ISO 9000-3 für die Forderungenphase innerhalb der Softwareentwicklung vor. Diese Forderungen sollen folgendes sicherstellen:

- Funktionale Forderungen müssen vollständig und eindeutig sein

- Alle anderen Forderungen (beispielsweise Leistung, Sicherheit usw.) müssen berücksichtigt werden

- Verantwortlichkeiten müssen zugeordnet und Vereinbarungen und Laufzeiten eingehalten werden

- Reviewverfahren müssen festgelegt werden

Wir erkennen hier sofort, daß diese Forderungen für die Erstellung von Qualitätssoftware weit über die Forderungen in ISO 9000-3 hinausgehen. Das heißt, daß ISO 9000-3 eine notwendige, jedoch nicht ausreichende Zusammenfassung von Kriterien ist, die zur Sicherstellung von Qualitätssoftware erfüllt werden müssen.

Einerseits ist das eine positive Erkenntnis. Es sollte nicht schwierig sein, die in ISO 9000-3 festgelegten Ziele zu erfüllen, da sie nicht besonders schwierig zu erreichen sind. Andererseits ist das eine beunruhigende Erkenntnis. Denn sie bedeutet, daß Firmen, die ISO 9000-3 entsprechen, weiterhin nur eine sehr schlechte Leistung bei der Erstellung von Qualitätssoftware erbringen können.

Es gibt wohl einen Zusammenhang zwischen dem, was ISO 9000-3 fordert, und den in diesem Buch angeführten Techniken. Die Ziele der Abschnitte über Problemanalyse, Modelle und Simulation, Entwicklung von Prototypen und Darstellung stimmen sicherlich mit dem Ziel in ISO 9000-3 überein, eine vollständige und eindeutige Forderungsspezifikation mit *allen* Kundenforderungen aufzubereiten. Die Anmerkungen zur Rückverfolgbarkeit sind, neben anderen Möglichkeiten, ein Weg, die Vollständigkeit der Forderungen sicherzustellen. Der Abschnitt über Reviews entspricht explizit der ISO-9000-3-Forderung nach »Verfahrensanweisungen für Reviews«. Eine Überprüfung dieser Unterschiede legt die Absicht von ISO 9000-3 nahe, festzulegen, *was* zur Sicherstellung von Qualität unternommen werden muß, jedoch ohne anzugeben, *wie* das erreicht werden kann. Aber der Abstand zwischen »Was« und »Wie«, speziell in der Forderungenphase der Softwareentwicklung, ist enorm. Als wir das »Wie« untersuchten, haben wir Risse in der Fassade des »Was« entdeckt. Beispielsweise kann man bei einigen Projekten eine vollständige und eindeutige Definition der Forderungen für Vorgaben und Ergebnisse oder der objektorientierten (statt der funktionalen) Forderungen erzielen, oder bestimmte Projektarten – beispielsweise kleine und unkritische oder innovative – können geringere als »vollständige und eindeutige« Spezifikationen benötigen.

Tabelle 8.1 faßt nach Projektarten zusammen, welche »Wie«-Ansätze das »Was« in ISO 9000-3 für unterschiedliche Projektarten ergänzen sollten.

Beachten Sie, daß für große und kritische Projekte möglichst viele der angeführten Techniken und Werkzeuge genutzt werden sollten und kleine und unkritische Projekte weniger davon benötigen. Beachten Sie außerdem, daß für einige Techniken und Werkzeuge die Anwendung selber die Entscheidungshilfe ist, für andere die Größe und Kritikalität.

Ein abschließender Kommentar: Die Einträge in Tabelle 8.1 könnten eine durchaus verständliche Meinungsverschiedenheit hervorrufen. Befürworter bestimmter Techniken und Werkzeuge könnten beispielsweise glauben, daß ihr Konzept auf alle Projekte angewendet werden sollte, und zwar unabhängig von der Projektart. Wir sind davon überzeugt, daß diese Fürsprecher fast immer falsch liegen. Gleichzeitig glauben wir auch, daß der Inhalt von Tabelle 8.1 als Empfehlung aufgefaßt werden sollte, nicht als feste Regel, und daß die Erfahrung und Weisheit aller Projektbeteiligten diese Vorschläge außer Kraft setzen könnte (und bei einigen Gelegenheiten auch sollte).

Technik/Werkzeug	Projektart									
	Größe		Anwendung				Kritikalität		Innovation	
	gr.	kl.	Ge	Wi	Sys	EZ	hoch	niedrig	hoch	niedrig
Problemanalyse	U	V/E	V/e U	F	O?	F E	s. A.		s. A.	
Modelle und Simulation	J	N	V	V	V	J	J	V	V	V
Prototyping	V	N	V	N	V	V	J	V	J	V
Darstellung	s. A.		NS SS ET D3	?	NS FS ET FSM	NS SE FS	s. A.		s. A.	
Rückverfolgbarkeit	TF	TF	IM	IM	IM	J	J	IM	IM	IM
Review	J	?	J	J	?	J	J	?	J	?

Tabelle 8.1 Projektarten und Techniken: Forderungen

Legende:
Ausgangsbereiche der Problemanalyse
U = Umgebung
F = Funktion
V/E = Vorgaben/Ergebnisse
O = Objekt
O? = Objekt, wenn angemessen
A = Anwender

Modelle und Simulation, Prototyping
N = Nein oder normalerweise Nein
V = Vielleicht, abhängig von Umständen
J = Ja oder häufig

Darstellung
NS = Natürliche Sprache
SS = Strukturierte Sprache
FS = Formelle Sprache
FSM = Finite Statusmaschine
ET = Entscheidungstabellen
D3 = Datenstruktur, Datenfluß und Datenlexikon
s.A. = Wahl ist abhängig von Anwendung
? = Keine eindeutige Wahlmöglichkeit

Rückverfolgbarkeit
TF = Mindestens für Testfälle
IM = Immer, wenn möglich
N = Nein

Review
J = Ja
? = abhängig von den Umständen

Ge = Geschäft
Wi = Wissenschaft
Sys = System
EZ = Echtzeit

8.2 Design und Implementierung

Die Lücke zwischen dem, was ISO 9000-3 fordert, und dem, was gute Softwarepraktiker fordern, wird in den Phasen Design und Implementierung deutlich größer.

Die Forderungen in ISO 9000-3 für Softwaredesign sind relativ deutlich:

- Die Tätigkeiten sollten auf geordnete Weise durchgeführt werden.

- Vorgaben und Ergebnisse sollten spezifiziert und Designregeln und interne Schnittstellenfestlegungen »untersucht« werden.

- Es sollte eine systematische Designmethodik, »die für den Typ des zu entwikkelnden Softwareprodukts geeignet ist«, angewendet werden. (Das in Anführungszeichen gesetzte Material ist ein interessantes Zugeständnis von ISO 9000-3, wonach Designansätze anwendungsspezifisch sein müssen.)

- Verwendung von Design-Erfahrungen unter Vermeidung früher gemachter Fehler.

- Das Produkt sollte so entworfen werden, daß das Testen, die Wartung und die Anwendung erleichtert werden.

- Das Produkt der Designphase sollte einem Review unterzogen werden.

Es läßt sich nur schwer gegen eine dieser Designforderungen argumentieren. Die Forderung, daß Design »auf geordnete Weise durchgeführt werden sollte«, könnte so interpretiert werden, daß Kreativität im Designprozeß keine Rolle spielt. Tatsächlich geht es bei dieser Forderung um die Erstellung eines Designs, das die Spezifikation erfüllt, und nicht um die Richtigkeit für die spätere Validierungs- und Testphase. Diese Verfahrensforderung ist so offen gehalten, daß nahezu alles akzeptiert werden kann. Die Hinweise, daß das Design von Design-Erfahrungen profitieren und das Testen erleichtern sollte, werden zumindest konzeptionell und universell akzeptiert.

Allerdings wird jeder, der im Softwaredesign tätig ist, schnell erkennen, daß dieses Offenhalten keine ausreichende Anleitung für den Designprozeß liefert, um die Qualität zu erreichen, für die sich ISO 9000-3 einsetzt. Es muß also nach einer anderen

Designanleitung für den Aspekt der Projektqualität gesucht werden. Der Rest des Abschnitts handelt von dieser zusätzlichen Hilfe.

Das gleiche trifft auf die Implementierung zu. (Beachten Sie, daß »Implementierung« in ISO 9000-3 sich eindeutig auf den Vorgang der Designkodierung, d.h. auf die Erstellung eines testfähigen Produkts bezieht. Leider ist dieser Begriff in Computerkreisen zweideutig. Spezialisten aus dem Bereich der Informationssysteme verstehen meist unter Implementierung »die Fertigstellung eines Produkts für die Anwendung«. Das allerdings entspricht nicht der Bedeutung dieses Begriffes in ISO 9000-3 und in diesem Buch. Wenn Sie dieser Unterschied in der Definition von »Implementierung« stört, denken Sie einfach an »Kodieren«.) Die Anleitung in ISO 9000-3 für den Implementierungsprozeß ist rudimentär, d.h. notwendig, aber nicht ausreichend:

- Die Tätigkeiten sollten auf geordnete Weise durchgeführt werden

- Regeln wie z.B. Programmierregeln, Programmiersprachen, Namenskonventionen, Kodier- und angemessene Kommentarregeln sollten festgelegt und beachtet werden

- Es sollten »zweckmäßige« Implementierungsmethoden und Werkzeuge eingesetzt werden, um die Forderungen des Auftraggebers zu erfüllen

- Das Produkt der Kodierphase sollte einem Review unterzogen werden

Wie bei den Designforderungen sind auch die Implementierungsforderungen in ISO 9000-3 unzureichend, um als Anleitung für den Programmierer gelten zu können. Sinn dieses Buchabschnitts ist es, die zusätzlichen benötigten Einzelheiten bereitzustellen, welche die Erstellung eines sinnvollen und nützlichen Projekt-Qualitätssicherungssystems ermöglichen.

Die folgenden Abschnitte beschäftigen sich mit speziellen Ansätzen für Design und Implementierung sowie den Auswahlkriterien für ein bestimmtes Projekt. Doch lassen Sie uns zuerst die Punkte prüfen, welche die Anwendung von ISO 9000-3 auf Design und Implementierung beeinflussen.

175

8.2.1 Design- und Implementierungsprobleme

Es gibt noch vieles, was über den Designprozeß allgemein und das Softwaredesign im besonderen gelernt werden muß. Das fehlende Wissen bildet die Basis für die Probleme, mit denen Softwaredesign umgeben ist.

Bezüglich der Implementierung ist die Anzahl der Probleme viel kleiner. Der Prozeß der Kodierung, obwohl eine äußerst komplexe Angelegenheit, wird ausreichend verstanden, so daß sehr viel weniger Schwierigkeiten zurückbleiben, mit denen wir uns zu beschäftigen haben.

8.2.1.1 Kognitives Design

Lehrbücher über Design stellen Design häufig als Prozeß mit methodischen Ansätzen dar, mithin ein Prozeß, bei dem die Anwendung der passenden Methodik es dem Designer erlaubt, ein effektives und effizientes Design zu erstellen. Nachdem das Design fertig ist, so sagen diese Lehrbücher, kann der Designer dieses in irgendeiner Darstellungsform dokumentieren. Die Essenz dieser Lehrbücher ist dann der Hinweis, daß Design eine Kombination aus Methodik und Darstellung ist.

Aus diesen Lehrbüchern ergibt sich die Konsequenz, daß Design ein mechanischer, kontrollierbarer Prozeß ist. Doch der gesunde Menschenverstand und Erfahrung in vielen Designbereichen sagen uns, daß dem nicht so ist. Was fehlt in diesem Bild der Methodik und Darstellung von Design?

Es ist der kognitive Prozeß, die Rolle des kreativen Geistes, der in diesem mechanistischen Bild des Designs fehlt. Untersuchungen belegen, daß Design ein heuristischer, iterativer (sich wiederholender) und opportunistischer Prozeß ist, der viele mentale Modelle und Simulationen beinhaltet, bevor ein Design zustandekommen kann. Der methodische Ansatz der Lehrbücher kann uns die passende Richtung vorgeben, und ihre Darstellungstechniken können uns vielleicht effektive Möglichkeiten zur Dokumentation der Ergebnisse des Designprozesses aufzeigen, aber die Grundidee des Designs ist eine Serie mentaler Schritte, die wenig, wenn überhaupt, mit mechanischen Prozessen zu tun haben.

Wir sagten, daß Design heuristisch, iterativ und opportunistisch ist. Was meinen wir damit? Und warum glauben wir, daß das stimmt?

In den späten 80er Jahren wurden mehrere empirische Erhebungen über den Designprozeß durchgeführt (z.B. [Adelson 1984], [Curtis 1987]), und deren Ergebnisse waren folgerichtig und eindeutig. Befähigte Designer verwendeten die folgenden Ansätze:

- Heuristisch und iterativ. Die Designer, die heuristische (trial and error) Prozesse verwenden, konstruierten das mentale Modell einer angenommenen Designlösung und führten mentale Simulationen dieses Modells mit Hilfe mental generierter Testdaten durch (um festzustellen, ob das Modell das Problem lösen würde). Anschließend verfeinerten sie das mentale Modell durch schrittweise Iterationen bis zu dem Stadium, in dem das vorliegende Problem gelöst werden konnte.

- Opportunistisch. Statt einer sorgfältigen und disziplinierten Top-Down-Prozedur zu folgen, wie die Experten im Designbereich empfehlen, bewegten sich die Designer von einem Designpunkt zu einem scheinbar zusammenhanglosen anderen Designpunkt.

Die Ergebnisse solcher Studien, obwohl zuerst kontrovers (speziell im Bereich der Computertheorie – Praktiker waren von den Ergebnissen weniger überrascht), wurden langsam von der Computerwissenschaft akzeptiert. Die Tatsache, daß Wahrnehmung und Kreativität Kern des Designprozesses sind, verringert natürlich nicht die Bedeutung von Methodik und Darstellung. Aber es wird herausgestellt, daß das bloße Lernen einer Methodik, die Sammlung von Darstellungen kaum einen guten Designer ausmacht.

Dieses Thema erfordert eine Interpretation der Forderung »auf geordnete Weise« in ISO 9000-3. Wir hatten bereits darauf hingewiesen, daß es mit dieser Forderung kein Problem gibt, sofern sie so angewandt wird, daß das Design vollständig und richtig ist und nicht geplant wird, die Beseitigung von Designfehlern der späteren Lebenszyklusphase vorzubehalten. Wenn jedoch »auf geordnete Weise« so interpretiert wird, daß Design ein stark kontrollierter, mechanischer Prozeß sein sollte, dann führt diese Auslegung von ISO 9000-3 sicherlich genau zum Gegenteil dessen, was der Standard beabsichtigt, d.h. zu Designs, die ineffektiv sind und denen es beim Endergebnis an Qualität fehlt.

8.2.1.2 Beginn und Ende des Designs

Genau deshalb, weil wir wissen, daß der Designprozeß nicht mechanisch, sondern ziemlich kognitiv ist, beginnen Softwareprofis den Designprozeß mit etablierten, »gebrauchten« Designmodellen. Es ist viel effizienter (und im allgemeinen gibt es auch viel weniger Fehlermöglichkeiten), das mentale Modell und die Simulation mit einem Lösungsmodell zu beginnen, das bereits bei ähnlichen Problemen angewandt wurde.

Der Start eines Designprozesses von Anfang an bedeutet, daß man mit einem ziemlich einfachen Modell beginnt und dann schrittweise die Komplexität vergrößert. Das ist die Antwort auf die Komplexität des zu lösenden Problems. Es ist viel einfacher, mit einem bereits etablierten Modell zu beginnen und dieses im Verlauf des Simulationsprozesses zur Lösung des vorliegenden Problems entsprechend zu modifizieren. Lange bevor das Wort »Wiederverwendung« im Bereich der Computertheorie populär wurde, hatten bereits Designer vorhandene Designs (wie auch kodierte Module) in ihrer Arbeit wiederverwendet. Verschiedene Forschungsergebnisse [Lammers 1986, Visser 1987] unterstreichen diesen Tatbestand. Ein Forscher stellt fest, daß »Designer selten von Null beginnen«, und andere Forscher berichten, daß Designer selber ähnliche Aussagen in Interviews machen.

Die besten Designer sind deshalb tendenziell diejenigen, die auf das größte Repertoire an zurückliegenden Arbeiten zugreifen können. Es ist meist so, als ob Spitzendesigner Rucksäcke voller Designs mit sich herumtrügen, aus denen sie favorisierte Ausgangsdesigns ziehen, sobald ein neues Problem entdeckt wird.

Wenn der Beginn eines Designs eine Mischung aus Methodik und Analogie beinhaltet, wie wir gerade festgestellt haben, dann ist die Sicht der Lehrbücher sehr simplifiziert. Aber das Ende bzw. der Abschluß eines Designs stimmt noch weniger mit der Darstellung in den Lehrbüchern überein. Das typische Bild im Lehrbuch für die Art, wie ein Design für die Überleitung in die Kodierung enden soll, ist, daß das Design eine Stufe erreicht haben muß, die ein kompetenter Programmierer verstehen und komplettieren kann. Doch so ansprechend dieser Hinweis auch sein mag, gibt es häufig einen großen Unterschied zwischen Theorie und Praxis der »kompetenten Programmierer«. Die meisten Ansätze zu dem, was am Ende des Designprozesses vorhanden sein soll, folgern, daß Design in einer Ansammlung von »Primitives« enthalten ist, d.h. in Unterproblemen, die jeder kompetente Programmierer kodieren kann. Sehr vereinfacht mag diese Sicht richtig sein. Nur in der Realität funktioniert das so nicht.

Grund dafür ist, daß Softwareentwickler sich in ihren Fähigkeiten unterscheiden, sowohl wegen der angeborenen, individuellen Unterschiede (Unterschiede von 30 bis 1 wurden festgestellt, d.h., einige Softwareentwickler sind 30mal effektiver als andere) als auch wegen der persönlichen Erfahrung. Was für den einen ein Primitive ist, kann für den anderen ein komplexes Problem sein. Deshalb wird ein Designer, der ein hochstehendes Primitive an einen Kodierer übergibt, häufig feststellen, daß dieser Kodierer das Primitive nicht versteht und vor dem Kodieren erheblich mehr Designarbeit leisten muß. Und der Designer, der ein sorgfältig ausgearbeitetes Primitive einem Kodierer übergibt, dessen Primitive höher angesiedelt sind, wird feststellen, daß dieser Kodierer Teile des Designs verwirft und neu anlegt. Tatsächlich sind beide Verhaltensweisen richtig, vorausgesetzt, es gibt keine Diskrepanzen zwischen den Primitives des Designers und denen des Kodierers (und eine derartige Diskrepanz ist meist unvermeidlich).

Es ist wichtig darauf hinzuweisen, daß die Abweichungen in den Primitive sich aller Wahrscheinlichkeit nach nicht »wegtrainieren« lassen. Wenn ich Experte für Design und das Kodieren von Berichtsgeneratoren wäre, und wenn ich das Design einem Kodierer, der Experte im Compilerdesign ist, übergeben würde, wäre eine Diskrepanz vorhanden. Und selbst, wenn sich die Rolle von Designern und Kodierern umkehrt, gäbe es noch immer eine Nichtübereinstimmung. Das »Wegtrainieren« dieser Unterschiede bei den Primitive erfordert, daß die angeborenen und durch Erfahrung gewonnenen, individuellen Unterschiede abgebaut werden. Das allerdings wird kaum möglich sein, egal, wie effektiv ein Trainingsprogramm ist.

Deshalb wird der Abschluß des Designs – also die Übergabe des Designs an den Kodierer – immer problematisch sein.

8.2.1.3 Standards für die Implementierung

Implementierungsstandards sind ein wichtiger Bestandteil des Softwaredesigns und – bestimmt noch wichtiger – des Kodierungsprozesses. Wenn Programmteile, die von verschiedenen Entwicklern erstellt werden, zusammen passen sollen (die Betonung liegt auf »passen«), muß es dafür eine Vorhersehbarkeit geben, und dafür gibt es Standards.

Ausgehend davon stellt sich die Frage, warum Standards überhaupt ein Thema sind. Der Grund ist, daß, obwohl Standards wichtig sind, ihnen in einigen Bereichen des Softwareprozesses zuviel Gewicht eingeräumt wird. Nur weil beispielsweise einige Standards wertvoll sind, müssen mehr Standards nicht besser sein. Das führt zu dem Punkt, an dem es zu viele Standards gibt, zu viele, um sie sich zu merken und/oder sie anzuwenden – die Standards werden einfach ignoriert. Das Problem von zu vielen Standards entspricht im Grunde genommen dem Problem von zu wenigen Standards: Das gewünschte Ziel der Vorhersehbarkeit kann nicht erreicht werden.

Es gibt noch ein anderes Problem mit Standards. Unter den Qualitätssicherungsexperten, die Software ziemlich ignorieren, gibt es häufig die Ansicht, daß eine Übereinstimmung mit den Standards dem Erreichen von Qualität entspricht. In diesem Kreis geht man davon aus, daß die Aufgabe der Reviews von Design und Code ausschließlich darin liegt, eine Übereinstimmung mit den Standards sicherzustellen. Diese Sicht ist natürlich äußerst gefährlich. Ein Programm, das konform zu den Standards ist, kann noch immer unzuverlässig, unzureichend sowie nicht zu warten sein und deshalb mit den meisten Forderungen des Standards nicht übereinstimmen. Ausgehend davon muß darauf hingewiesen werden, daß Standards, einmal definiert und dokumentiert, durchgesetzt werden müssen (warum sollte man sie sonst haben?!). Die Sicherstellung der Übereinstimmung von Standards ist Teil des Reviews, allerdings nicht der wichtigste Teil.

8.2.1.4 Automatische Codegenerierung

Im Bereich der Computertheorie hat man gerne vorausgesagt, daß es einmal Codegeneratoren geben wird und damit die Kodierungsphase insgesamt hinfällig wird.

Aus dieser Sicht heraus legt der Softwareingenieur die Spezifikationen fest, und anschließend wandelt ein spezielles Werkzeug die Spezifikationen automatisch in Code um.

Diese Vorhersage ist zum größten Teil nicht Realität geworden, und viele Fachleute vertreten den Standpunkt, daß das auch nie geschehen wird. Diese Ansicht beinhaltet jedoch verschiedene Probleme. Zum einen ist es in diesem Zusammenhang nicht eindeutig, was die Theoretiker unter »Spezifikationen« verstehen. Obwohl das Wort im allgemeinen mit der Bedeutung Forderungenspezifikation verwendet wird (und wer von uns wünscht sich nicht die Möglichkeit der automatischen Generierung einer Softwarelösung ausgehend von einer Problembeschreibung?), zeigt eine Überprüfung der Forschungsliteratur über die automatische Generierung oft, daß diese Spezifikationen sich meist als Design herausstellen, häufig auf einer ziemlich detaillierten Ebene. Sicherlich, wenn die Definition von »Spezifikationen« weitestgehend auf Code ausgerichtet ist, ist es durchaus möglich, auf dieser Basis automatisch den Code zu generieren. Doch damit haben wir erst sehr wenig dazu gesagt.

Ein weiteres Problem im Zusammenhang mit der automatischen Codegenerierung liegt darin, daß die erforderlichen Werkzeuge viel über das Programmieren selbst wie auch über den Anwendungsbereich des zu lösenden Problems »wissen« müssen. Das ist eine gewaltige Forderung an ein derartiges Werkzeug. Dennoch liefert es uns einen Schlüssel dafür, wie zukünftige Entwicklungen zur Schaffung dieses Werkzeugs laufen müßten. Wenn ein Anwendungsbereich ausreichend verstanden wird, kann das Schreiben eines Codes für eine solche Anwendung (für ein menschliches Wesen) irgendwie mechanisch sein. Ist das der Fall, ist auch die Schaffung eines Werkzeugs zur automatischen Codegenerierung durchaus möglich. In den frühen 60er Jahren beispielsweise war die Programmiersprache RPG (Report Program Generator) eine momentane Lösung eines derartigen automatischen Codegenerators für die Datenbank-/Dateien-Extraktion und die Berichtsgenerierung. Moderne 4-GLs sind ein optimiertes Resultat dieser frühen Arbeiten.

Fortschritte im Bereich der automatischen Codegenerierung hängen dann von unserer Fähigkeit ab, Problemlösungen so zu mechanisieren, daß Anwendungsbereiche gut verständlich werden. Deshalb werden Fortschritte in diesem Bereich nur langsam zu erzielen sein. Heutige ISO-9000-3-Studenten sollten nicht davon ausgehen, daß die automatische Codegenerierung die heutige oder zukünftige Lösung für die Erstellung von Qualitätssoftware sein wird. Vielleicht ist sie es jedoch in einigen Jahrzehnten, doch wer kann so weit vorausschauen?

Verweise

[Adelson 1984] Beth Adelson und Elliot Soloway, »A Model of Software Design«, Yale University Department of Computer Science, Okt. 1984.

[Curtis 1987] Bill Curtis, Raymonde Guindon, Herb Krasner, Diane Walz, Joyce Elam und Neil Iscoe, »Empirical Studies of the Design Process: Papers for the Second Workshop on Empirical Studies of Programmers«, MCC Technical Report Nr. STP-260-87, 1987.

[Lammers 1986] Susan Lammers, *Programmers at Work*, Redmond, WA: Microsoft Press, 1986.

[Visser 1987] Willemien Visser, »Strategies in Programming Programmable Controllers: A Field Study on a Professional Programmer«, *Proceedings of the Second Empirical Studies of Programmers Conference*, Ablex, 1987.

8.2.2 Design von Prozessen, Daten, Objekten und Ereignissen

Das prozeßorientierte Design ist auf die Funktionalität des Problems und dessen Lösung ausgerichtet. Das datenorientierte Design betrifft den Prozeß der zu manipulierenden Daten. Das objektorientierte Design ist eine Mischung aus beidem, d.h., bestimmte Datenobjekte werden mit Prozessen zur Ausführung versehen. Das ereignisorientierte Design konzentriert sich auf Ereignisse, die während ihres Auftretens gelöst werden müssen.

Es gibt beachtliche Meinungsverschiedenheiten innerhalb dieser vier Designbereiche. Der Prozeßansatz ist der älteste und hat in der Praxis sicherlich noch immer die meisten Anhänger. Der Objektansatz ist der jüngste und findet wahrscheinlich im theoretischen Umfeld die größte Unterstützung. Auch der Datenansatz hat sich in der Praxis gut etabliert und findet dort ebenfalls viele Befürworter (unter der Überschrift »Informationstechnik« gibt es auch Anhänger im theoretischen Umfeld). Der ereignisorientierte Ansatz hat eine eher zersplitterte Anhängerschaft, da dieser Ansatz im allgemeinen als sehr nützlich für Echtzeit-Probleme angesehen wird. (Weitere Informationen zu den ersten drei Bereichen finden sich in *Building Quality Soft-*

ware. Da das ereignisorientierte Design in diesem Buch nicht behandelt wird, könnten die Verweise [Harel 1990] und [Sanden 1989] zur Verdeutlichung einiger Grundlagen dieses Bereichs eine Hilfe sein.)

Manche Experten vertreten den Standpunkt, daß nur die Bereiche Prozeß- und Datenansätze für das Design fundamental sind und die Objekt- und Ereignisansätze nur Möglichkeiten darstellen, Prozeß und Daten anders anzugehen. Es gibt sicherlich eine historische Rechtfertigung für diese Position, und es ist bestimmt auch möglich, eine logische Begründung zu liefern.

Die Prozeß- und Datenansätze werden mit den CASE-Werkzeugen gut unterstützt, und die Zahl der objektorientierten CASE-Werkzeuge wird immer größer. Auch für ereignisorientierte Bereiche gibt es Werkzeuge, allerdings sind diese kaum bekannt [Harel 1990]. Sie sind eine gute Hilfe bei der Darstellung des Designs. In diesem Zusammenhang ist es interessant, darauf hinzuweisen, daß die Befürworter des objektorientierten Ansatzes signifikante Vorteile in ihm sehen, und zwar auf Grund seiner »Natürlichkeit« und der Unterstützung bei der Wiederverwendbarkeit. Der frühere Anspruch wurde zumindest versuchsweise widerlegt [Vessey 1994, Moynihan 1994], aber der spätere findet zunehmend Unterstützung, z.B. [Stark 1993].

Lassen Sie uns den Umfang der vier Projektarten überprüfen und entscheiden, welcher dieser Bereiche der interessanteste sein könnte. Das wichtigste, was hier gesagt werden muß, betrifft die Anwendung. Wenn die Anwendung auf Funktionalität ausgerichtet ist, konzentriert sich der Prozeßansatz aller Wahrscheinlichkeit nach auf die Lösung der Schlüsselprobleme. Ist die Anwendung datenorientiert, scheint der Datenansatz am besten zu sein. Ähnlich eignen sich die Objekt- und Ereignisansätze für Anwendungen, bei denen Objekte und Ereignisse vorherrschend sind. Deshalb liegt der Schlüssel im Anwendungsbereich. Wissenschaftliche und systemspezifische Probleme sind im allgemeinen eher zum Prozeßansatz kompatibel. Bei Geschäftsanwendungen wird sicherlich meist der Datenansatz zum Tragen kommen, schließlich konzentrieren sich derartige Programme sehr stark auf Daten. Echtzeitanwendungen werden ideal durch den Ereignisansatz unterstützt. (Natürlich gibt es auch hier Ausnahmen, z.B. ist für Systemprogramme im Bereich grafisch orientierter Benutzerschnittstellen der objektorientierte Ansatz nützlicher, und es kann durchaus sein, daß wir mit mehr Erfahrung bei der Anwendung von objektorientierten Ansätzen bei Geschäftsproblemen diese Ansätze generell nützlicher finden. Für die Anwendung von Methoden und Werkzeugen auf anwendungsorientierter Basis muß also noch viel Erfahrung gesammelt werden.

In bezug auf die Projektgröße gibt es unter den drei Ansätzen nur wenig Unterschiede. Kleine Projekte erfordern kaum einen anderen Ansatz als große Projekte. Es muß jedoch darauf hingewiesen werden, daß, wenn ein Projekt einer Familie ähnlicher Projekte angehört (und in diesem Sinne Teil eines großen Projekts ist), der objektorientierte Ansatz mit seinen Vorteilen in der Wiederverwendbarkeit am besten geeignet sein könnte.

In bezug auf die Kritikalität eines Projekts gibt es ebenfalls nur geringe Differenzen. Solange man den Bedürfnissen des Anwendungsbereichs Rechnung trägt, kann auf die Belange der Projektkritikalität am erfolgreichsten eingegangen werden.

Bei der Projektinnovativität ist wieder die Wahl der Bereiche das sicherlich vorherrschende Kriterium. Unter den Theoretikern ist zur jetzigen Zeit die Empfehlung recht populär, daß der objektorientierte Ansatz für alle Problemlösungen am geeignetsten ist. Man kann sich leicht vorstellen, daß dieser Designansatz dann auch zur Behandlung aller Probleme hinsichtlich Innovativität gewählt wird. Trotzdem gibt es zur Zeit noch keine schlüssigen Daten für die Meinung, daß derartige Probleme sich besser (oder schlechter) unter Verwendung objektorientierter Ansätze lösen lassen.

Verweise

[Harel 1990] D. Harel, »Statecharts, a Visual Approach to Complex Systems«, *Scientific Computer Programming*, 1990.

[Moynihan 1994] Tony Moynihan, »An Experimantel Comparison of Object-Oriented and Functional Decomposition as Paradigms for Communicating System Functionality to Users«, *Proceedings of the Fourth International Conference on Information Systems Development*, Bled, Slowenien, 20. – 22. Sept. 1994.

[Sanden 1989] Bo Sanden, »An Entity-Life Modeling Approach to the Design of Concurrent Software«, *Communications of the ACM*, März 1989.

[Stark 1993] Mike Stark, »Impacts of Object-Oriented Technologies: Seven Years of Software Engineering«, *Journal of Systems and Software*, Nov. 1993.

[Vessey 1994] Iris Vessey und Sue A. Conger, »Requirements Specification: Learning Object, Process, and Data Methodologies«, *Communications of the ACM*, Mai 1994.

8.2.3 Top-Down-, Bottom-Up- und Hard-Part-First-Design

Unabhängig davon, ob der Designansatz prozeß-, daten-, objekt- oder ereignisorientiert ist, muß für das Design noch eine andere Wahl getroffen werden: Welche Teile des Designs müssen zuerst in Angriff genommen werden? Einige sagen, daß die Antwort in der Top-Down-Methode (»von oben nach unten«, Programmiermethode, bei der das Programm immer weiter unterteilt und verfeinert wird) liegt, d.h. von den wichtigsten Forderungen hin zu den unwichtigsten und durch eine hierarchische Ausweitung der sich ergebenden Designlösungen. Andere vertreten die Ansicht, daß das Design nach der Bottom-Up-Methode (»von unten nach oben«, Programmiermethode, bei der zuerst die einzelnen Algorithmen entwickelt werden) entwickelt werden sollte, d. h., man beginnt mit wiederverwendbaren Komponenten und fügt diese erst später zum Programm zusammen. Und dann gibt es noch andere mit der Meinung, daß, obwohl jeder dieser Ansätze für sich gesehen sinnvoll ist, die meisten Praktiker tatsächlich einen dritten Ansatz benutzen. Früher charakterisierten wir diesen dritten Ansatz »opportunistisch« – die Designer springen von einem Teil des Designs zu einem anderen, sobald Probleme auftauchen, die gelöst werden müssen. In diesem Abschnitt weisen wir dem Begriff »opportunistisch« einen anderen Rang zu und nennen es statt dessen Hard-Part-First-Design (Design nach der Methode »das Schwierigste zuerst«). Nach diesem Gesichtspunkt liegt der Grund dafür, daß sich die Gedanken von einem Designteil zum anderen bewegen, darin, daß man mit diesen Teilen zusammenhängende Probleme erkennt, sich aber andererseits vom aktuellen Designproblem entfernt und bei einzelnen Problemen hängenbleibt, weil diese als Hindernisse für den gesamten Designprozeß gelöst werden müssen.

Da die Grundprinzipien für diese drei Designansätze wertvoll sind, sollte man das Design vorzugsweise so angehen, daß die Vorteile aller drei Ansätze beibehalten werden können. Beispielsweise hat die Top-Down-Methode (zur Zeit wird sie in den Lehrbüchern bevorzugt) den Vorteil, wie ein geplanter und organisierter Ansatz auszusehen. Tatsächlich gibt es selbst inmitten des Bottom-Up- und Hard-Part-First-Designs eine Art von Top-Down-Plan, in den die wiederverwendbaren Module oder schwerwiegenden Probleme hineinpassen. Darüber hinaus empfiehlt David Parnas, daß alle Designansätze eine Top-Down-Methode (!) vortäuschen sollten, und zwar in dem Sinne, daß die abschließende Designdokumentation in einer Top-Down-

Manier geschrieben werden sollte, unabhängig davon, wie das Design erzielt wurde, weil ein Top-Down-Design für Außenstehende besser verständlich sei [Parnas 1986]. (Stellen Sie sich beispielsweise eine Designdokumentation auf der Basis der Hard-Part-First-Methode vor. Eine derartige Dokumentation würde äußerst unübersichtlich und ziellos angelegt sein, besonders auch, weil das, was für den einen eine Schwierigkeit darstellt, für jemand anderen ganz einfach ist.)

Das Bottom-Up-Design ist im Softwarebereich seit jeher vorhanden, wird jedoch erst jetzt im Zusammenhang mit dem objektorientierten Design und der Bedeutung von wiederverwendbaren Objekten stärker favorisiert. Eine gute Designmethode muß irgendwie in der Lage sein, die Vorteile der Wiederverwendbarkeit in der gesamten Designstruktur (vielleicht Top-Down) zu nutzen.

Design nach der Methode »das Schwierigste zuerst« wurde selten artikuliert, dafür aber häufig praktiziert. Das Gegenteil davon, Design nach der Methode Easy-Part-First (»das Leichteste zuerst«), ist sicherlich von allen der schlechteste Designansatz, da die ersten einfachen Designlösungen häufig dann verworfen werden müssen, wenn sich herausstellt, daß sie für die Lösung der schwierigen Probleme ungeeignet sind.

Wir können also feststellen, daß alle drei Methoden – Top-Down, Bottom-Up und Hard-Part-First – essentielle Elemente für den Designprozeß sind. Ein guter Designer findet immer Wege, sich diese drei Elemente in nahezu allen Softwareprojekten nutzbar zu machen. Sicherlich muß dazu erst einmal ein rohes Top-Down-Design erstellt werden. Danach müssen die verfügbaren, wiederverwendbaren Elemente dahingehend überprüft werden, ob Teile des aktuellen Problems bereits mit ihnen gelöst wurden. Und schließlich müssen die »harten« Teile des Top-Down-Designs angegangen werden. Ist das Design abgeschlossen, sollte es in einer Top-Down-Form dargestellt werden.

Was ist nun mit den verschiedenen Arten von Softwareprojekten? Sollte dieser Ratschlag modifiziert werden, und zwar abhängig von Projektgröße, Anwendungsbereich, Kritikalität oder Innovativität? Sicherlich nicht. Projekte, die auf Grund vieler ähnlicher Subprojekte umfangreicher sind, werden bestimmt viele wiederverwendbare Komponenten enthalten und deshalb überdurchschnittlich mehr zur Bottom-Up-Methode hin tendieren. Innovative Projekte könnten eine über das übliche Maß hinausgehende Anzahl von »harten« Teilen enthalten, und deshalb mehr zur Hard-Part-First-Methode hin tendieren. Abgesehen davon gilt der obige Ratschlag für alle Projekte, unabhängig von ihrer Art.

Verweis

[Parnas 1986] David L. Parnas, »A Rational Design Process: How and Why to Fake it«, *IEEE Transactions on Software Engineering*, Febr. 1986.

8.2.4 Darstellung

Nachdem das Design erreicht worden ist – durch daten-, objekt- oder ereignisorientierte Methoden sowie durch Top-Down-, Bottom-Up- oder Hard-Part-First-Ansätze – muß es in einer bestimmten, formellen Weise geschrieben werden. Natürlich wird das sich ergebende Design während des Designprozesses beschrieben, aber häufig so, daß die Darstellungsform nur formlos und temporär ist. (Es sind Designs bekannt, die anfänglich auf Servietten und Tischdecken gekritzelt wurden). Es gibt zwei wichtige, grundlegend verschiedene Gründe für Designdarstellungen: Sie dienen dem Designer erstens als intellektuelles Werkzeug beim Durchdenken des Designs und zweitens als hilfreiches Kommunikationswerkzeug zur Weitergabe von Informationen an Programmierer oder Instandhalter. Die erste Darstellung kann dabei formlos und nur vorübergehend angelegt sein, während die zweite formal und beständig sein muß.

Es gibt eine Reihe von Techniken zur formellen Designdarstellung, wobei deren Aufbau und Wartung fast immer durch CASE-Werkzeuge unterstützt werden. Datenflußdiagramme, Strukturübersichten und/oder eine Programmdesignsprache (Pseudocode) finden sich in den meisten populären Sprachformen wieder. CASE-Werkzeuge für die Darstellung unterstützen nicht nur die meisten dieser Darstellungsformen, sondern dienen auch der automatischen Designüberprüfung (worauf wir in einem späteren Abschnitt zurückkommen werden).

Kapitel 8

Den Techniken der Designdarstellung werden wir in diesem Buch nur wenig Zeit (und Platz) einräumen, da sie in anderen Quellen gut dokumentiert sind und heute die meisten Softwareprofis damit vertraut sind. (Informationen zu Designdarstellungen finden Sie beispielsweise in [Tripp 1988] und [Webster 1988].) Ein wichtiger Punkt muß noch hinzugefügt werden: Obwohl die Darstellung immer wichtig ist (gute Darstellungstechniken können die Überlegungen des Designers hilfreich unterstützen und sonst kaum ersichtliche Fehler offenlegen), ist die Darstellung weniger ein Kernteil des Designs als die weiter oben diskutierten Ansätze. Deshalb haben beispielsweise auch die CASE-Werkzeuge nicht den von vielen erwarteten Durchbruch gebracht.

Ausgehend von der Tatsache, daß die Darstellung nicht so entscheidend ist, sollte die Entscheidung für die Darstellungsform eines bestimmten Projekts normalerweise nicht von der Darstellung selbst, sondern von den gewählten Techniken für das Design bestimmt werden. Beispielsweise beinhaltet ein prozeßorientiertes Top-Down-Design immer eine damit einhergehende Darstellungsform (und das entsprechende CASE-Werkzeug). Entsprechend besitzt das Datendesign (»Information Engineering«) eine andere Darstellungstechnik. Die Schlußfolgerung dieses Abschnitts lautet deshalb, daß der Projekttyp selbst keine Entscheidung hinsichtlich der Darstellung verlangt, da diese bereits bei der Entscheidung für prozeß-, daten-, objekt- oder ereignisorientierte sowie Top-Down-, Bottom-Up- oder Hard-Part-First-Designs getroffen wurde.

Verweise

[Tripp 1988] Leonard L. Tripp, » A Survey of Graphical Notations for Program Design – An Update«, *ACM Software Engineering Notes*, Okt. 1988.

[Webster 1988] Dallas E. Webster, »Mapping the Design Information Representation Terrain«, *IEEE Computer*, Dez. 1988.

8.2.5 Fehlertolerantes Design

Es ist üblich, Softwareentwickler zur Produktion fehlerfreier Produkte anzuhalten (und einige Forscher behaupten, entsprechende Möglichkeiten dafür gefunden zu haben). Tatsache ist jedoch, daß Softwareprodukte – wie alle von Menschen erstellten Produkte – Fehler enthalten. Deshalb werden immer, egal wie viele Prozesse zur Fehlerreduktion angewendet werden, unentdeckte Fehler verbleiben.

Natürlich liegt der Trick darin, sicherzustellen, daß Fehler in der Software möglichst geringe Auswirkungen auf die Funktionsfähigkeit haben. Später, im Abschnitt über Testen und Validierung, werden wir Wege der bestmöglichen Entfernung von Fehlern diskutieren. An dieser Stelle müssen wir uns jedoch damit auseinandersetzen, wie Designer sicherstellen können, daß Restfehler möglichst geringe Auswirkungen nach sich ziehen.

In den herkömmlichen Disziplinen wird dieses Problem gelöst, indem redundante Komponenten entwickelt werden. Eine Komponente, die möglicherweise ausfallen könnte, wird so kopiert, daß sie beim Ausfall sofort durch eine andere ersetzt wird. Dabei geht man davon aus, daß mehrere redundante Komponenten nicht die gleichen Ausfalleigenschaften haben können.

Im Softwarebereich funktioniert die traditionell praktizierte Redundanz leider nicht. Da Software weder auseinanderbricht noch abgenutzt wird, besitzen redundante Softwarekomponenten auch die gleichen Fehler, und das Ersetzen einer ausgefallenen Komponente durch ihr Duplikat bewirkt absolut nichts.

Forscher und Praktiker im Softwarebereich sind dieses Problem unter der Bezeichnung »Verschiedenheit« (Diversity) angegangen. Redundanz wird in der Software simuliert, indem ein gesonderter Code verwendet wird, der dynamisch die Probleme angeht, die durch das Netz der Fehlerbeseitigung schlüpfen. Manchmal geschieht das so, daß mehrere Teams für Design und Implementierung unter Verwendung unterschiedlicher Methoden entsprechende Repliken der fraglichen Komponenten erstellen. Man unterstellt dabei, daß mehrere Designteams nicht die gleichen Fehler produzieren können. (Interessant sind die erheblichen Auswirkungen der Unterstellung, daß bei einem in der Software zu lösenden Problem verschiedene Designteams kaum den gleichen Designansatz verwenden. Das spricht für die Unreife des Softwarebereichs. Noch wichtiger ist, daß diese Versuche, durch Methoden und Standardisierung das Softwaredesign voraussagbar zu machen, sicherlich zum Scheitern verurteilt sind, zumindest zum jetzigen Zeitpunkt.)

Ausgehend davon, daß unterschiedliche (statt redundante) Komponenten die Softwareantwort auf Fehlertoleranz sind, stellt sich die Frage, wie diese Komponenten zusammengebracht werden können, um die gewünschte Zuverlässigkeit des Produkts zu erreichen. Dafür gibt es drei Methoden:

- Die Verwendung sogenannter »Recovery Blocks«, d.h. Bereiche mit gesondertem (unterschiedlichem) Code, deren Aufgabe darin besteht, nach dem Auftreten von Fehlern den ursprünglichen Zustand dynamisch wiederherzustellen.

- Die Verwendung der N-Version-Programmierung, bei der mehrere Designteams dasselbe kritische Problem lösen und die Software dann von einer Version auf die andere umschaltet, wenn eine Version fehlerhaft arbeitet.

- Die Verwendung von Data Diversity, d.h. von verschiedenen Daten, bei denen die Schlüsseldaten durch entsprechende Kopien und einen dynamischen Übergabemechanismus geschützt werden.

Fehlertolerante Software befindet sich noch immer in großem Maße im Forschungs- und Entwicklungsstadium, d.h., in der Praxis gibt es nur wenig Anwendungen mit Fehlertoleranz (Ausnahmen sind die Luftfahrt und das Eisenbahnwesen). Die rigorose Verwendung bekannter Techniken zur Fehlerbeseitigung ist auch heute noch die Vorgehensweise bei den meisten Softwareprojekten.

Das bringt uns zu den Projektarten, bei denen Techniken der Fehlertoleranz angewendet werden sollten. Hier ist die Antwort einfach. Kritische Projekte benötigen jegliche Art von Unterstützung für eine fehlerfreie Ausführung. Deshalb werden diese Techniken heute, wie schon seit über zwei Jahrzehnten, in der Luftfahrt und im Eisenbahnwesen eingesetzt. Für die meisten anderen Projekte sind die Kosten und die Komplexität fehlertoleranter Methoden nur eine unnötige Belastung. Insbesondere gibt es keinen Grund mehr, fehlertolerante Methoden bei großen statt bei kleinen (und umgekehrt) Projekten anzuwenden. Bei Anwendungsbereichen spielt die Wahl der fehlertoleranten Methoden kaum eine Rolle (ausgenommen, daß viele Echtzeitprojekte kritisch sind und deshalb die Methode häufiger für diese Projekte als in anderen Bereichen angewendet wird). Innovative Projekte könnten eher für Fehlertoleranz geeignet sein als die Norm, da deren Problematik und die damit zusammenhängende Lösung ziemlich komplex ist. Allerdings könnte die zusätzliche Komplexität der Fehlertoleranz weit wichtigere Ziele bei der Entwicklung innovativer Projekte in den Hintergrund drängen. Weil fehlertolerante Methoden komplexer als die entsprechenden Alternativen sind, raten viele, daß die Fehlertoleranz nur dann eingesetzt werden sollte, wenn sie absolut erforderlich ist.

8.2.6 Automatische Überprüfung des Designs

Die meisten Methoden der Designdarstellung werden heute mit automatisch prüfenden CASE-Werkzeugen realisiert, die sicherstellen, daß der Designer bei der Erstellung der Designdarstellung die erforderlichen Regeln beachtet hat. Diese Regeln können ganz einfache Anforderungen hinsichtlich der Darstellungstechnik beinhalten, wie das Vorhandensein von Symbolen im Datenflußdiagramm, die in einer bestimmten Weise zu einem Ganzen verknüpft sein müssen, oder für das Design selbst, wie die Notwendigkeit, daß in der Sprache für die Darstellung des Programmdesigns alle Datenelemente sowohl definiert als auch mit einem Bezug versehen sind.

Diese Werkzeuge zur automatischen Überprüfung des Designs scheinen sehr auf die jeweils verwendete Methode ausgerichtet zu sein, und es ist schwierig, mehr zu ihnen zu sagen. Der Einsatz der automatischen Designprüfung ist jedoch immer besser als deren Nichteinsatz. Bei kritischen Projekten sind diese automatischen Designprüfungen äußerst lebenswichtig für alle Projekte, unabhängig von deren Größe, Bereich oder Innovativität. Dennoch reicht das nicht aus. Die meisten automatischen Fehlerprüfer scheinen sich mehr auf die Syntax als auf die Semantik zu konzentrieren; ein Design, das eine automatische Fehlerprüfung durchlaufen hat, muß nicht notwendigerweise das richtige Design für das vorliegende Problem sein.

8.2.7 Design Review

Das Design Review ist der Prozeß, bei dem Prüfer, die über problem- und softwareorientiertes Wissen verfügen, ein vorgestelltes Design mit dem Ziel prüfen, ob es ein vorhandenes Problem hinreichend lösen kann. Reviews werden in unterschiedlichen Stufen der Formalität durchgeführt, und verschiedene Arten werden empfohlen (von Gruppen-Reviews bis hin zu individuellen Inspektionen). Sie werden an verschiedenen Punkten innerhalb des Designprozesses vorgenommen (vorläufige Design Reviews zur Prüfung, ob Designer die richtige Richtung eingeschlagen haben; kritische Design Reviews, um herauszufinden, ob Designer das richtige Ziel erreicht haben).

Es gibt heute genügend Anhaltspunkte dafür, daß Design Reviews zu den effektivsten Prozessen zur Fehlerbeseitigung gehören und gleichzeitig auch kosteneffektiv sind. Die Form und die Formalität eines Reviews ist weniger entscheidend als seine Exaktheit. (In einem der vorherigen Abschnitte haben wir festgestellt, daß Formalität mit der Einhaltung von Regeln und Exaktheit mit Konzentration und Fähigkeit zu tun haben.) Wenn sich die Prüfer gewissenhaft darauf konzentrieren, ob das Design für das vorliegende Problem richtig ist, dann ist es ziemlich gleichgültig, ob beim Review formale Regeln befolgt oder nicht befolgt werden. (Es sollte darauf hingewiesen werden, daß diese Feststellung kontrovers ist und Befürworter des formellen Design Review sicherlich eine andere Ansicht vertreten. Dennoch scheint eine kürzlich veröffentlichte, empirische Studie [Rifkin 1995] meine Ansicht zu bestätigen.)

Auf Grund ihrer allgemeinen Nützlichkeit sollten Design Reviews für alle Projektarten eingesetzt werden. Bei kritischen, umfangreichen oder innovativen Projekten sollten die Reviews intensiv und sorgfältig durchgeführt werden, bei kleinen und unkritischen Projekten sollten sie formlos sein. (Je weniger kritisch ein Projekt ist, desto weniger formell muß ein Review angelegt sein.) Das Thema der Anwendungsbereiche ist in diesem Zusammenhang weniger relevant.

Verweis

[Rifkin 1995] Stan Rifkin und Lionel Deimel, »Applying Program Comprehension Techniques to Improve Software Inspections«, *The Software Practitioner*, Mai 1995

8.2.8 Top-Down- und Bottom-Up-Implementierung

An dieser Stelle wechseln wir von der Designphase in die Implementierungsphase. Und unglücklicherweise werden jetzt einige bereits vertraute Begriffe neu definiert.

Die Top-Down-Implementierung ist der Prozeß, bei dem ein Softwareprodukt in ganzen Schritten erstellt wird, d.h., jede neue und verbesserte Version des Produkts ist ein vollständiges Produkt. Dieses ist so angelegt, daß es mit der eingebrachten Verbesserung in einem sogenannten Integrationstest überprüft wird.

Die Bottom-Up-Implementierung ist der Prozeß, bei dem ein Softwareprodukt in kleinen Einzelkomponenten erstellt wird. Diese werden dann sorgfältig einzeln für sich geprüft, bevor sie in ein vollständiges Produkt integriert werden.

Beachten Sie, daß diese beiden Bedeutungen in gewisser Form zusammenhängen und dennoch recht unterschiedlich sind, und zwar ausgehend von den Definitionen des Top-Down- und Bottom-Up-Designs.

So wie beim Top-Down-, Bottom-Up- und Hard-Part-First-Design sind diese beiden Implementierungsmethoden sicherlich am besten geeignet, wenn sie zusammen angewendet werden. Mit anderen Worten, die Ziele der Top-Down-Methode (eine verifizierte und mit jedem Einzelschritt integrierte Version liegt vor) und der Bottom-Up-Methode (hinlänglich getestete Einzelkomponenten sind vor dem Zusammenfügen zu einem Ganzen vorhanden) sollten in den meisten Projekten gemeinsam erreicht werden.

Dazu müssen die Schlüsselkomponenten der Bottom-Up-Methode unterworfen, d.h. als Einheiten gut getestet werden, bevor sie als Ganzes zusammengefügt werden. Gleichzeitig sollte aber der Vorgang des Zusammenstellens und Testens des Gesamtprojekts auf integrierte Weise vorgenommen werden. Getestete Schlüsselkomponenten sollten dem integrierten Ganzen dann hinzugefügt werden, wenn sie verfügbar sind.

Beachten Sie, daß die Wiederverwendbarkeit eine Bottom-Up-Methode im Sinne des Designs und der Implementierung darstellt. Wiederverwendbare Komponenten werden also einzeln erstellt und individuell getestet, bevor sie in einem Projekt verwendet werden.

Kapitel 8

Bottom-Up ist die herkömmliche Methode zur Erstellung von Software: Zuerst werden Einheiten getestet, danach die Integration und zum Schluß das System. Allerdings hat die Top-Down-Methode erhebliche Vorteile (der Fortschritt eines Projekts ist sowohl für Manager als auch für Kunden/Anwender eher ersichtlich), so daß diese Methode seit geraumer Zeit ebenfalls angewandt wird.

In bezug auf die Projektarten besitzt keine Methode besondere Vorteile. Vielleicht ist es bei kritischer Software wichtig, das besonders sorgfältige Testen der Bottom-Up- und Top-Down-Strukturen zu betonen. Darüber hinaus ist für alle Projektarten – große oder kleine, sämtliche Anwendungsbereiche, kritische oder unkritische, innovative oder nicht innovative – die Kombination aus Top-Down- und Bottom-Up-Implementierung die beste Vorgehensweise.

8.2.9 Modulares Design und Implementierung

Wahrscheinlich ist die Verwendung von modularem Design und Implementierung die einzige und wichtigste Technik für die Erstellung von Qualitätssoftware. Mit Modulen werden Funktionen in separate Komponenten getrennt, damit sie einfacher angelegt, programmiert, eingebunden, getestet und modifiziert werden können. Eine gute Modularität ist der beste Weg, um das Prinzip der Abstraktion und Einzelpunktkontrolle für ein Softwareprojekt einhalten zu können.

Die Vorteile der modularen Programmierung werden von vielen Stellen gerühmt und sind in Theorie und Praxis so bekannt, daß sie hier nicht wiederholt werden müssen. Es reicht der Hinweis, daß Modularität auf alle Arten von Softwareprojekten angewandt werden sollte, unabhängig von deren Größe, Bereich, Kritikalität oder Innovativität.

Ein interessanter Hinweis ist, daß es sich bei »Objekt« aus der objektorientierten Programmierung um eine erweiterte Art von Modul handelt, bei dem das Objekt aus einem oder mehreren Datenelementen und den Operationen besteht, die mit diesen Elementen ausgeführt werden können. Diese neue Form des Moduls, manchmal auch als »Paket« bezeichnet (z.B. in Ada), ist eher auf Daten als auf Funktionen ausgerichtet. Der Nutzen ist jedoch weiterhin gleich.

8.2.10 Strukturiertes Kodieren

Das strukturierte Kodieren ist der Teil der strukturierten Methoden, der mit den Regeln für das Schreiben von Code zu tun hat. In diesem Buch behandeln wir die strukturierten Methoden nicht als Ganzes, sondern als getrennte Komponenten. (Beispielsweise haben wir uns nicht mit dem strukturierten Design, sondern mit dem Top-Down-Design beschäftigt.)

Strukturiertes Kodieren geschieht unter Verwendung der formellen Sequenzen *if-then-else*, *do-while* und *do-until* sowie *case*. Beachten Sie, daß *goto* mit voller Absicht in dieser Aufzählung nicht enthalten ist.

Strukturiertes Kodieren ist besser als unstrukturiertes. Doch um wie vieles besser? Leider wissen wir das nicht. Es gibt keine aussagefähigen Untersuchungen, in denen die Vorteile des strukturierten Kodierens im Vergleich zum unstrukturierten Kodieren (häufig als »Spaghetti-Code« bezeichnet) erfaßt wurden.

Glücklicherweise bedarf es keiner besonderen Anstrengungen, strukturierten Code statt Spaghetti-Code zu schreiben. Einige Programmiersprachen eignen sich allerdings besser für das Schreiben von strukturiertem Code als andere. Doch mit dem Upgrade von Programmiersprachen wurden diejenigen, die für strukturierten Code schlecht geeignet waren, entsprechend verbessert, so daß - mit Ausnahme von 4GLs (Fourth Generation Language = Programmiersprache der 4. Generation), wo Struktur ein Problem sein kann – heute die Sprache kaum eine Barriere sein dürfte.

So wie bei der Modularität eignet sich das strukturierte Kodieren für alle Projektarten. Wenn die entsprechende Unterstützung der Sprache verfügbar ist, läßt sich der strukturierte Code auf alle Projekte anwenden, unabhängig von Größe, Bereich, Kritikalität oder Innovativität.

8.2.11 Höhere Programmiersprache

Das Spektrum der Programmiersprachen bewegt sich zwischen zwei Extremen: Computernahe Sprachen (wie Assembler) und Sprachen nahe dem zu lösenden Problem (wie 4GLs). Dazwischen gibt es die große Anzahl der Sprachen, die zwischen beiden Extremen angesiedelt sind. Beispielsweise tendiert C zur Maschine und COBOL zum Problem hin (für Geschäftsanwendungen, also den Bereich, für den diese Sprache konzipiert wurde). Pascal und Modula sind mehr in der Mitte angesiedelt, obwohl beide Sprachen stark auf Systeme und wissenschaftliche Probleme ausgerichtet sind. Tatsächlich sind die meisten Sprachen für spezifische Problemkategorien geschaffen; unabhängig davon, wie sehr die Befürworter beispielsweise von Ada versuchen, diese Sprache als universell für alle Bereiche hinzustellen, sollte man sich daran erinnern, daß Ada ursprünglich auf Echtzeit- und Systembereiche ausgerichtet war, und es bestand beim Design von Ada nie die Absicht, die Sprache für andere Dinge als Echtzeit und Systeme anzuwenden.

Es gibt verschiedene Parameter für die Wahl der Programmiersprache entsprechend dem zu lösenden Problem:

- Es sollte die höchste Sprache für das jeweils anliegende Problem gewählt werden.
- Es sollte die für den vorliegenden Anwendungsbereich geeignetste Sprache gewählt werden.
- Es sollte die Sprache mit dem effektivsten Compiler gewählt werden.

Die Parameter sind ihrer Wichtigkeit nach aufgeführt. Problemlöser für Software sollten also immer nach dem Kriterium gewählt werden, daß die zum Einsatz kommende Sprache auf höchster Ebene angesiedelt ist. (Höhere Programmiersprachen sind einfacher zu schreiben, zu lesen, zu testen und zu warten.)

Aber beachten Sie, daß die gewählte Sprache »das vorliegende Problem lösen« muß. Viele problemausgerichtete 4GLs haben Unzulänglichkeiten, die ihre Anwendbarkeit einschränken, und häufig sind sie nicht in der Lage, die heutzutage vorhandenen komplexen Probleme zu lösen. Generell liegt der Kompromiß bei der Sprachenwahl darin, mit einer voll funktionierenden 3GL (Third Generation Language = Programmiersprache der 3. Generation) zu arbeiten (obwohl in bestimmten seltenen Fällen, vorrangig dort, wo Effizienz oder Maschinenabhängigkeit ein kritischer Punkt ist, Assembler verwendet werden sollte).

Welche 3GL sollte aber eingesetzt werden? Hier kommt der zweite Parameter zum Tragen. Einige Sprachen eignen sich besser für die Lösung bestimmter Problemarten als andere. COBOL besitzt beispielsweise viele direkt zu übernehmende Möglichkeiten für Geschäftsanwendungen. Diese fertigen Teile müßten in anderen Sprachen erst entwickelt und programmiert werden. Ähnlich verhält es sich mit C, Modula und Pascal. Das sind ausgezeichnete Sprachen für den Bereich der Systemprogrammierung, während die Sprache COBOL für diese Art von Problemen völlig ungeeignet ist.

Grundsätzlich kann die Sprachenwahl nach dem zweiten Parameter beendet werden. Aber manchmal, insbesondere auf einer Hardwareplattform mit begrenzter Compilerunterstützung, müßte die Verfügbarkeit und die Qualität des Compilers berücksichtigt werden. Die Verfügbarkeit wird zu einem Thema, wenn beispielsweise Effizienz verlangt wird und nur Interpreter statt Compiler zur Verfügung stehen. Da Interpreter im Vergleich zu kompiliertem Code häufig 100mal langsamer sind, sind sie natürlich eine schlechte Wahl für Projekte, die viel Rechnerzeit benötigen. Die gleichen Wahlmöglichkeiten, auf einer deutlich niedrigeren Ebene, sind für die Effizienz des generierten Codes vorhanden. Man kann relativ einfach einen Compiler bauen, der mittelmäßigen Code generiert. Dagegen ist es schwierig, einen Compiler für optimalen Code zu bauen. Wenn Effizienz ausschlaggebend ist, kann die 2-1- oder 3-1-Ineffizienz eines schlecht optimierenden Compilers für die Wahl einer Sprache ausschlaggebend sein, welche die Codegenerierung gut unterstützt. (Die Effizienz der Codegenerierung sollte mit Benchmark-Programmen geprüft werden.) Und natürlich sollte man zu einem anderen Compiler (oder, falls erforderlich, zu einer anderen Sprache) wechseln, wenn der vorhandene Compiler permanent fehlerhaften Code erzeugt (was heute kaum noch vorkommt).

Wir haben bereits gesehen, daß die Wahl der Sprache in erster Linie von der Anwendung abhängig ist. Beispielsweise sollten Geschäftsanwendungen immer dann 4GLs verwenden, wenn Probleme direkt gelöst werden müssen, ansonsten COBOL. (C oder C++ ist ebenfalls eine gute Wahl für Geschäftsanwendungen, besonders für neue Client/Server-Anwendungen, bei denen die Komplexität eher darin liegt, daß Client und Server miteinander kommunizieren als Geschäftsanwendungen lösen müssen.) Für wissenschaftliche Anwendungen sind Fortran, Pascal und Modula geeignet. Das gleiche gilt für Echtzeitanwendungen, mit der Ausnahme, daß Ada dieser Liste hinzugefügt werden sollte. Denken Sie daran, daß es zur Zeit nur wenige 4GLs für die Bereiche Wissenschaft, System und Echtzeit gibt. Außerdem sind wir noch nicht auf die objektorientierten Sprachen eingegangen, ausgenommen C++. Die Objektorientierung ist in diesem Bereich eine heikle Angelegenheit. Wir glauben, daß die Wahl der Sprache von der Anwendung und nicht von der Methodik her getroffen werden sollte. Da es wenig Untersuchungen zur Anwendbarkeit von Smalltalk und Eiffel (beispielsweise) für verschiedene Bereiche gibt, kann nur schwer entschieden werden, für welche Anwendungen diese Sprachen geeignet sind.

Bezüglich der anderen Projektarten und der Wahl der Sprache sollten Größe, Kritikalität und Innovativität eine erheblich geringere Rolle spielen.

8.2.12 Kodieren von Standards und Regelungen

Mit dem Thema der Kodierungsstandards haben wir uns bereits beschäftigt, und es wurden zwei Punkte herausgestellt: Kodierungsstandards sind wichtig, können jedoch überbetont werden. Und festgelegte Kodierungsstandards müssen auch umgesetzt werden.

Über welche Kodierungsstandards sprechen wir in diesem Zusammenhang? Es handelt sich um Konventionen für Variablen, Beschränkungen in der Sprachform (z.B. eine möglichst geringe Anzahl von GOTOs), Konventionen für Kommentare, Schnittstellen-Struktur usw. Zu diesem Thema gibt es eine Vielzahl von Büchern mit Aufstellungen der jeweiligen Kodierungsstandards.

Nachdem die Probleme überladener und nicht umgesetzter Standards gelöst sind, ist der Rest ziemlich einfach. Standards sollten von erfahrenen Spezialisten ausgesucht und gemeinsam verabschiedet werden, und die Mechanismen für die Umsetzung (und für Alternativen, falls unlösbare Probleme entstehen) müssen entwickelt und eingeführt werden. Die Durchsetzung sollte möglichst automatisch mit „Prüf"-CASE-Werkzeugen vorgenommen werden; leider lassen sich viele Standards aber nur durch Menschen prüfen. Beispielsweise kann ein Standard, der die Verwendung von GOTO-

Anweisungen einschränkt, gut mit einem automatisierten Werkzeug geprüft werden – das geht aber nicht mit einem Standard, der aussagekräftige Variablen fordert. Allerdings darf die Möglichkeit der Prüfung mit automatisierten Werkzeugen nicht die Wahl des Standards beeinflussen. Einige der wichtigsten Standards (beispielsweise für die Erstellung von modularem Design und Code) können nicht automatisch geprüft werden.

Wie steht es in diesem Zusammenhang mit der Projektart? Umfangreiche Projekte benötigen eher weitreichende Kodierungsstandards als kleine Projekt. Auch wachsen die Kosten für die Durchsetzungstechniken entsprechend dem Kodierungsumfang. Die Standards können je nach Anwendungsbereich verschieden sein. (Beispielsweise ist COBOL eine Sprache für Geschäftsanwendungen, weshalb auch COBOL-spezifische Standards zum Geschäftsbereich hin tendieren.) Die Rolle der Standards ist bei kritischen Projekten weniger relevant (zu viele Standards sind ebenso schlecht wie zu wenige Standards, und kritische Projekte benötigen nicht mehr Standards als andere). Bei innovativen Projekten stehen Standards noch weniger im Vordergrund, zumal es eine Innovation häufig erforderlich macht, daß man sich erst von Standards freimachen muß, um anschließend zu einer Problemlösung zu gelangen.

8.2.13 Standardisierte Elemente

Das Level der Standardisierung geht über die Kodierungsstandards hinaus. Beispielsweise könnte ein Unternehmen den Entschluß fassen, ein Betriebssystem oder eine Programmiersprache (hoffentlich passend für den jeweiligen Anwendungsbereich!) zu standardisieren, oder ein Set von CASE-Werkzeugen oder eine bestimmte Hardware (wie etwa IBM oder Intel) oder gar eine Bibliothek wiederverwendbarer Module. Derartige Standards sind sehr nützlich, da sie viele Schwierigkeiten vorhersehbarer machen.

Die Thematik dieser Standardisierung ist jedoch ziemlich komplex. Die Rolle der Projektarten – Größe, Bereich, Kritikalität und Innovativität – sind hier miteinander verknüpft. Beispielsweise könnte ein innovatives Problem es erforderlich machen, daß etablierte Standards verlassen werden. Ein großes Projekt könnte so gewichtig sein, daß es eigene Standards aufstellt, oder so bedeutend sein, daß es einfach nach etablierten Standards verlangt. Ebenso könnte ein kritisches Projekt das Verlassen eines bestimmten Standards erforderlich machen, um eine hohe Zuverlässigkeit zu erlangen. Aus denselben Gründen könnte die Übereinstimmung mit Standards nötig sein.

Deshalb kann durchaus die Feststellung getroffen werden, daß die Standardisierung von Elementen häufig angebracht ist, aber viel mehr läßt sich nicht sagen.

8.2.14 Genies

Unabhängig davon, wieviel technisches Wissen angesammelt wird, um unsere Möglichkeiten für die Erstellung von Qualitätssoftware zu verbessern, gibt es noch immer einen Wissensbereich, der nun verschlossen bleibt – nicht bestimmten Personen. Derartige Experten werden in Computerkreisen als »Genies« oder Zauberer bezeichnet. Ein Computerunternehmen benötigt einen oder mehrere dieser Genies, um die Programmierer, die allein dazu nicht in der Lage sind, von Problemen zu befreien.

Genies können Experten für bestimmte Sprachen oder Compiler, Betriebssysteme, Anwendungsbereiche oder Hardware bzw. für beliebige andere Bereiche mit Spezialentwicklungen im Softwarebereich sein. Bezüglich der Projektarten ist der Bedarf fast überall vorhanden – das Genie wird so oder so für die meisten Projekte benötigt.

Ein Genie ist mehr wert als die ganze Technik, die Werkzeuge und die Verbesserungen in den Abläufen, die ein Unternehmen aufbieten kann. In den Veröffentlichungen über individuelle Unterschiede, in denen berichtet wird, um wieviel besser (oder schlechter) einige Softwareexperten sind als andere, wird immer wieder festgestellt, daß einige bis zu 30mal produktiver sind als andere. Unter Berücksichtigung der Bandbreite der Gehälter für Softwareentwicklung – die nur den Faktor 2 oder höchstens 3 hat – sind diese 30mal produktiveren Experten das größte Kapital im Softwaregeschäft! Natürlich sind nicht alle dieser Top-Softwareleute Genies – einige von ihnen arbeiten ruhig im Hintergrund.

Projektarten, die einen ganz besonderen Bedarf an Genies haben, sind diejenigen, die komplex sind (und große Projekte sind schon auf Grund ihrer Größe komplex):

Es sind diejenigen, die kritisch sind (man steht wichtigen Problemen gegenüber, die gelöst werden müssen), und es sind die Projekte, die innovativ sind (»Wie kann ich X realisieren?« [wobei X schwierig ist] ist eine Frage, die immer wieder bei innovativen Projekten gestellt wird.)

8.2.15 Zusammenfassung Design und Implementierung

Lassen Sie uns jetzt die Techniken und Werkzeuge zur Verbesserung des Designs und der Implementierung von Software zusammenfassend betrachten.

Zuerst haben wir die Forderungen von ISO 9000-3 in bezug auf Design und Implementierung vorgestellt. Dieser Standard legt den Schwerpunkt auf eine disziplinierte Vorgehensweise unter besonderer Berücksichtigung von Input/Output und Schnittstellen, verwendet eine systematische Methodik sowie eine nützliche Sammlung von Methoden und Werkzeugen, erbringt testfähige und zur Wartung geeignete Produkte. Das alles geschieht unter Betonung von Standards und dem Einsatz von Reviews.

Doch das war es schon. Sicherlich sind die Forderungen von ISO 9000-3 für die Lebenszyklusphase der Software angemessen, sie reichen aber nicht aus.

Selbst die Anfangsforderung von ISO 9000-3, daß das Design auf disziplinierte Weise ausgeführt werden soll, bedarf einer Interpretation. Der wichtigste Teil des Designs ist kognitiv und kreativ, und Disziplin ist nicht unbedingt der beste Weg, um ein gutes, erfolgreiches Design zu erreichen. Noch – und das haben wir gesehen – wird Disziplin im Sinne von ISO 9000-3 so verstanden, daß das Design korrekt ist. Ausgehend von dieser Interpretation ist es schwierig, einen Irrtum zu entdecken.

ISO 9000-3 weist mahnend darauf hin, darauf zu achten, daß Input/Output und die Schnittstellen korrekt sind. Natürlich ist das richtig, aber ebenfalls nicht ausreichend. Gutes Design beinhaltet mehr als I/O und Schnittstellen, und der Designer, der ISO 9000-3 hier wörtlich folgt, wird in Schwierigkeiten geraten. Er wird ein Design ohne Berücksichtigung solcher Schlüsselfaktoren wie Algorithmen, Datenbanken und Strukturen, Leistungsfähigkeit und vielem anderen erstellen. Das vor Augen, zeigten wir verschiedene Ansätze für ein Design, das weitaus umfassender als das gemäß ISO 9000-3 ist.

Kapitel 8

Die Forderung, bestimmte Vorgehensweisen, Methoden und Werkzeuge für Design und Implementierung anzuwenden, bedarf ebenfalls einer Interpretation. Die Kernfrage lautet nicht, ob eine bestimmte, sondern welche Methodik angewandt wird. Und die Wahlmöglichkeiten sind so umfangreich, daß weitere Ratschläge und/oder Anweisungen benötigt werden. Die Teile dieses Abschnitts über die Methoden Prozeß, Daten, Objekt und Ereignis sowie Top-Down, Bottom-Up und Hard-Part-First dienen einer intensiveren Behandlung dieses Themas.

Der Vorschlag, alle bisherigen Erfahrungen in den Designprozeß einzubringen, ist ausgezeichnet. Zu wenig wurde davon in zurückliegenden Softwareprojekten Gebrauch gemacht. Wir empfehlen dringend den Einsatz des »Erfahrungsfaktors«, eines Konzeptes, das seinen Ursprung im NASA Goddard Software Engineering Laboratory (es arbeitet mit der Abteilung für Computerwissenschaften der Universität Maryland und der Computer Science Corp. zusammen) hat und den Schwerpunkt auf Dokumentation, Merkfähigkeit und Zugriff auf vorhandene Erfahrungen legt. Sie sollten allerdings berücksichtigen, daß dieses Thema von seiner Wichtigkeit her weit über Design und Implementierung hinausgeht – Erfahrungen sollten immer eingebracht und für alle Lebenszyklusphasen von Software ausgenutzt werden.

ISO 9000-3 fordert außerdem, daß das Design das Testen, die Wartung und die Anwendung vereinfachen soll. Auch das ist wieder ein ausgezeichneter Ratschlag, doch das »Wie« ist ebenso wichtig wie die Verpflichtung, diesen Ratschlag zu befolgen. Die folgenden Abschnitte über Testen und Wartung werden diese Forderung von ISO 9000-3 erläutern.

ISO 9000-3 ist gut beraten in der Forderung, Reviews sowohl für das Design als auch für die Implementierung vorzusehen. Es gibt dennoch bestimmte Umstände, unter denen diese Forderung aufgelockert werden kann und sollte, indem informelle statt formelle Reviews durchgeführt werden. Diese Umstände haben wir erläutert.

Noch einmal – ISO 9000-3 legt die Betonung auf das, *was* getan werden sollte und nicht darauf, *wie* es erreicht werden kann. Wir haben in diesem Abschnitt versucht, Wege nicht nur für die Erfüllung der Forderungen von ISO 9000-3 aufzuzeigen, sondern auch Wege für die erfolgreiche Entwicklung eines Softwareprodukts.

In Tabelle 8.2 zeigen wir verschiedene Ansätze für ein erfolgreiches Design und eine ebenso erfolgreiche Implementierung. Einige Ansätze sind abhängig vom Anwendungsbereich (beispielsweise Methoden), einige können auf alle Projektarten angewendet werden (wie modulares und strukturiertes Design sowie Implementierung), und wieder einige andere sind abhängig von der jeweiligen Formalität, die wiederum mit den Projekteigenarten (z.B. Reviews) zusammenhängt.

So wie bei den bisherigen zusammenfassenden Abschnitten dieses Kapitels muß zugegeben werden, daß das Material in diesem Abschnitt (und in der folgenden Tabelle) zu Einwänden führen kann. Mit anderen Worten, nicht jeder wird den hier entwickelten Zusammenhängen zwischen Technik/Werkzeugen und Projektarten zustimmen. Dieses Material enthält unsere Empfehlungen für die Bereiche Technik und Werkzeuge, die für erfolgreiches Design und Implementierung notwendig sind; die Empfehlungen anderer können durchaus abweichend sein.

Technik/Werkzeug	Projektart								
	Größe		Anwendung				Kritikalität		Innovation	
	gr.	kl.	Ge	Wi	Sys	EZ	hoch	niedrig	hoch	niedrig
Prozeß, Daten Objekt, Ereignis	->	->	D	P	O	E	<-	<-	O?	O?
Top-Down, Bottom-Up Hard-Part-First	A	A	A	A	A	A	A	A	A	A
Darstellung auf Basis der Methode (oben)										
Fehlertoleranz nur auf Basis der Kritikalität										
Automatisches Prüfen	Wenn verfügbar, für alle Projekte anwenden									
Design-Review	JS	I	J	J	J	J	JS	J?	JS	J
Top-Down-, Bottom-Up- Implementierung	A	A	A	A	A	A	A	A	A	A
Modulares Design und Implementierung	J	J	J	J	J	J	J	J	J	J
Strukturiertes Kodieren	J	J	J	J	J	J	J	J	J	J
Höhere Programmiersprache	Verwenden Sie die höherstehende Sprache für die jeweilige Problemlösung, abhängig vom Anwendungsbereich									
Kodierstandards und Regelungen	JS	J	J	J	J	J	JS	J	J?	J
Standard. Elemente	Immer anwenden, wenn für Problem verfügbar									
Genies	J	J?	J?	J	J	J	J	J	J?	J?

Tabelle 8.2 Projektarten zu Techniken: Design und Implementierung

Legende:
A = eine Mischung der aufgeführten Techniken
D = Datenorientiert
E = Ereignisorientiert
I = Informell
O = Objektorientiert
O? = Objekt, wenn angemessen
P = Prozeßorientiert

N = Nein
J = Ja
JS = Ja, sorgfältig
J? = Ja, aber nicht lebenswichtig
-> = Abhängig vom Anwendungsbereich
>- = Abhängig vom Anwendungsbereich
Gesch. = Geschäftsbereich
Wiss. = Wissenschaft
Sys. = System
EZ = Echtzeit

8.3 Testen und Validierung

Bezüglich Testen und Validierung konzentriert sich ISO 9000 vorrangig auf die Testdokumentation und nicht auf den Testvorgang selber. Ein wichtiges Thema bei ISO 9000-3 ist die Testplanung. Es gibt wenig Hinweise darauf, wie die Testaktivitäten auszuführen sind. Der Abschnitt über die Validierung umfaßt z.B. nur einen Absatz. Es folgen auszugsweise die Forderungen in ISO 9000-3 zu diesem Thema:

Tests können auf verschiedenen Ebenen vom einzelnen Softwareelement bis zum vollständigen Softwareprodukt gefordert sein. Es gibt verschiedene Methoden zum Testen und Validieren.

- Der Testplan sollte Testfälle, Testdaten und erwartete Ergebnisse enthalten.

- Der Testplan sollte die Arten der durchzuführenden Tests, z.B. Funktionstest, Test und Grenzbedingungen, Leistungstests und Brauchbarkeitstests beschreiben.

- Der Testplan sollte die Testumgebung, Werkzeuge und Testsoftware beschreiben.

- Die Überprüfung des Testplans sollte auch die Anwenderdokumentation, das erforderliche Personal und die Kriterien für die Vollständigkeit des Tests umfassen.

Hinsichtlich der Testdurchführung fordert ISO 9000-3:

- Die Testergebnisse sollten, wie in der Spezifikation festgelegt, aufgezeichnet werden.

- Alle entdeckten Probleme und ihre möglichen Auswirkungen auf andere Teile der Software sollten vermerkt und die Verantwortlichen informiert werden, damit alle Probleme angegangen werden können, bis sie gelöst sind.

- Bereiche, die von irgendwelchen Veränderungen betroffen sind, sollten gekennzeichnet und erneut getestet werden.

- Die Angemessenheit und Zweckdienlichkeit der Tests sollte bewertet werden.

- Die Hardware- und Softwarekonfiguration sollte »beachtet« (!) und dokumentiert werden.

In bezug auf die Validierung ist ISO 9000-3 noch allgemeiner:

- Das fertige Produkt sollte unter Bedingungen ähnlich der im Vertrag festgelegten Anwendungsumgebung erprobt werden.

Noch einmal, diese Forderungen sind notwendig, aber nicht ausreichend für die Definition eines guten Qualitätssicherungssystems. Im Verlauf dieses Abschnitts werden wir uns mit den speziellen Techniken auseinandersetzen, die für einen besseren Stellenwert von Tests und Validierung erforderlich sind. Doch lassen Sie uns zuerst das Kontroverse in diesem Bereich diskutieren.

8.3.1 Probleme mit Testen und Validierung

Es gibt auf diesem Feld unterschiedliche Meinungen über die Art, wie das Testen und die Validierung durchgeführt werden sollte. Diese Unterschiede sollen im folgenden behandelt werden.

8.3.1.1 Testen und Inspektion

Das Testen ist ein Vorgang, bei dem ein entstehendes Softwareprodukt ausgeführt bzw. zum Laufen gebracht wird, um herauszufinden, ob die so von der Software bereitgestellten Ergebnisse auch so erwartet wurden. Deshalb ist das Testen ein dynamischer Prozeß.

Die Inspektion ist ein Vorgang, beim dem ein entstehendes Softwareprodukt geprüft wird, um festzustellen, ob Mängel statisch (also ohne das Programm auszuführen) entdeckt werden können.

Es handelt sich hier vorrangig um die Frage, was effektiver ist, das Testen oder die Inspektion. Die Antwort ist eindeutig: Die Inspektion ist sowohl effektiver (gemessen an der gefundenen Fehlerzahl) als auch kosteneffektiver (gemessen an den Kosten für das Herausfinden dieser Fehler). Das ist eine interessante Lösung des Problems, im Gegensatz zu vielen anderen Bereichen, in denen die Antwort nicht so offensichtlich ist. In unzähligen Untersuchungen wurde festgestellt, daß mit Hilfe der Inspektionen mehr Fehler gefunden werden, und zwar billiger als mit Testen.

Warum aber ist der Vergleich zwischen Testen und Inspektion noch immer ein Thema? Es folgen zwei Gründe:

1. Tradition. Seit den Anfängen in diesem Bereich (in den 50er Jahren) war Testen das Hauptinstrument zur Fehlerbeseitigung. Wie wertvoll Inspektionen sind, ist seit den 70er Jahren bekannt, zumal auch Forschungsergebnisse die Überlegenheit erwiesen hatten. Trotzdem ist das Testen auch noch heute das Hauptinstrument zur Fehlerbeseitigung; häufig wird sogar überhaupt keine Inspektion durchgeführt. Die Inspektion ist eine arbeitsintensive, komplexe und herausfordernde Art der Fehlerbeseitigung. Wenn eine Inspektion erfolgt, hat man das Gefühl, als sei dies eine weitaus kostenintensivere und ineffektivere Alternative zum Testen.

2. Konflikt. Nachdem deutlich wurde, daß die Inspektion dem Testen überlegen ist, begannen einige Experten im Softwarebereich vorzuschlagen, nur noch die Inspektion durchzuführen. Es muß an dieser Stelle betont werden, daß ein Ersatz des Testens durch *irgend*etwas anderes einer der größten Fehler ist, die im Softwarebereich gemacht werden können. Denn unabhängig davon, wie effektiv die Inspektion beim Herausfinden von Fehlern sein mag, basiert die Inspektion auf der Annahme, daß das Design und die Forderungen vom Grundsatz her richtig sind. Außerdem geht man davon aus, daß die Inspektion nicht nur Fehler bei Dingen finden soll, die nicht richtig funktionieren, sondern auch feststellen soll, wo das Design mit den Forderungsspezifikationen nicht übereinstimmt. Das ist eine notwendige Voraussetzung für die Fehlerbeseitigung, doch sie reicht nicht aus. Das Testen des Softwareprodukts erlaubt die Durchsicht der Ergebnisse. Dabei stellen die Tester häufig fest, nicht nur daß Fehler vorhanden sind, sondern auch daß das Produkt von den festgelegten Softwareanforderungen abweicht. Deshalb sind alle Ansätze, das Testen zu minimieren oder zu eliminieren – ob durch Inspektionen, formelle Verifizierung (siehe weiter unten) oder die Annahme, daß fehlertolerante Software die eigenen Fehler erkennt und übergeht (jeder dieser Ansätze wurde für die Folgerung herangezogen, daß das Testen unnötig ist) – ein großer Fehler ist; oder anders ausgedrückt, *der Prozeß der Fehlerbeseitigung in der Software muß mehrere Techniken beinhalten, wobei jede Technik die andere ergänzt.*

8.3.1.2 Formelle Verifizierung

Die formelle Verifizierung, auch als Überprüfung der Richtigkeit bekannt, ist zweifelsohne das kontroverseste Thema im Softwarebereich. Die formelle Verifizierung ist ein statischer Prozeß, mit dem ein Softwareprodukt unter Verwendung bestimmter mathematischer Ansätze geprüft wird, um Nichtübereinstimmungen zwischen dem Produkt und seiner Spezifikation herauszufinden. Wir werden später noch ausführlicher darauf eingehen. Die Ansichten über die formelle Verifizierung reichen von uneingeschränkt negativ bis uneingeschränkt positiv! Beispielsweise zeigen die meisten Praktiker für den Prozeß kein Interesse, da er nur schwer nachzuvollziehen sowie schwierig und mit Fehlern behaftet durchzuführen ist. Außerdem hängt der Prozeß davon ab, ob die Spezifikation effektiv, d.h. richtig ist. Andererseits glauben die Akademiker so sehr an die formelle Verifizierung, daß folgendes eintritt:

1. Sie haben die formelle Verifizierung zum Teil in der normalen Ausbildung in der Informatik gemacht, und zwar schon in den Anfangskursen.

2. Sie haben versucht, die formelle Verifizierung zu instituieren, indem sie sie zu einer gesetzlich geforderten Form der Fehlerbeseitigung erhoben (in England fordert das Verteidigungsministerium diese Form für alle eingebetteten Echtzeit-Anwendungen).

Wir sehen also, daß hier die Meinungsunterschiede sehr groß sind, von »wertlos« bis hin zu »das *muß* so sein«. Und diese weit auseinanderliegenden Positionen gibt es im Softwarebereich, seit das Konzept Ende der 60er Jahre aufkam. Natürlich könnten Sie erwarten, daß ein derart lang andauernder und dramatischer Unterschied schon seit Jahren behoben sein sollte, z.B. mit bestimmten Versuchen, mit denen man die Vorteile der formellen Verifizierung und ihrer Alternativen eindeutig herausfinden könnte. Es ist erstaunlich, daß das nie geschehen ist. Statt dessen werden die kontroversen Auseinandersetzungen wie ein heiliger Krieg weitergeführt, besonders dann, wenn ein Papier veröffentlicht wird, in dem ein fester Standpunkt für die eine Richtung vertreten wird, und die Befürworter der anderen Richtung dieses Papier zerreißen und den Autor persönlich attackieren.

Der Leser dieses Buchs sollte sich allerdings seine eigene Meinung über diese Problematik bilden. Jedenfalls teilen die Autoren die Meinung der Praktiker. Wir empfehlen die Validierung für keine Projektart, selbst nicht für kritische Anwendungen, solange der Tester/Validierer nicht alle anderen Prozesse für die Fehlerbeseitigung genutzt hat und bereit ist, mehr Zeit und Geld für das Vertrauen in die Zuverlässigkeit des Produkts aufzuwenden. Es gibt billigere und bessere Möglichkeiten, so glauben wir, Fehler zu beheben.

8.3.1.3 Cleanroom-Methodik

Eine Methodik ist das Verfahren, bei dem mehrere individuelle Techniken zu einem Ganzen zusammengefügt werden. Damit wird eine effektive, ganzheitliche Möglichkeit geschaffen, das Gewünschte auch zu erreichen. Die Methodik im Softwarebereich hat ihren Ursprung in den 70er Jahren, d.h., sie entstanden mit dem Erscheinen der strukturierten Ansätze. Seitdem wurden weitere miteinander konkurrierende Methoden entwickelt.

Cleanroom-Ansätze (Cleanroom = sauberer Raum, wird z.B. zur Chip-Herstellung benötigt) sind eine Methodik zur Fehlerbeseitigung. Dabei wird von folgenden Voraussetzungen ausgegangen:

- Die formelle Verifizierung wird von den Entwicklern zur Auffindung von Fehlern verwendet.

- Das Testen wird nie von den Entwicklern durchgeführt, sondern von unabhängigen Testgruppen, und erst nachdem eine formelle Verifizierung stattgefunden hat und die dabei gefundenen Fehler beseitigt wurden.

- Das Testen erfolgt ausschließlich statistisch.

Mit anderen Worten, Cleanroom ist eine Testmethodik, die sich aus der formellen Verifizierung, dem völlig unabhängigen Testen und dem statistischen Testen zusammensetzt.

Kapitel 8

Es ist schwierig, eine Methodik als Ganzes zu überprüfen, da sie ausnahmslos aus verschiedenen Einzeltechniken besteht. Um in diesem Buch eine Methodik prüfen zu können, nehmen wir sie auseinander – betrachten also ihre ursprünglichen Techniken – und prüfen dann die einzelnen Techniken für sich. Sie dürften bereits festgestellt haben, daß die strukturierten Methoden bisher noch nicht in diesem Buch angesprochen wurden, wohl aber viele der darin enthaltenen Elemente, wie Top-Down-Design, strukturiertes Kodieren usw.

Was besonders Cleanroom so interessant und erwähnenswert macht, ist, daß diese Methode a) einflußreiche und bekannte Befürworter hat und b) bereits reale Versuche in bezug auf ihren Wert durchgeführt wurden. Experimente also, die insgesamt positive Ergebnisse gebracht haben. Lassen Sie uns deshalb mit der Analyse der Cleanroom-Methodik beginnen.

Das erste Element der Cleanroom-Methodik ist die formelle Verifizierung. Der aufmerksame Leser wird jetzt auf einen Widerspruch warten. Wir hatten bereits in diesem Buch den Standpunkt vertreten, daß die formelle Verifizierung nur von geringem Wert ist. Ganz offensichtlich sollten wir also die Cleanroom-Methodik als fehlerhaft hinstellen.

Es interessiert vielleicht, daß sich Forscher bei den meisten der durchgeführten Versuche zur Überprüfung der Cleanroom-Methodik für einen Ersatz mit der Bezeichnung »Rigorose Inspektion« für die formelle Verifizierung entschieden haben. Damit wurden positive Ergebnisse erzielt. (Begründet wurder dieser Ersatz mit der Tatsache, daß die formelle Verifizierung nur schwer zu erlernen ist, und natürlich auch damit, daß die Ergebnisse positiv sein können, ohne daß die getroffene Entscheidung gerechtfertigt werden müßte!) Mit der rigorosen Inspektion haben wir uns bereits früher in diesem Buch auseinandergesetzt. Ausgehend von diesen Erkenntnissen und denen in bezug auf die Cleanroom-Versuche wird erneut offensichtlich, daß rigorose Inspektionen eine hervorragende Methode zur Fehlerbeseitigung und ein wirkungsvoller Ersatz für die formelle Verifizierung sind.

Das zweite Element von Cleanroom ist vom Testen unabhängig, d.h., eine andere Gruppe als die der Entwickler erarbeitet die Testfälle und führt sie aus. Später in diesem Buch wird noch detailliert auf das unabhängige Testen eingegangen. An dieser Stelle soll die Feststellung genügen, daß das unabhängige Testen eine effektive Form der Fehlerbeseitigung ist, da es von Gruppen durchgeführt wird, deren eindeutiges Ziel es ist, Fehler herauszufinden (dagegen haben Entwickler, selbst diejenigen, die bei der Beseitigung ihrer Fehler objektiv vorgehen, das Ziel, *keine* Fehler zu finden). Beachten Sie, daß Cleanroom über das unabhängige Testen noch hinausgeht; Entwickler dürfen niemals testen, d.h., sie sind nur für die formelle Verifizierung (oder das rigorose Testen) zuständig, bevor sie dann das Produkt für ein unabhängiges Testen übergeben. Das ist allerdings ein kontroverses Thema. Die meisten Softwareprofis vertreten die Ansicht, daß Entwickler in den Testvorgang eingebunden werden müssen. Im Gegensatz zu den unabhängigen Testern wissen beispielsweise die Entwickler, wo sich die schwierigen und deshalb fehlerträchtigen Teile in der Software befinden, d.h., sie können sich beim Testen auf diese Bereiche konzentrieren.

Eines der interessantesten, experimentellen Ergebnisse in bezug auf Cleanroom ist, daß bereits vor dem eigentlichen Testen über 90% der Softwarefehler beseitigt werden können. Doch näher betrachtet bedeutet dieses Ergebnis, daß Cleanroom etwas ist, das sich *vor* dem eigentlichen Testen abspielt. Deshalb kann auch das unabhängige Testen nicht als wichtigstes Element der Cleanroom-Methode angesehen werden. (Noch einmal, wir vertreten die Ansicht, daß die rigorosen Inspektionen, als Ersatz für die formelle Verifizierung, das wichtigste Element sind!)

Das dritte Element bei Cleanroom ist das statistische Testen. Auf dieses Thema werden wir ebenfalls später noch genauer eingehen. Doch vorab bereits folgende Bestandteile dieses Elements:

1. Das Erstellen und die Ausführung der Testfälle erfolgen nach der Zufallsmethode.

2. Die Anpassung dieser Zufälligkeit an das »Operationsprofil« des Softwareprodukts. Es müssen Schritte unternommen werden, die sicherstellen, daß die zufällig gewählten Testfälle den typischen, beabsichtigten Einsatz des Produkts widerspiegeln.

3. Statistische Rückschlüsse auf die Effektivität der Testfälle, d.h. Aussagen wie »97% der Testfälle können erfolgreich ausgeführt werden«.

Der grundsätzliche Unterschied zwischen den statistischen und den traditionellen Testmethoden liegt darin, daß beim traditionellen Testen die Testfälle für einen bestimmten Anlaß (z.B. Untersuchung der Funktion eines komplexen Programmteils oder Testen bekannter Ausnahmebedingungen) ausgewählt werden, was bei der statistischen Testmethode nicht der Fall ist. Das statistische Testen konzentriert sich auf die Bereiche der jeweiligen Programmteile, die am häufigsten verwendet werden.

Wir haben bereits gesehen, daß die wichtigsten Vorteile der Cleanroom-Methodik vor dem Beginn des eigentlichen Tests erzielt werden. Es ist daher offensichtlich, daß der in Versuchen festgestellte Wert der Cleanroom-Methodik keinen Rückschluß auf die Vorteile des statistischen Testens erlaubt. Andere Untersuchungen haben gezeigt, daß das statistische Testen effektiver in bezug auf Softwareausfälle ist, d h., die durchschnittlichen Zeitabstände bis zu einem Ausfall werden größer. (Manche sagen, daß diese Feststellung nicht überrascht, da die mittlere Zeit zwischen Ausfällen sich aus Zufallsergebnissen erschließt und das statistische Testen auf Zufallstests basiert.) Es gibt also ernsthafte Probleme mit der statistischen Testmethode:

Beim traditionellen Testen gibt es eine bestimmte Testvorhersage, d.h. einen Satz bekannter, korrekter Antworten für das vorliegende Problem. Beim statistischen Testen – die Testfälle sind zufällig – gibt es keine zufriedenstellende Möglichkeit zur Bestimmung der Testvorhersage. (Beachten Sie, daß ISO 9000-3 »erwartete Ergebnisse« für die Testfälle benötigt; wird mit der statistischen Testmethode gearbeitet, muß auf die Übereinstimmung mit dem Standard geachtet werden.)

Die hergebrachte Testtheorie schlägt vor, daß die Tests auf bestimmte Bereiche konzentriert werden sollten. (Ein Autor spricht von »tendenziösen« Fehlern, also Fehlern, die häufig von Programmierern gemacht werden; ein anderer spricht von »Fehler erraten«, einer (legitimen) Testtechnik, in welcher der Tester sein Produktwissen verwendet, um die Testfälle auf empfindliche Bereiche anzusetzen.) Die statistische Testmethode ist zur Unterstützung konzentrierter Testfälle ungeeignet.

Vielleicht die häufigsten und gleichzeitig am meisten Schaden verursachenden Softwarefehler sind diejenigen, die in Ausnahmesituationen auftreten, d.h. beim Umgang mit unerwarteten Bedingungen. (Beispielsweise gab es kürzlich einen folgenschweren Zusammenbruch des Telefonnetzes, verursacht durch einen Fehler bei der Behandlung von Ausnahmesituationen in der Software für dieses Telefonsystem. Der Fehler, der vielleicht vorher hätte festgestellt und korrigiert werden können, hatte sich über den Handler für Ausnahmesituationen fortgesetzt und so das komplette Telefonsystem für mehrere Stunden lahmgelegt.) Die statistische Testmethode, die sich auf betriebsbedingte Profile konzentriert, kann bei der Entfernung von Ausnahmefehlern durchaus ineffektiv sein.

Dennoch muß ein abschließender wichtiger Punkt zugunsten der statistischen Testmethode angeführt werden. Es ist die einzige Testmethode, die ein für den Kunden/Anwender nachvollziehbares Resultat erbringt. Wo das traditionelle Testen Aussagen wie »85% der Softwarelogik wurde getestet« erlaubt, sind bei der Cleanroom-Methode Aussagen wie »97% der Testfälle für betriebsbedingte Profile laufen erfolgreich« möglich. Als Softwareentwickler bin ich zumindest am prozentual erfaßten Geltungsbereich, wie in den Aussagen über den Erfolg vorhanden, interessiert; aber der Kunde oder Anwender kann mit dem Wissen über den Geltungsbereich nur wenig anfangen. Erinnern Sie sich an die bereits in diesem Abschnitt vertretene Position, daß die Fehlerbeseitigung eine Mischung aus verschiedenen Techniken sein muß. Wir glauben, daß die traditionellen Testmethoden nicht durch die statistischen Testmethoden ersetzt werden dürfen, sondern daß letztere zur Erweiterung der traditionellen Methoden verwendet werden sollten. Wenn die Cleanroom-Methodik mit etwas Abstand betrachtet wird, scheint die Idee der formellen Verifizierung und des Ausschlusses des Entwicklers vom Testprozeß etwas eigenartig zu sein; jedoch haben die rigorose Inspektion durch den Entwickler, das unabhängige Testen und die statistische Testmethode allesamt einen gewissen Wert.

Verweise

[Mills 1987] Harlan D. Mills, Mike Dyer und Richard Liger, »Cleanroom Software Engineering«, *IEEE Software*, Sept. 1987.

[Shelby 1987] Richard W. Shelby, Victor R. Basili und F. Terry Baker, »Cleanroom Software Development: An Empirical Evaluation«, *IEEE Transactions on Software Engineering*, Sept. 1987.

8.3.2 Statische Methoden

So viel zum Thema der Test- und Validierungsphase. Lassen Sie uns nun auf die Techniken des Testens und der Validierung eingehen.

Statische Test- und Validierungsmethoden erfordern während der Fehlerbeseitigung keine Ausführung der Software. An dieser Stelle sollen vier Formen der statischen Fehlerbeseitigung diskutiert werden: Schreibtischprüfung, Codeprüfung durch Gleichrangige (Peer Code Review), Strukturanalyse und Nachweis der Richtigkeit (formelle Verifizierung).

8.3.2.1 Prüfung am Schreibtisch

Unter Prüfung am Schreibtisch ist das zu verstehen, was der Softwareentwickler an seinem Schreibtisch ohne Programmausführung unternehmen kann, um nach Fehlern zu suchen und diese zu entfernen. Normalerweise sieht das so aus:

- Prüfung des Programm-Quellcodes auf Fehler

- Alle erforderlichen Schritte unternehmen zur Erstellung von Testvorhersagen und zur Verifizierung der Ergebnisse der jeweiligen Testfälle

- »Spielen am Computer« – gedankliche Simulation der Programmausführung, um die Programmlogik und den Datenfluß zu verstehen und zu verifizieren

Da sich der Softwarebereich zu Desktop-Computern hin entwickelt hat, ist die Prüfung am Schreibtisch seltener geworden. Es ist häufig einfacher, auf dem Desktop-Computer das Programm für reale Testfälle auszuführen und die Ergebnisse zu analysieren, als den Code am Schreibtisch ohne Computer zu prüfen. In den meisten Fällen ist das eine Verbesserung. Häufig ist jedoch die Prüfung am Schreibtisch gründlicher, da man sich mehr mit dem vorliegenden Code auseinandersetzt und weniger auf den Computer verläßt, der nur gute oder schlechte Ergebnisse generieren kann. Die Prüfung am Schreibtisch wird sicherlich immer zumindest eine ergänzende Form der Fehlerbeseitigung sein. Sie kann auf alle Arten von Softwareprojekten angewendet werden, unabhängig von deren Größe, Bereich, Kritikalität oder Innovativität.

Dennoch ist die Prüfung am Schreibtisch – wie alle anderen Techniken der Fehlerbeseitigung – besonders wichtig für kritische Projekte.

8.3.2.2 Codeprüfung durch Gleichrangige

Die Codeprüfung durch Gleichrangige ist ein Vorgang, bei dem ein Team von Softwareleuten ein Softwareprodukt oder einen Teil eines Produkts intensiv prüft. Dieser Vorgang wird auch als Codeinspektion, Codeverifizierung oder Durchgehen von Code bezeichnet.

Egal unter welcher Bezeichnung, die Codeprüfung durch Gleichrangige muß folgendes beinhalten:

- Zwei oder mehr Personen (wenn nur eine Person, der Entwickler, eingebunden ist, handelt es sich um die Prüfung am Schreibtisch)
- Rigoroses Lesen des Codes (dieses genaue Lesen macht die Reviews so anstrengend)
- Achten auf Fehler wie auch auf Nichtübereinstimmungen mit dem Standard

Die Codeprüfung durch Gleichrangige bedeutet etwas Flexibilität. Reviews können Meetings sein oder von unabhängigen Fachleuten an von ihnen gewählten Plätzen durchgeführt werden. (Es gibt gemischte Aussagen bezüglich der Effektivität dieser beiden Methoden; obwohl man von einem Meeting einiges an Synergie erwarten würde, könnte man auch ein strengeres Review erwarten, wenn ein Prüfer sich in der Isolation besser konzentrieren kann. Experimentelle Untersuchungen bestärken beide Ansichten!) Verschiedene Untersuchungen haben ergeben, daß es eine optimale Anzahl von Prüfern gibt, allerdings herrscht Uneinigkeit darüber, wie viele Prüfer es sein sollten. (Der Bereich von zwei bis vier scheint jedoch optimal zu sein, was auch durch alle Untersuchungsergebnisse gestützt wird.) Es gibt Meinungsunterschiede hinsichtlich der erforderlichen Formalität von Reviews. Die sehr formellen Befürworter fordern Regeln für die Meetings sowie Training und bestimmte Rollen, welche die Teilnehmer spielen sollen. Andere vertreten die Position, daß es am meisten auf die Unerbittlichkeit des Prozesses und nicht auf dessen Formalität ankommt.

Es ist wichtig, sich daran zu erinnern, daß Reviews das Problem identifizieren und nicht lösen sollen. Ein Review darf sich also nicht mit der Suche nach Lösungen beschäftigen. Strenge Reviews sind zeitaufwendig, und jede Technik, die das Review auf die eigentliche Aufgabe beschränkt, ist eine gute Technik. Wir haben bereits die Tatsache diskutiert, daß solche Reviews der effektivste und kostengünstigste Prozeß zur Fehlerbeseitigung sind. Deshalb sind Reviews für alle Projektarten angemessen. Der größte Bedarf für vollständige Reviews/Inspektionen besteht bei kritischen Projekten; der geringste Bedarf ist bei kleinen Projekten vorhanden. Wegen der Kosten und der Komplexität von Reviews wird manchmal ein Kompromiß eingegangen, indem nur die kritischen Teile eines Softwareprojekts einem Review unterzogen werden. Bei sehr großen Projekten, wo die Kosten des Reviews mit jeder Zeile und jeder weiteren Komponente größer werden, kann dies ein akzeptabler Kompromiß sein (vorausgesetzt, das Projekt ist unkritisch). Es kann aber auch ein Kompromiß für sehr kleine Projekte sein, bei denen die Kosten für ein vollständiges Review der Grund dafür sein könnten, daß ein sonst lohnenswertes Projekt nicht angepackt wird.

8.3.2.3 Strukturanalyse

Diese Form der statischen Überprüfung beinhaltet normalerweise die Arbeit mit dem Computer, aber nicht, um die Software selbst auszuführen. Softwarewerkzeuge zur Programmanalyse, d.h. zur Suche nach Fehlern in der Programmstruktur, werden auf den Quellcode des Projekts angesetzt, um bestimmte Fehlerarten herauszufinden. Strukturanalyse ist ein ziemlich allgemeiner Begriff. Es gibt viele Arten der Strukturanalyse, und häufig sind die für diese Arbeit verfügbaren Werkzeuge von der Computerhardware und/oder dem Betriebssystem abhängig. Beispielsweise gibt es Strukturanalyzer, die folgendes feststellen können:

- Nicht deklarierte Datenvariablen

- Vor ihrer Initialisierung benutzte oder nie benutzte Datenvariablen

- Verwendung nicht autorisierter Sprachformen (z.B. GOTO)

- Verletzung von Konventionen für die Namensgebung

- Überkomplizierte Konstruktionen (z.B. zu tief verschachtelte Schleifen)

- Nicht übereinstimmende Prozedurenargumente (zwischen aufrufendem und aufgerufenem Element)

- Inkonsistente Aufrufverzeichnisse für Prozeduren (z.B. unabsichtliche Rekursionen)

- Inkonsistente globale Daten (z.B. nicht übereinstimmende, gemeinsame Datenpakete)

- Nicht erzielbare, fehlende oder fehlerhafte Logik

Eine verbreitete Art von Strukturanalyzern ist der sogenannte Code Auditor, der Verletzungen von Codierstandards entdeckt.

Die Kosten für die Strukturanalyse sind bei Vorhandensein des passenden Werkzeugs relativ gering. Deshalb sollten derartige Werkzeuge bei allen Projektarten eingesetzt werden, unabhängig von deren Größe, Bereich, Kritikalität und Innovativität. Das trifft normalerweise zu, wenn das Werkzeug in der Firma bereits vorhanden ist oder als Paket gekauft werden kann. (Die meisten dieser Werkzeuge kosten weniger als DM 2000 und sind deshalb kosteneffektiv. Werkzeuge, die teurer sind, sollten vor dem Kauf eingehend begutachtet werden.) Es gibt jedoch ein Problem, wenn derartige Werkzeuge *nicht* vorhanden sind. In diesem Fall sollte man sich sorgfältig überlegen, ob Kosten und Nutzen es zulassen, das Werkzeug im Unternehmen selber zu erstellen oder es von einem externen Spezialisten erstellen zu lassen. Bei kritischen Projekten sollte das Werkzeug äußerst effektiv sein und muß deshalb wohl entwickelt werden. Ähnlich verhält es sich mit großen Projekten, bei denen es ebenfalls sinnvoll ist, effektive Werkzeuge zu entwickeln. Auch, weil die dafür anfallenden Kosten aus einem viel größeren Budget kommen. Für andere Projektarten ist es normalerweise unnötig, ein derartiges Werkzeug neu zu erstellen und nur auf ein Projekt anzuwenden.

8.3.2.4 Nachweis der Richtigkeit (formelle Verifizierung)

Wir haben bereits festgestellt, daß dieses Thema sicherlich das widersprüchlichste im Softwarebereich ist. Doch worum handelt es sich eigentlich beim Nachweis der Richtigkeit?

Der Nachweis der Richtigkeit ist ein Vorgang, bei dem mathematische Konzepte auf ein Softwareprodukt angewandt werden, um festzustellen, ob das Produkt mit der ursprünglichen Spezifikation übereinstimmt. Das geschieht, indem das Softwareprodukt in Segmente zerlegt wird, die Eingabe- und Ausgabebehauptungen für jedes Segment definiert werden (eine Eingabebehauptung ist eine Anweisung für die Eigenschaften der Eingabe für das Segment; eine Ausgabebehauptung ist eine ähnliche Anweisung für die zu produzierende Ausgabe) und am funktionierenden Programm bewiesen wird, daß richtige Ausgabebehauptungen auf richtige Eingabebehauptungen hindeuten. Dieser Prozeß wird normalerweise manuell durchgeführt, kann aber auch durch verschiedene Werkzeuge ersetzt werden.

Es muß darauf aufmerksam gemacht werden, daß der Nachweis der Richtigkeit die Übereinstimmung mit der Spezifikation und nicht die Richtigkeit selbst betrifft. Mit anderen Worten, ein erfolgreicher Nachweis zeigt, daß das Programm mit seiner Spezifikation übereinstimmt. Die Verwendung des Nachweises der Richtigkeit scheint deshalb die Verwendung formeller Spezifizierungssprachen zu unterstreichen, um die Überprüfung der Übereinstimmung lebensfähiger zu machen. Beachten Sie außerdem, daß, wenn die Spezifikation falsch ist, ein als »korrekt« geprüftes Programm im erweiterten Sinn inkorrekt ist.

Der Nachweis der Richtigkeit ist kontrovers, da er nur schwer zu begreifen und relativ einfach schlecht durchgeführt werden kann. Das, obwohl es sich um einen rigorosen und sorgfältigen Prozeß handelt. Ein Softwareforscher hat herausgefunden, daß die meisten veröffentlichten Software-»Nachweise« selbst fehlerhaft waren. Natürlich sagt ein fehlerhafter Nachweis absolut nichts über die Zuverlässigkeit eines Softwareprodukts aus, für das der Nachweis erbracht wurde.

Wie bereits erläutert, empfehlen wir nicht die Verwendung der Techniken für den Nachweis der Richtigkeit. Dennoch würden wir unter zwei Umständen in dieser Position flexibel sein:

- Die fragliche Software wurde für das britische Verteidigungsministerium erstellt, und sie wird dort erst akzeptiert, nachdem sie formell verifiziert wurde.

- Das fragliche Projekt ist kritisch, es gibt keine finanziellen Hürden für die Fehlersuche und -entfernung, und es wurden bereits alle anderen Methoden der Fehlerbeseitigung angewendet.

8.3.3 Dynamische Methoden

Dynamische Methoden für das Testen und die Validierung sind diejenigen, welche die Ausführung des Softwareprodukts unter Verwendung von Daten erfordern. Verschiedene Ansätze dafür sollen im folgenden diskutiert werden.

8.3.3.1 Fehlersuche in der Quellsprache

Die Fehlersuche (Debugging) in der Quellsprache erfordert die Verwendung eines Testwerkzeugs, mit dem Tester und Testergebnisse in einer Testhochsprache interagieren. Das steht im Gegensatz zu einer älteren Form der Fehlersuche, wo der Tester Speicherauszüge (Dumps) im hexadezimalen Maschinencode (Hexdumps) lesen mußte. Die Fehlersuche in der Quellsprache eignet sich für:

- Spezifikationen der zu erstellenden Testausgaben

- Auflisten von Variablen oder logischen Punkten, die namentlich verfolgt werden sollen

- Produktion lesbarer Testausgaben mit namentlich identifizierten Variablen, in entsprechender Form ausgedruckt

- Dynamische Kontrolle der zu produzierenden Debug-Ausgaben

Wenn das Debug-Werkzeug der Quellsprache interaktiv angelegt ist, was seit Beginn der 90er Jahre üblich ist, sollten auch Einsprungpunkte (Breakpoints) und die Wiederaufnahme an festgelegten Punkten unterstützt werden. Wenn das Werkzeug wirklich dem letzten Stand entspricht, was bei manchen Debug-Werkzeugen für den PC der Fall ist, sollte es die Einbindung eines Texteditors sowie das Recompilieren (ein ablauffähiges Programm wird in den Quellcode zurückübersetzt) unterstützen, damit man Programm- oder Datenteile während der Debug-Sitzung modifizieren kann.

Früher waren derartige Werkzeuge zwar bekannt, aber nicht allgemein verfügbar. Das hat sich in letzter Zeit geändert – da jetzt jeder diese Werkzeuge einsetzen kann, empfehlen wir sie für alle Projektarten, unabhängig von deren Größe, Bereich, Kritikalität und Innovativität. Wenn also eine Softwarefirma ohne Quellsprachen-Debug arbeitet, sollte diese Situation umgehend geändert werden. Der Einsatz veralteter Debug-Methoden ist ebensowenig sinnvoll wie das Programmieren in Maschinensprache. Die Kosten für einen passenden Debugger sind verglichen mit allen anderen Kosten sehr gering.

8.3.3.2 Assertion Checker

Ein Assertion Checker (wörtlich Prüfer von Annahmen bzw. Behauptungen) ist ein Werkzeug zur Vorplanung einer Debug-Sitzung, d h., es werden Anweisungen bereitgestellt für das, was während der Programmausführung an bestimmten Punkten wahr sein bzw. eintreffen sollte. Ein Assertion Checker sollte beispielsweise folgende Möglichkeiten bereitstellen können:

- Lieferung legitimer, spezifischer Werte oder Bereichswerte für angegebene Programmvariablen

- Lieferung von Zusammenhängen zwischen und/oder innerhalb von Variablen, die für wahr angesehen werden sollen

- Verfolgung aller oder angegebener Vorkommnisse bestimmter Variablen oder Behauptungen

- Aufzeichnung aller Verletzungen angegebener Behauptungen

- Dynamische Kontrolle der Anwendung dieser Behauptungen

- Führung einer Aufzeichnungsdatei (Log) mit den Verletzungen von Behauptungen während der Programmausführung

Es sollte festgehalten werden, daß sich die Verwendung des Wortes »Behauptung« hier etwas von der Verwendung bei den Techniken für den »Nachweis der Richtigkeit« unterscheidet. Dort ist die Behauptung eine Anweisung in einem Prüfprozeß. Hier handelt es sich um eine Anweisung, deren Wahrheit vom Assertion Checker geprüft wird. Ob die Behauptung wahr oder falsch ist, hat in diesem Fall nichts mit der Prüfung auf Richtigkeit des Programms zu tun; es werden nur Hinweise darauf geliefert, ob das Programm dynamisch richtig ausgeführt wird.

Die Technik mit Behauptungen reicht in die 70er Jahre zurück und versprach für eine Weile neue Möglichkeiten zur Unterstützung des dynamischen Testens. Bei einigen Compilern konnte man die Behauptungen festlegen, darüber hinaus besaßen sie sogar die Möglichkeiten, sie dynamisch zu prüfen. Aber diese Technik verschwand mit der Zeit und wird heute kaum noch eingesetzt. Wenn ein Assertion Checker zur Verfügung steht, sollte er für alle Projektarten eingesetzt werden, besonders für kritische. Ist jedoch ein derartiges Werkzeug nicht vorhanden – und das ist heute der Normalfall – raten wir vom Kauf oder der Erstellung eines solchen Werkzeugs ab.

8.3.3.3 Beabsichtigter Ausfall

Der beabsichtigte Ausfall ist deshalb ein merkwürdiges Konzept, weil es einen beabsichtigten Programmausfall beinhaltet. Es gibt zwei völlig verschiedene Gründe für ein solches Vorgehen: »Fehlerverteilung« und »Mutationsanalyse«.

8.3.3.3.1 Fehlerverteilung

Eine der Kernfragen beim Software-Testprozeß lautet: »Wie lange sollen wir das Testen fortsetzen?« Die Antwort auf diese Frage hängt davon ab, wie viele Fehler während des Tests im Softwareprodukt zurückbleiben.

Um auf die Frage eine Antwort zu finden, haben sich einige Softwareforscher einen Begriff aus der Fischerei ausgeborgt. Hier wird die entsprechende Frage »Wie viele Fische mögen in dem See sein?« so beantwortet, daß gekennzeichnete Fische in den See gesetzt werden und anschließend wieder Fische gefangen werden, um festzustellen, wieviel Prozent von ihnen gekennzeichnet sind. Ausgehend von dem Prozentsatz (die Anzahl der im See ausgesetzten Fische ist bekannt) wird die Anzahl aller im See vorhandenen Fische einfach hochgerechnet. In der Fischerei ist diese Technik der Schätzung nützlich, zumal kein anderer Weg zur Beantwortung der Frage bekannt ist.

Wird die gleiche Technik auch beim Zählen von Softwarefehlern funktionieren? Die entsprechende Technik ist, daß absichtlich bestimmte Fehlerarten erstellt und erfaßt (»gekennzeichnet«) werden und dann, wenn der Debugger Fehler findet (»fängt«), festgestellt wird, weiviel Prozent davon absichtlich erstellt wurden. Davon ausgehend kann dann einfach die Anzahl der anderen, nicht absichtlich erstellten Fehler hochgerechnet werden.

Das ist eine interessante Idee, aber eine, die sich allgemein noch nicht durchgesetzt hat. Dafür gibt es verschiedene Gründe. Zum einen wird das absichtliche Einfügen von Fehlern in Software häufig als eine Form von Wahnsinn betrachtet. Es ist schwer genug, die vorhandenen Softwarefehler zu finden und zu entfernen. Aber, noch wichtiger, diese Technik funktioniert mit Fischen, weil man den gleichen Fisch kennzeichnet, wie er bereits im See vorhanden ist. Doch welche Softwarefehler sollte man vorsätzlich erstellen? Unterstellen wir, daß es die Fehler sein sollen, die wir in der Software finden wollen. Aber um welche Art von Fehlern handelt es sich dabei? Wenn wir dieses Fragespiel fortsetzen, fällt die ganze Idee schnell in sich zusammen. Deshalb können wir diese Technik für Softwareprojekte nicht empfehlen, und zwar unabhängig von der Projektart.

8.3.3.3.2 Mutationstest

Eine andere, wichtige Frage beim Testprozeß lautet: »Wie effektiv ist unsere Sammlung von Testfällen?« Wenn die Testfälle so angelegt sind, daß die meisten Softwarefehler erfaßt werden, können wir zufrieden sein. Wenn nicht, müssen wir neue Testfälle hinzufügen.

Der Mutationstest ist eine Möglichkeit zur Beantwortung dieser Frage. Noch einmal, wir fügen absichtlich Fehler in die Software ein, um festzustellen, ob sich in diesem Fall die Ausgaben entsprechend ändern. Wenn sich die Ausgaben nicht ändern, dann reichen die Testfälle nicht aus, um die von uns vorgenommene Änderung festzustellen. (Die Programme, die wir absichtlich mit Fehlern versehen haben, werden im biologischen Sinne des Wortes als »Mutanten« bezeichnet.)

Noch einmal, es gibt Probleme, wenn wir entscheiden wollen, welche Fehlerarten eingebracht werden sollen. Es gibt unendlich viele Fehlervarianten, vom Löschen einer vollständigen Anweisung bis hin zur Änderung der letzten Dezimalstelle einer Programmkonstante. Man kann sich leicht vorstellen, daß für die Erstellung der Mutanten viel Zeit benötigt wird, und tatsächlich kann die Erstellung von Mutanten von automatischen Werkzeugen unterstützt werden.

Das Testen mit Mutanten kommt wie die Fehlerverteilung in der Praxis kaum zum Einsatz. Allerdings wird der Mutationstest von einigen Theoretikern befürwortet. Vom jetzigen Status ausgehend und auch unter Berücksichtigung der geringen Unterstützung durch Theoretiker, können wir diese Technik für Softwareprojekte nicht empfehlen, und zwar unabhängig von der Projektart.

8.3.3.4 Leistungsanalyse

Testen und Validierung haben größtenteils mit der Fehlerbeseitigung zu tun. Die meisten anderen Abschnitte in diesem Teil des Buchs beschäftigen sich deshalb mit Techniken zur Fehlersuche und -beseitigung.

Allerdings ist die Fehlerbeseitigung nicht die einzige Aufgabe des Testens. Bei einigen Anwendungen ist die richtige Leistungsfähigkeit der Software ebenso wichtig wie die Fehlerbeseitigung. Wenn die Forderungen verlangen, daß die Software mit einem gewissen Grad an Effizienz ausgeführt werden muß, dann ist es wichtig herauszufinden, ob diesen Forderungen entsprochen wird.

Die Leistungsanalyse ist ein generischer Begriff für die Überprüfung der Programmeffizienz. Dafür gibt es eine große Anzahl von Werkzeugen. Einige davon sind sehr einfach und können sogar »per Hand« im Softwareprodukt kodiert werden, d h., es werden Zeitchecks am Anfang und Ende eines Programmteils eingefügt, dessen Zeitverhalten überwacht werden soll. Beispielsweise lassen sich so die Unterschiede bei einer langen Ausführung feststellen. Andere Techniken sind komplizierter, einige davon mit Analyzern, die auf der Hardware- oder Betriebssystemebene angesetzt werden und erfassen, was sich im Computer abspielt, an welcher Stelle etwas passiert und wieviel Zeit dafür benötigt wird. Derartige Werkzeuge sollen normalerweise folgende Ziele erfüllen:

- Feststellen, ob die Forderungen in bezug auf das Zeitverhalten erfüllt werden

- Herausfinden der zeitaufwendigen Programmteile

Für welche Projektarten ist der Einsatz der Leistungsanalyse wünschenswert? Es sind die Projekte, bei denen Forderungen hinsichtlich der Effizienz spezifiziert wurden, und all die Projekte, die viel und nicht nachvollziehbare Computerzeit beanspruchen, selbst dann, wenn ursprünglich keine Forderungen hinsichtlich der Leistungsfähigkeit gestellt wurden.

Dieser Hinweis für den Einsatz der Leistungsanalyse erfolgt losgelöst von Größe, Kritikalität oder Innovativität des jeweiligen Projekts. Im Hinblick auf die Anwendungsbereiche kann auf die Leistungsanalyse normalerweise bei Realzeitprojekten – und fallabhängig auch in anderen Bereichen, wie Geschäft, Wissenschaft und System – nicht verzichtet werden.

8.3.3.5 Forderungsorientiertes Testen

In den folgenden vier Abschnitten werden wir verschiedene Methoden zur Ausführung von »zielorientierten« Tests diskutieren. Jeder Abschnitt beschäftigt sich mit einem anderen *Ziel*, das im Testprozeß berücksichtigt werden muß. Später, im Abschnitt zur Annahme, werden wir uns mit »phasenorientierten« Tests auseinandersetzen. Es handelt sich dabei um verschiedene Testmethoden, die für verschiedene *Zeitabschnitte* des Testprozesses für Software in die Überlegungen einbezogen werden sollten. Diese Methoden ergänzen sich – man muß alle Ziele im Zusammenhang mit allen Phasen berücksichtigen.

Es folgen die vier Ziele:

- Forderungen (Testen, ob das Softwareprodukt den Forderungen entspricht)

- Struktur (Testen, ob alle Teile innerhalb der Struktur eines Softwareprodukts korrekt ausgeführt werden)

- Risiko (konzentriertes Testen, ob risikoreiche Programmteile korrekt ausgeführt werden)

- Statistik (Testen, um dem Kunden einen besseren Einblick in den Testprozeß zu geben)

Dieser Abschnitt beschäftigt sich mit den Forderungen und läuft unter der Überschrift »Forderungsorientiertes Testen«.

Diese Testebene ist das absolut erforderliche, jedoch keineswegs ausreichende Testminimum für jedes Softwareprodukt. Hier werden Testfälle konstruiert, um zu demonstrieren, daß jede der expliziten Forderungen, die in der entsprechenden Spezifikation festgeschrieben wurden, erfüllt wurde. Häufig wird die Vollständigkeit der forderungsorientierten Tests über die Erstellung einer »Testfall-Matrix« ermittelt, einer Matrix, in der Testfälle mit den Forderungen verknüpft sind. Es werden also Testfälle entsprechenden Forderungen zugeordnet.

Ein gewissenhaftes, forderungsorientiertes Testen könnte theoretisch eine endlose Anzahl von Testfällen ergeben. Man möchte beispielsweise alle möglichen Werte jeder Eingabevariablen testen, was natürlich unmöglich ist. Um die Anzahl der Testfälle (und die dafür anfallenden Kosten) einzugrenzen, verwenden wir den Begriff »gleichwertige Klassen« – ein Testfall repräsentiert eine Anzahl anderer, möglicher Testfälle. Wenn beispielsweise ein Programm für alle Werte zwischen 0 und 10.000 der Variablen Alpha dasselbe ausführt, dann benötigen wir für das Testen nur einen Wert aus diesem Bereich. Bei der Definition der gleichwertigen Klassen ist die Verwendung des Begriffs »Ursächlich beeinflußte Darstellung« nützlich, weil damit die Anweisungen in den Forderungen identifiziert werden, die selber Ereignisse verursachen, und diejenigen, die nur Auswirkungen anderer Ursachen sind. Testfälle können dann so gewählt werden, daß sie alle Ursachen aktivieren und alle damit zusammenhängenden Auswirkungen produzieren. »Testen des Grenzwerts« ist ein weiterer Begriff für eine Technik, die sich insbesondere mit den Werten für Eingabevariablen bei einem entsprechend sensitiven Programm beschäftigt. Und wenn uns die Erfahrung mit einer derartigen Anwendungsart sagt, daß bestimmte Dinge eher fehlerhaft sein könnten als andere, wenden wir das sogenannte »Fehlerraten« für die Konstruktion von Testfällen an. So können wir feststellen, was bei derartigen Gegebenheiten geschieht.

Das forderungsorientierte Testen wird häufig auch mit »Black-Box-Test« bezeichnet, da die Konstruktion der benötigten Testfälle keine Kenntnisse über die internen Abläufe des Softwareprodukts erfordert. Es handelt sich also um eine einfache Form des Testens, die beispielsweise von unabhängigen Testgruppen vorgenommen werden kann (normalerweise können nur Entwickler testen, da Kenntnisse über den Aufbau des Produkts erforderlich sind). Glücklicherweise kann durch eine wohlüberlegte Anwendung dieser Techniken eine überschaubare Anzahl von Testfällen für das sorgfältige, forderungsorientierte Testen entwickelt werden. Allgemein jedoch bedeutet das Testen aller Forderungen für ein Softwareprodukt keineswegs, daß alle Möglichkeiten einer Software getestet werden. Und damit kommen wir zum strukturorientierten Testen.

Doch bevor wir fortfahren, ist der Hinweis wichtig, daß ein forderungsorientiertes Testen für alle Projektarten durchgeführt werden sollte, und zwar unabhängig von Größe, Bereich, Kritikalität oder Innovativität. Allerdings sollten bei kritischen Projekten die forderungsorientierten Testfälle noch sorgfältiger ausgearbeitet werden, d.h., es sollten mehr Testfälle pro gleichwertiger Klasse und Ursache/Einfluß verwendet werden, und es sollte noch sorgfältiger auf das Herausfinden aller Grenzwerte geachtet und noch mehr Zeit für das Fehlerraten aufgewendet werden.

8.3.3.6 Strukturorientiertes Testen

Wir haben bereits darauf hingewiesen, daß das forderungsorientierte Testen notwendig, jedoch nicht ausreichend ist. Wir haben es als Black-Box-Test charakterisiert, da ein Verstehen der programminternen Abläufe nicht erforderlich ist.

Thema dieses Abschnitts ist eine wichtige Ergänzung zum forderungsorientierten Testen, nämlich das strukturorientierte Testen. Wer diese Testart anwenden will, muß bei der Konstruktion der Testfälle das Programm begreifen, d.h. erkennen, welche Struktur es besitzt. Diese Testart wird häufig als White-Box- oder Clear-Box-Test bezeichnet, da man in der Lage sein muß, das Softwareprodukt zu durchschauen. Doch warum muß es noch eine Methode geben, die über das forderungsorientierte Testen hinausgeht? Die Anwort liegt in der Komplexität des Softwareprodukts.

Selbst für einen komplizierten Softwareteil sind meist nicht mehr als einige hundert explizit ausgewiesene Forderungen notwendig. Doch wenn man beginnt, eine Lösung für das per Forderungen definierte Problem zu entwickeln, entsteht quasi eine Explosion der Komplexität. Um ein Design zu erstellen, das einen festgelegten Satz von Forderungen erfüllt, muß definiert werden, *wie* die jeweilige Forderung erfüllt werden kann. Und in diesem »Wie« liegt die Komplexität der Software. Die angemerkte Explosion der Komplexität zeigt sich in der Anzahl der Designanweisungen, die für das Einbringen einer Forderung notwendig sind. Forscher haben festgestellt, daß 50 bis 100 Designanweisungen typisch sind. Einige bezeichnen das als »Forderungsexplosion«, da die expliziten Forderungen der ursprünglichen Spezifikation durch diverse implizite Forderungen erweitert werden müssen, um eine Lösung des jeweiligen Problems zu ermöglichen.

Ausgehend von der o. g. Explosion wird das endgültige Softwareprodukt weitaus komplexer sein, als man es zum Zeitpunkt der Forderungen erwarten konnte. Es muß also nach Wegen gesucht werden, um dieses komplexe Produkt testen zu können. An diesem Punkt kommt das strukturorientierte Testen zum Tragen.

Das Ziel des strukturorientierten Testens liegt darin, die Software in Segmente aufzuteilen, die dann einzeln (und bequem) auf Richtigkeit hin getestet werden können. Ein vorgegebener Testfall kann mit einem Satz dieser Segmente ausgeführt werden, und wir können feststellen, a) ob alle derartigen Segmente getestet wurden und b) welche Segmente noch getestet werden müssen.

Es gibt viele Möglichkeiten, wie Segmente bestimmt werden können. Für ein stark objekt- oder datenorientiertes Softwareprodukt könnten wir die Segmente nach Objekten, Datenstrukturen oder Datenfluß prüfen. Normalerweise geht es beim strukturorientierten Testen jedoch um logische Segmente. Logische Segmente können auf einer hohen Ebene angesiedelt sein, wie z.B. Komponenten oder Module. Allerdings gibt es die Technik, Segmente in der Verzweigungsebene zu prüfen, und diese Technik wird am häufigsten beim strukturorientierten Testen angewandt. Auf dieser Ebene versuchen wir festzustellen, welche geradlinigen Programmsegmente (die Elemente zwischen den Verzweigungen) ausgeführt wurden.

Verzweigungen sind in verschiedenen Programmiersprachen unterschiedlich vorhanden. Aber aus Sicht des strukturierten Kodierens gibt es Verzweigungen bei den Anweisungen IF-THEN-ELSE, DO (Schleife), CASE und GOTO. Und Segmente sind Ansammlungen von Code, der zwischen den Paaren solcher Verzweigungsanweisungen liegt.

Wenn wir das strukturierte Testen manuell durchführen müßten (also in irgendeiner Form aufzeichnen müßten, welche Elemente wir getestet haben und welche nicht), wäre dies nahezu unmöglich. Von dieser Situation ausgehend, kann selbst ein erfahrener Softwareentwickler nur schwer vorhersagen, welche Programmsegmente bei einem vorgegebenen Testfall ausgeführt werden. Zum Glück gibt es Werkzeuge, um diese Art der Festlegung zu unterstützen. Sie werden später im Abschnitt »Analyzer für den Testumfang« behandelt.

Beim forderungsorientierten Testen wird vorausgesetzt, daß 100% aller Forderungen getestet werden. Gilt das auch für das strukturorientierte Testen?

Leider lautet die Antwort Nein. Die bereits erwähnte Explosion, nun auf die Segmentebene extrapoliert und deshalb erheblich größer als der Explosionsfaktor 50 oder 100 im Designstadium, macht es sogar für das einfachste Softwareprodukt unmöglich, ein hundertprozentiges, strukturorientiertes Testen durchzuführen. Erfahrungen zeigen, daß, wenn Softwareentwickler von sorgfältigen Tests ausgehen, tatsächlich nur 55% bis 60% der Programmstruktur getestet wurden. Mit Hilfe der strukturorientierten Testtechniken läßt sich dieser Prozentwert relativ einfach auf bis zu 90% der Struktur erhöhen. Darüber hinaus werden die Dinge schnell äußerst umfangreich. Das Erzielen eines hundertprozentigen, strukturellen Testumfangs ist im allgemeinen unmöglich (es gibt Ausnahmebedingungen und andere Gegebenheiten, wie z.B. die Ausführung nur schwer zu erstellender Testfälle). Wenn Software auf einer 95%-Ebene strukturell getestet wurde, kann das als außergewöhnlich sorgfältig eingestuft werden. Doch was ist mit den verbleibenden Prozenten der Struktur, die nicht getestet wurden? Experten raten, das Testen zu beenden und statt dessen diese Programmsegmente intensiv zu inspizieren.

Es sollte angemerkt werden, daß selbst ein hundertprozentiges, strukturorientiertes Testen, wie hier definiert, unzureichend wäre. Wir stellen mit dieser Methode nur fest, welche Teile der Struktur ausgeführt wurden. Es gibt zwei Situationen, in denen das nicht ausreicht:

- Ein Teil der Logik wurde ausgelassen (strukturorientiertes Testen kann uns keinen Hinweis auf etwas geben, das nicht vorhanden ist).

- Es würde ein Fehler auftreten, wenn eine Ansammlung von Segmenten in einer bestimmten Abfolge ausgeführt wird (strukturorientiertes Testen kann nicht die Reihenfolge der Ausführung berücksichtigen).

Es gibt einige Hinweise in bezug auf die Gültigkeit dieser Bedingungen. Eine ziemlich einfache Untersuchung mit einigen nicht sehr komplexen Softwareprogrammen hat gezeigt, daß nur 25% der Fehler in dieser Software mit den hier vorgestellten strukturorientierten Techniken hätten entdeckt werden können; 35% der Fehler hatten mit dem Übergehen der erforderlichen logischen Segmente zu tun, und weitere 40% der Fehler traten nur dann auf, wenn bestimmte Segmentkombinationen ausgeführt wurden. Das ist ein ziemlich entmutigendes Ergebnis, da es uns zeigt, daß das unerreichbare hundertprozentige strukturorientierte Testen nur zu 25% so gut ist, wie wir es gerne hätten.

Das Testen von Software ist ein Prozeß, bei dem nur Stichproben entnommen werden. Egal, wie sorgfältig der Test durchgeführt wird, es gibt keine Garantie dafür, daß das Softwareprodukt fehlerfrei ist. Damit kommen wir wieder zur früher getroffenen Folgerung, daß die Fehlerbeseitigung aus einer Kombination von verschiedenen Techniken bestehen sollte, und keine Technik sollte ausgeschlossen werden.

Was ist aber unter diesen Voraussetzungen mit den Projektarten? Als erstes sollte man versuchen, bei kritischen Projekten so nahe wie möglich an das hundertprozentige strukturorientierte Testen heranzukommen, und dieses mit einer intensiven Inspektion ergänzen. Selbst dann sollte man noch nicht aufhören, sondern möglichst viele weitere Techniken der Fehlerbeseitigung anwenden. (Andere, zielorientierte Methoden werden im folgenden vorgestellt.) Bei den verbleibenden Projektarten – unkritische Projekte jeder Größe, jedes Bereichs und jedes Innovationsgrads – sollte der Tester versuchen, mindestens 85% der Segmente abzudecken. Für den Rest sollte er wieder die Inspektionstechniken anwenden.

Wie sieht es in dieser Hinsicht mit der Praxis aus? Viele Softwareorganisationen wissen nicht einmal um die Existenz der Analysewerkzeuge für den Testumfang und haben deshalb keine oder nur geringe Vorstellungen darüber, wieviel ihrer Softwarestruktur getestet wurde. Vielleicht ist dies ein Themenbereich, in dem der größte Schritt in bezug auf die Zuverlässigkeit von Software noch zu machen ist. Das hundertprozentige strukturorientierte Testen ist, wie wir festgestellt haben, nicht gut genug. Aber wahrscheinlich liegt der aktuelle Stand der Praxis eher bei 55%, was absolut nicht zufriedenstellend ist.

8.3.3.7 Risikoorientiertes Testen

Wenn das forderungsorientierte und das strukturorientierte Testen nicht ausreichen, was soll der besorgte Tester tun? Die Antwort könnte im risikoorientierten Testen liegen – Tests, die sich auf die schlimmsten Faktoren, die falsch laufen können, konzentrieren.

Unterstellen wir, daß Leben oder große Geldsummen vom zufriedenstellenden Funktionieren Ihrer Software abhängen. Unter diesen Gegebenheiten ist es wichtig, mögliche Katastrophen, also die größten Risiken, zu definieren.

Nachdem das geschehen ist, müssen Sie sich von diesen größten Risiken aus »zurückarbeiten« und die Stellen identifizieren, an denen Softwarefehler entsprechende Katastrophen auslösen können. Nachdem die Stellen identifiziert wurden (und bei einer durchschnittlich komplexen Software können das viele Stellen sein), müssen Sie sich auf eine bestimmte große Anzahl von Testfällen für diese kritischen Stellen konzentrieren. Eingabedaten, mit denen diese Stellen ausführbar werden, müssen festgestellt werden, es müssen Testfälle mit diesen Eingabedaten erstellt und diese Testfälle ausgeführt und beurteilt werden. Beachten Sie, daß dies eine spezielle Form des strukturorientierten Testens ist, das die Teilnahme eines erfahrenen Softwareentwicklers notwendig macht und bei dem die gewählte Struktur auf dem Ausfallrisiko basiert.

Für welche Arten von Softwareprojekten ist das risikoorientierte Testen angemessen? Die eindeutige Antwort zielt in Richtung der kritischen Projekte. Solange ein Projekt nicht kritisch ist, gibt es wenig Grund für den Einsatz dieser Methode, vorausgesetzt, es wurden forderungsorientierte und strukturorientierte Tests durchgeführt.

8.3.3.8 Statistikorientiertes Testen

Es gibt noch eine weitere Form der zielorientierten Testmethode, nämlich das statistikorientierte Testen. Hier werden Testfälle nach der Zufallsmethode generiert, üblicherweise ausgehend von einem typischen Arbeitsprofil des beabsichtigten Softwareeinsatzes. Die Absicht ist, daß die simulierte aktuelle Produktanwendung getestet wird. Die Befürworter des statistikorientierten Testens empfehlen meist deren Einsatz anstelle der bereits oben vorgestellten zielorientierten Testmethoden, besonders anstelle des strukturorientierten Testens. Diese Befürworter glauben, daß typische Testfälle nützlicher für die Fehlerbeseitigung sind als die Testfälle, die durch die Softwarestruktur definiert werden. Außerdem zählt bei den Befürwortern wohl auch die Tatsache (obwohl das so nicht gesagt wird), daß das statistikorientierte Testen im Gegensatz zum strukturorientierten von unabhängigen Personen vorgenommen werden kann. Erinnern Sie sich daran, daß beim Cleanroom-Prozeß, bei dem das statistikorientierte Testen ein Bestandteil ist, versucht wird, alle Softwareentwickler von allen Testverfahren auszuschließen.

Das Problem mit der statistikorientierten Testmethode – wir haben darauf im Cleanroom-Abschnitt hingewiesen – liegt darin, daß dem Testen von Ausnahmebedingungen zu wenig Gewicht beigemessen wird und Testvorhersagen nur schwer zu konstruieren sind. Es scheint für die Autoren dieses Buchs weitaus effektiver und effizienter zu sein, sich auf die Tests zu konzentrieren, für die bei den Entwicklern ein Bedarf vorhanden ist, und nicht auf die Zufallsgenerierung.

Dennoch gibt es einen Grund für die *Ergänzung* der bisher angeführten Testmethoden durch die statistikorientierten Methoden. Wir hatten bereits früher darauf hingewiesen: Die Aussage, daß 100% der Forderungen getestet wurden, gibt potentiellen Kunden und Anwendern eines Softwareprodukts zuviel Vertrauen, und die Aussage, daß 85% der Struktur getestet wurde, sagt dem Kunden oder Anwender rein gar nichts. Falls es erwünscht oder notwendig ist, verständliche Aussagen gegenüber Kunden/Anwendern in bezug auf Tests und Testergebnisse zu machen, ist die statistische Testmethode ein ausgezeichneter Ansatz. Was könnte schon für den Anwender wichtiger sein, als zu wissen, in welchem Maße die Software die jeweiligen Eingabedaten zufriedenstellend bearbeitet?

Als Ergebnis befürworten wir das statistikorientierte Testen nur unter dieser Bedingung, unabhängig von Projektgröße, Anwendungsbereich oder Innovativität. Für die kritischen Projekte, bei denen das Produkt proportional zum Testaufwand verbessert werden kann, ist die statistikorientierte Methode eine zusätzliche, ergänzende Testtechnik. Allerdings darf es nicht passieren, daß der Tester zugunsten dieser Methode das strukturorientierte oder risikoorientierte Testen vernachlässigt.

8.3.3.9 Analyzer für den Testumfang

Im Abschnitt über das strukturorientierte Testen haben wir darauf hingewiesen, daß es ein Analyseprogramm (Analyzer), d.h. ein Werkzeug zum Messen des Testumfangs bzw. der Testreichweite gibt.

Mit diesem Analyzer können u.a. folgende Fragen beantwortet werden:

- In welchem Maße wurde die Struktur einer Software mit dem Testfall-Set getestet?
- Welche Teile der Struktur wurden nicht mit dem Testfall-Set getestet?

Und so arbeitet der Analyzer:

- Vor Ausführung des Testfall-Sets wird das zu testende Programm »instrumentiert«, d.h., es wird Code eingesetzt, mit dem gezählt wird, wie oft jeder Teil der Struktur ausgeführt wird.
- Während der Ausführung des Testfall-Sets werden die Ausführungen pro Segment gezählt. Die entsprechenden Zahlen werden dann kumulativ angezeigt bzw. ausgedruckt.
- Nach der Ausführung des Testfall-Sets werden die Werte angezeigt bzw. ausgedruckt und kumulativ nach Programmteil und für alle Testfälle summiert.

Programmteile sind normalerweise logische Segmente, die Verzweigungspunkte miteinander verbinden, wie bereits im Abschnitt über das strukturorientierte Testen angesprochen. Allerdings gibt es auch Analyzer für den Testumfang, die ein Programm in andere Programmteile zerlegen können, wie z.B. Module oder Komponenten.

Normalerweise prüfen derartige Analyzer den logischen Umfang eines Programms. Aktuelle Forschungen zielen aber darauf ab, statt dessen den Datenfluß zu prüfen, d.h., ein Programmteil wird so beschrieben, daß er aus Definitionen (Punkten, an denen bestimmten Variablen Werte zugewiesen werden) und sogenannten Edges (Verbindungen zwischen Definitionen und Bezügen auf diese Variablen) besteht. Ein derartiges Werkzeug könnte für eine stärker datenorientierte Software nützlich sein, wie z.B. für Geschäftsanwendungen. Allerdings gibt es ein Problem mit dem Testumfang auf der Datenflußebene. Die Absicht der Technik ist, den Testumfang bzw. die Testtiefe über den Datenfluß einer Variablen zu verfolgen; das ist jedoch bei indizierten Variablen oder Pointer-Variablen mit variablen Indizes/Pointern nicht möglich, und es scheint keine Lösung zu geben. Dennoch hat dieses Problem die Forscher nicht davon abgehalten, weiter in Richtung Testumfang und Datenfluß zu forschen. Beispielsweise bespricht Horgan [1994] eine empirische Studie in bezug auf den Zusammenhang zwischen Testumfang, Datenfluß und Softwarequalität. Da das Forschungsinteresse an diesem Themenbereich groß ist, sollten Praktiker auf mögliche Fortschritte achten.

Hinsichtlich der Anwendbarkeit dieser Techniken für bestimmte Projektarten empfehlen wir, Analyzer für den logischen Testumfang immer dann zu verwenden, wenn das strukturorientierte Testen zum Tragen kommt (es gibt keine effektivere Möglichkeit zur Prüfung der Struktur). Die derzeitigen Analyzer für den Testumfang des Datenflusses bei kritischen Anwendungen, die stark vom Datenfluß abhängig sind, haben Probleme mit indizierten und Pointer-Variablen und sind die zusätzlichen Kosten noch nicht wert.

Verweis

[Horgan 1994] Joseph R. Horgan, Saul London und Michael R. Lyu, »Achieving Software Quality with Testing Coverage Measures«, *IEEE Computer*, Sept. 1994.

8.3.3.10 Testfallmanagement

Wenn eine signifikante Anzahl von Testfällen ausgeführt werden soll, wird das Management dieser Ausführungen schwierig. Deshalb wurden Werkzeuge entwickelt, mit denen die Ausführung der Testfälle unterstützt wird. Zusammenfassend werden sie als »Testfallmanager« bezeichnet.

Testfallmanager sind verantwortlich für:

- Testauswahl. Ausgehend von einer Gegenüberstellung von Testfällen und Programmkomponenten, wählt der Testmanager die Testfälle aus, die für einen bestimmten Testlauf angemessen sind.
- Testausführung. Die ausgewählten Testfälle werden ausgeführt.
- Prüfen des Testergebnisses. Die Ergebnisse der Testläufe werden mit einer Testvorhersage verglichen und Abweichungen festgehalten.
- Aufbereitung des Testberichts. Eine Zusammenfassung der Erfolge und Mißerfolge eines Testfalls wird aufbereitet.

Es gibt nur eine spezielle Form des Testfallmanagers, die als *Umgebungssimulator* bezeichnet wird. Diese Art von Manager gestattet, daß Software, die als Teil eines größeren Systems entwickelt wurde, ohne dieses System getestet werden kann. Das geschieht durch ein Softwareprodukt, welches das große System nur simuliert (die »Umgebung«, in der die jeweilige Software ausgeführt werden soll). Ein Testmanager steuert dann die Interaktion zwischen der Software im Test und dem Programm für die Umgebungssimulation. Die im Test befindliche Software läßt sich wie in der wirklichen Umgebung ausführen.

Für welche Projektarten eignen sich diese Methoden? Testmanager sind für große Projekte von Nutzen, unabhängig von Bereich, Kritikalität oder Innovativität. Umgebungssimulatoren eignen sich für eingebettete Echtzeit-Anwendungsbereiche, unabhängig von Projektgröße, Kritikalität oder Innovativität.

8.3.3.11 Testdaten-Generator

Testdaten-Generatoren sind Werkzeuge zur Konstruktion von Testfällen. Dabei gibt es große Unterschiede bei den Vorgehensweisen:

- Aufnehmen vorher verwendeter Testfälle und deren Abspielen bei zukünftigen Tests (besonders dann nützlich, wenn Testfälle sich wiederholende Abfolgen von Online-Tastatureingaben beinhalten)

- Auswahl von Teilen »lebendiger« Datenbanken oder Dateien, die dann als Testfälle dienen

- Generieren zufälliger Testfälle, passend für die jeweiligen Vorgaben

- Konstruktion von Testfällen durch Prüfen der Softwarestruktur um herauszufinden, welche Bedingungen für die Ausführung bestimmter Segmente eingehalten werden müssen

Die ersten drei Techniken sind einfach durchzuführen. Es gibt fertige Werkzeuge, mit denen Test-Sets über Aufnehmen/Wiedergeben und mit lebendigen Datendateien erstellt oder entsprechend den Projektanforderungen einfach konstruiert werden können. Auch Zufallsgeneratoren lassen sich an das jeweilige Projekt anpassen. (Dazu ist ein Zufallszahlengenerator erforderlich, der jedoch in den meisten Softwarebibliotheken enthalten ist.)

Die letztgenannte Technik ist leider noch in weiten Bereichen ein Forschungsprojekt. Ein derartiges Werkzeug wäre äußerst sinnvoll für die automatische Konstruktion der Testfälle, die zur Verbesserung der Prüfung des strukturorientierten Testumfangs benötigt werden. Es würden dabei Testfälle konstruiert werden, die noch nicht getestete Teile eines Programms ausführen könnten. Doch das ist sehr schwierig, und es gibt zur Zeit noch kein fertiges Werkzeug für diese Aufgabe. Allerdings arbeiten Forscher schon seit langem an einem derartigen Konzept.

Für welche Projektarten sollten Testfallgeneratoren verwendet werden? Aufnahme und Wiedergabe sind besonders nützlich für Software mit direkter Interaktion mit dem Anwender, und zwar unabhängig von Projektgröße, Bereich, Kritikalität oder

Innovativität. Das Extrahieren von lebenden Daten ist nützlich für datenorientierte Anwendungen, wie z.B. Geschäftsanwendungen. Die Zufallsgenerierung von Testfällen eignet sich besonders für Fälle, in denen das statistikorientierte Testen zum Tragen kommt. Die automatische Generierung von Testfällen ist noch nicht so zuverlässig, daß man sie für irgendeine Projektart empfehlen könnte. Sollte diese Technik jedoch zuverlässiger werden, wäre sie für alle Projekte sinnvoll, bei denen ein Analyzer zum Messen des Testumfangs der Programmlogik eingesetzt wird.

8.3.3.12 Standardtests

Für bestimmte Anwendungsarten gibt es standardisierte Testpakete, die sofort eingesetzt werden können. Beispielsweise können (und müssen) die Compiler für die führenden Programmiersprachen getestet werden, und zwar unter Verwendung von Standardsets von Testfällen, die auf die Eigenschaften der jeweiligen Sprache ausgerichtet sind. Leider ist die Zahl derartiger Anwendungen recht klein.

Bei welchen Projektarten sollte das standardisierte Testen angewandt werden? Bei allen Projekte, für die derartige Tests verfügbar sind. Allerdings beschränkt sich das nur auf bestimmte Arten von Systemprogrammen.

8.3.3.13 Testdokumentation

Schon aus der Länge dieses Buchabschnitts läßt sich erkennen, daß das Testen ein immens großer Bereich ist. Wenn der Leser also feststellt, daß dies der zeitaufwendigste Teil der Softwareentwicklung ist, wird ihn das kaum überraschen.

Diese Komplexität ruft nach Dokumentation. Die typische Testdokumentation umfaßt folgendes:

- Testplan. In diesem Dokument werden die Pläne und Philosophien für den Testprozeß offengelegt, die Testfälle selbst sind enthalten, und es wird eine Forderungen/Testfall-Matrix erstellt (sie zeigt, wie der forderungsorientierte Testumfang erzielt wird).

- Testprozedur. Dieses Dokument beschreibt, wie die Testfälle ausgeführt werden. Dazu gehören auch die erforderlichen Einrichtungen, die Verantwortlichkeiten für die jeweiligen Mitarbeiter und der Genehmigungsprozeß.

- Prüfbericht. Dieses Dokument faßt die Testergebnisse zusammen, mit Hinweisen darauf, welche Testfälle erfolgreich ausgeführt wurden und welche nicht, und was bei letzteren unternommen wurde. Häufig wird der Prüfbericht angefertigt, nur um die Ergebnisse des Annahmetests zu beschreiben. Er ist dann auch ein Ausnahmebericht, der nur zeigt, was bei ungewöhnlichen Fällen geschehen ist, z.B. erfolglose Testläufe, die wiederholt werden mußten.

Für welche Projektarten sollte die Dokumentation der Testfälle verwendet werden? Sie ist besonders wichtig für große Projekte (die Dokumentation sorgt für Ordnung) und für kritische Projekte. Es gibt hier keinen speziellen Bereich, und innovative Projekte könnten eventuell mit weniger Dokumentation auskommen, da derartige Projekte nur schwer planbar sind.

8.3.3.14 Test Review

Ebenso wie der Testprozeß ist auch der Prozeß des Reviews von Tests häufig komplex. Test Reviews werden grundsätzlich vor dem eigentlichen Testen durchgeführt. Damit soll sichergestellt werden, daß die durchzuführenden Tests erforderlich und ausreichend sind. Nachdem das Testen abgeschlossen ist, wird ein Review der Testergebnisse im Hinblick auf die Annahme und auf die gemachten Erfahrungen durchgeführt. Bei diesen Reviews wird dann die oben angeführte Testdokumentation diskutiert.

Die Projektarten, für die Test Reviews angemessen sind, stimmen mit den Arten für die Testdokumentation überein (siehe Anmerkungen im vorherigen Abschnitt).

8.3.4 Zusammenfassung: Testen und Validierung

Lassen Sie uns die Forderungen von ISO 9000-3 und unsere eigenen Beiträge in bezug auf das Testen und die Validierung zusammenfassend betrachten.

Vieles von dem, was von ISO 9000-3 verlangt wird, dreht sich um Planung und Dokumentation – was im Testplan vorhanden sein und was während des Testens unternommen werden sollte.

Verglichen damit ist das, was wir in Abschnitt 8.3 vorgestellt haben, erheblich umfangreicher. An dieser Stelle befinden wir uns wieder im weiten Feld zwischen dem »Was« und dem »Wie«. So wie Design und Implementierung komplexe technische Themen sind, die weit mehr Kenntnisse erfordern als aus der vereinfachten Anleitung in ISO 9000-3 entnommen werden kann, erfordern auch das Testen und die Validierung mehr Aufmerksamkeit, als in ISO 9000-3 für eine Qualitätssoftware gefordert wird.

Es gibt keinen Grund, mit dem, was ISO 9000-3 fordert, nicht übereinzustimmen – ein gutes Qualitätssicherungssystem dokumentiert ganz speziell die Elemente, die es benötigt. Aber, so möchten wir hinzufügen, ein derartiges Qualitätssicherungssystem sollte erheblich weiter gehen, und diese zusätzliche Dimension haben wir hier versucht aufzuzeigen.

In Tabelle 8.3 stellen wir unsere Empfehlungen für das Testen und die Validierung vor, die über die Forderungen von ISO 9000-3 hinausgehen. So wie bei den vorherigen, zusammenfassenden Abschnitten in diesem Buch sind diese Empfehlungen manchmal kontrovers. Wenn in der Tabelle bestimmte Muster vorhanden sind, tendieren sie in diese Richtung: Methoden zum Testen und Validieren, die Werkzeuge benötigen, sollten meist nur bei großen und kritischen Projekten angewandt werden, es sei denn, diese Werkzeuge sind bereits in der jeweiligen Organisation vorhanden. Und einige Konzepte, die an anderer Stelle in bezug auf Testen und Validieren befürwortet wurden, sollten für die Projekte nur am Rande berücksichtigt werden (z.B. Prüfung der Richtigkeit, Fehlerverteilung und Mutationstest).

Kapitel 8

Technik/Werkzeug	Projektart									
	Größe		Anwendung				Kritikalität		Innovation	
	gr.	Kl.	Ge	Wi	Sys	EZ	hoch	niedrig	hoch	niedrig
Prüfen am Schreibtisch	J	J	J	J	J	J	J	J	J	J
Codeprüfung durch Gleichrangige	K	K	K	K	K	K	J	K	K	K
Strukturanalyse	J	Wv	J	J	J	J	J	Wv	Wv	Wv
Nachweis der Richtigkeit	N	N	N	N	N	N	JW	N	N	N
Fehlersuche in der Quellsprache	J	J	J	J	J	J	J	J	J	J
Assertion Checker	Wv	N	Wv	Wv	Wv	Wv	Wv	Wv	Wv	Wv
Beabsichtigter Ausfall	N	N	N	N	N	N	N	N	N	N
Leistungsanalyse	JA	JA	JA	JA	JA	J	JA	JA	JA	JA
Forderungsorientiertes Testen	100%									
Strukturorientiertes Testen	85%						100%		85%	
Risikoorientiertes Testen	N	N	N	N	N	N	J	N	N	N
Statistikorientiertes Testen	JA	N	JA	JA	JA	JA	JW	JA	JA	JA
Analyzer für den Testumfang	Immer einsetzen, wenn das strukturorientierte Testen verwendet wird.									
Testfallmanagement	J	JA	JA	JA	JA	J	JA	JA	JA	JA
Testdatengenerator	Siehe Abschnitt 8.3.3.11 für Einzelheiten									
Standardtests	Siehe Abschnitt 8.3.3.12 für Einzelheiten									
Testdokumentation	J	N	JA	JA	JA	JA	J	N	N	JA
Test Review	J	N	JA	JA	JA	JA	J	N	N	JA

Tabelle 8.3 Projektarten zu Techniken: Testen und Validierung

Legende:
Wv = Wenn vorhanden
K = Kernbereiche
N = Nein

J = Ja
JA = Ja, wenn anwendbar
JW = Ja, wenn alle anderen Methoden ebenfalls verwendet werden

8.4 Annahme

An dieser Stelle muß noch einmal daran erinnert werden, daß sich ISO 9000-3 hauptsächlich auf gekaufte Software bezieht. Der Annahmeprozeß ist unter diesen Umständen normalerweise viel formeller, als wenn beispielsweise eine Software für den internen Gebrauch entwickelt wird. Häufig gibt es ein formelles Dokument, im Vorwege vorbereitet, in dem der Prozeß der Genehmigung (oder der Nichtgenehmigung) während der Annahmeprüfungen dargelegt ist.

Die Hilfe in ISO 9000-3 für die Annahme ist wieder sehr minimal:

- Der Auftraggeber sollte auf die im Vertrag festgelegte Weise beurteilen, ob das Produkt entsprechend der vorher vereinbarten Kriterien annehmbar ist oder nicht.

- Die Methode für die Behandlung von Problemen, die während des Annahmeverfahrens gefunden werden, und ihre Beseitigung sollten zwischen Auftraggeber und Lieferant vereinbart und dokumentiert werden.

- Die Planung der Annahmeprüfungen sollte einen Terminplan, Bewertungsverfahren, Software-/Hardwareumgebung, Ressourcen sowie die Annahmekriterien enthalten.

Das sind die Aussagen von ISO 9000-3 in bezug auf die Annahme. So wie in den vorherigen Abschnitten besprochen, ist für ein Projekt bzw. die erfolgreiche Ausführung von Annahmeprüfungen mehr erforderlich, obwohl hier die Lücke vielleicht nicht so groß ist wie in den vorherigen Abschnitten. An dieser Stelle wollen wir nicht nur den Prozeß der Annahmeprüfung durchgehen, sondern auch die Phasen, die zu der Annahmeprüfung führen. Im Abschnitt über Testen und Validieren haben wir bereits auf die erforderlichen Werkzeuge und Methoden hingewiesen. Hier wollen wir die einzelnen Prüfphasen diskutieren: Einheitentest, Integrationstest, Systemtest und andere Tests. Annahmeprüfungen sind nur die Spitze eines stattgefundenen Prozesses.

8.4.1 Annahmethemen

Allzu häufig ist die Annahme ein einfacher Prüfvorgang. Der Kunde stimmt zu, daß bestimmte Tests ausgeführt werden und wie das Ergebnis dieser Tests auszusehen hat. Wenn diese Tests positiv verlaufen, unterzeichnet der Kunde die entsprechenden Formulare und übernimmt formell die Software.

Testen ist jedoch eine notwendige, aber nicht ausreichende Bedingung für die Annahme. Der Kunde, der die Software annimmt, übernimmt diese mit all ihren Qualitätsmerkmalen, wie Portabilität, Effizienz, Technologie, Verständlichkeit, Modifizierbarkeit und Zuverlässigkeit. Der Kunde nimmt mit der Software auch deren Dokumentation an. Und all diese Merkmale des Softwareprodukts erfordern eine hohe Aufmerksamkeit zum Zeitpunkt der Annahme.

Es stimmt, daß Testen bzw. Prüfen das wichtigste Thema in bezug auf die Annahme ist. Wenn die Software falsche Ergebnisse produziert, sind alle übrigen Attribute nur noch Makulatur. Und allzu häufig, auch wenn die Software vor der Annahmeprüfung sorgfältig getestet wurde, werden während der Annahme noch Fehler entdeckt. Die Software läuft in der Computerumgebung des Kunden nicht mehr fehlerfrei oder versagt in einem Testfall, der so im Vorwege nicht durchgeführt wurde bzw. nicht durchgeführt werden konnte.

Doch Software beinhaltet mehr als nur Zuverlässigkeit. Im Annahmeverfahren sollten deshalb auch Dinge wie Wartungsfähigkeit, Effizienz, Qualität der Benutzerschnittstelle und, sofern angebracht, die Portabilität berücksichtigt werden. Dazu gehört auch die passende Dokumentation.

Leider gibt es nur eine Möglichkeit zum Prüfen der vorgenannten Punkte, nämlich die Produktinspektion. Und darin liegt das Problem. Es kommt nur sehr selten vor, daß ein Softwareprodukt während des Annahmeverfahrens intern inspiziert wird. Prüfungen in bezug auf das Verhalten einer Software sind üblich, nicht jedoch Inspektionen. Natürlich gibt es Gründe, warum diese Inspektionen selten sind. Ein Kunde, der ein Produkt übernimmt, hat vielleicht nicht die Möglichkeiten, eine sinnvolle Inspektion durchzuführen. Doch selbst wenn es eine Inspektion durch den Kunden gibt, ist das eine äußerst schwierige Arbeit, bei der zusätzlich erhebliche

Kosten anfallen. Es überrascht deshalb nicht, daß die meisten Kunden nur die Annahmeprüfung durchführen, die Benutzerschnittstelle prüfen, die Dokumentation durchgehen und dann meinen, ihren Teil geleistet zu haben.

Für den Softwarehersteller ist dieser Mangel an Aufmerksamkeit während der Annahme eine Lösung und nicht ein Problem! Hauptsache, die Software übersteht die Annahmeprüfung, dann hat man den Rücken frei. Allerdings ist es wahrscheinlich, daß diese Situation nicht immer gegeben ist. Denn je besser Kunden mit Software umgehen können, desto stärker werden sie auf eine sorgfältige Annahme achten.

Ein zweites Thema in bezug auf die Annahme ist der Grad an Formalität. Es muß darauf hingewiesen werden, daß ISO 9000-3 überwiegend auf Vorbereitung und Planung ausgerichtet ist. Der Annahmeprozeß wird im Vertrag festgelegt, d.h., die Kriterien für das Bestehen der Prüfung werden im Vorwege definiert. Jedes Problem wird in einem zuvor eingerichteten Verfahren behandelt. Eine vor Beginn erstellte Dokumentation bestimmt die Zeitabläufe und die Umgebung der Annahmeprüfung.

Diese in ISO 9000-3 festgelegte Formalität der Annahme ist sinnvoll. Allerdings wird bei einer Produktauslieferung für den Eigenbedarf der Prozeß weniger formell ausgerichtet sein. Und obwohl Formalität geeignet zu sein scheint, Nichtübereinstimmungen in letzter Minute zu vermeiden, bringt sie auch ein gewisses Maß an Starrheit mit sich. Erinnern Sie sich, daß wir weiter oben die Situation beschrieben hatten, in der ein unerwarteter Test während der Annahme einen nicht erwarteten Fehler aufdeckte. Die Formalität des Annahmeprozesses sollte die Möglichkeiten für Änderungen in letzter Minute offen lassen. Ein Kunde will nach der Annahme bestimmt nicht feststellen, daß er ein Softwareprodukt erworben hat, das nur für das Bestehen der Annahmeprüfung entwickelt wurde.

8.4.2 Segmententest

Die Annahmeprüfung ist der Kulminationspunkt im Testprozeß. Wenn die formelle Annahmeprüfung durchgeführt wird, sollten die Softwarehersteller bereits wissen, wie sie diese Prüfung bestehen. Sie werden immer dann erfolgreich sein, wenn bereits eine Serie vorheriger Tests mit Erfolg durchgeführt wurde. Diese Vorabtests beginnen mit dem Segmententest.

Der Segententest wird aus verschiedenen Richtungen angegangen. Befürworter der formellen Verifizierung behaupten manchmal, daß sorgfältige mathematische Prüfungen auf Richtigkeit die Segmententests überflüssig machen. Naive Praktiker behaupten, daß als fehlertolerant entwickelte Software keinen Segmententest erforderlich macht, da diese Software die Fehler automatisch behebt. Befürworter der Cleanroom-Methode sagen, daß der Entwickler (normalerweise ist er für den Segmententest zuständig) nichts mit dem Testen zu tun haben soll, sondern diese Aufgabe unabhängigen Testgruppen (normalerweise nur zuständig für Integrations- und Systemtests) überlassen werden sollte. Obwohl diese unterschiedlichen Auffassungen weiterhin bestehen bleiben, behaupten wir, daß ein Übergehen des Einheitentests äußerst unklug ist. Kein Ersatz kann so effektiv im Eliminieren früher Softwarefehler sein wie der Prozeß des Segmententests.

Der Segmententest eignet sich für alle Projektarten, unabhängig von Größe, Bereich, Kritikalität oder Innovativität.

8.4.3 Integrationstest

Der Integrationstest ist ein Prozeß, bei dem einzelne Softwareteile zusammengefügt werden und festgestellt wird, wie gut sie zusammenpassen. Erinnern Sie sich an die Top-Down-Implementierung, wo der Integrationsprozeß evolutionär ist, d.h., die meisten Tests sind Integrationstests des sich entwickelnden Produkts. Bei der Bottom-Up-Testmethode werden die Integrationstests auf einmal durchgeführt (einige nennen das »Big Bang«-Testen, da Software beim erstmaligen Integrieren der Einzelmodule dazu neigt, völlig zu versagen).

Wenn Integrationstests erfolglos sind, liegt die Fehlerursache häufig in Kommunikationsproblemen bei den verschiedenen Entwicklern der verschiedenen Komponenten. Beispielsweise wurde eine Schnittstelle nicht verstanden, oder es wurde von nicht abgesicherten Annahmen eines oder mehrerer Entwickler ausgegangen. Mit anderen Worten, die Einheiten funktionieren für sich alleine tadellos, aber nicht nach ihrer Integration mit den anderen Einheiten.

Integrationstests erfreuen sich allgemeiner Akzeptanz. Normalerweise werden Integrationstests von einem Entwicklungsteam durchgeführt, d.h. von den Programmierern, die für die zu integrierenden Komponenten verantwortlich sind. Da bei der Cleanroom-Methode die Entwicklung vom Testprozeß ausgeschlossen werden sollte, wird diese Methode in dieser Testphase einfach zugunsten der unabhängigen Systemtests übergangen.

Integrationstests eignen sich für alle Projektarten, unabhängig von Größe, Bereich, Kritikalität oder Innovativität. Große und kritische Projekte könnten nach mehr Formalität verlangen, aber unabhängig von der Art des Projekts besteht die Notwendigkeit der Integrationstests.

8.4.4 Systemtest

Die bisherigen zwei Testarten betreffen die Software an sich. Beim Systemtest handelt es sich dagegen um die Lösung eines vorhandenen Problems: Führt die Software die beabsichtigten Funktionen in der geplanten Umgebung korrekt aus?

Der Systemtest ist der erste Punkt im Testprozeß, an dem das vollständige Softwareprodukt in einer realistischen Umgebung bzw. Einstellung geprüft werden kann. Hier werden die Annahmeprüfungen, die bei der Auslieferung formell durchgeführt werden, erstmalig ausgeführt. Natürlich müssen die Systemtests viel weiter als die in der Annahmeprüfung vorgesehenen Tests gehen, da bei der Annahme normalerweise nur ein Teil der Systemmöglichkeiten geprüft wird.

Der Systemtest gibt dem Kunden zum ersten Mal einen Eindruck davon, wie das spätere Produkt einmal funktionieren wird. Sind jetzt noch Mißverständnisse in bezug auf die Forderungen vorhanden (und das ist im Softwaregeschäft nur allzu oft der Fall), hat der Kunde hier die Möglichkeit, dem Entwickler mitzuteilen, was ihm tatsächlich vorschwebt.

Das Problem der Mißverständnisse bei den Forderungen macht die Systemtests so wichtig beim Prozeß der Fehlerbeseitigung. Befürworter der formellen Verifizierung haben lange Zeit behauptet, daß, wenn beispielsweise die Software mathematisch auf Richtigkeit hin überprüft wird (was bedeutet, daß die in den Forderungen festgelegten Aufgaben ausgeführt werden), dies der sicherste Weg der Prüfung sei. Doch (und das ist ganz natürlich) wenn die Spezifikationen falsch sind, gibt die Prüfung auf Richtigkeit keinerlei Hinweise auf ein korrektes System. Eine derartige Prüfung zeigt nur, daß das System intern mit seinen Spezifikationen übereinstimmt.

Deshalb sind die Systemtests eine notwendige Methode für alle Projektarten, unabhängig von Größe, Bereich, Kritikalität oder Innovativität. Allerdings kann der Grad an Formalität mit der Systemgröße und der Kritikalität anwachsen.

8.4.5 Unabhängiger Test

Softwareentwickler, besonders diejenigen, die unter starkem Zeitdruck stehen, wollen beweisen, daß ihr Produkt fehlerfrei ist. Doch das ist falsch. Es ist nun einmal beim Testvorgang so, daß Fehler gefunden (und entfernt) werden müssen, und nicht, daß das Aufspüren von Fehlern zu vermeiden ist.

Aufgrund dieser Tendenz haben viele Softwareunternehmen etwas eingerichtet, das sie unabhängiges Testen nennen. (Es gibt die unterschiedlichsten Bezeichnungen für diesen Prozeß, einschließlich Produkttest, doch wir verwenden den Begriff »unabhängig«, da dieser die Absicht verdeutlicht.) Das unabhängige Testen ist ein Vorgang, bei dem erfahrene Tester, die nicht dem Entwicklungsteam angehören, das jeweilige Produkt testen. Da unabhängige Tester das Produkt normalerweise erst nach dessen Integration erhalten, ist das auch eine andere Form des Systemtests. Unabhängige Tester haben keinerlei emotionale Bindungen zum Produkt, egal, ob die Software Fehler enthält oder nicht. Im Gegenteil, sie werden von der Motivation getrieben, die Fehler zu finden, die andere noch nicht gefunden haben.

Das unabhängige Testen erhöht natürlich die organisatorischen und individuellen Kosten eines Projekts. Deshalb scheint diese Methode besonders für große und kritische Softwareprojekte geeignet zu sein. Bei innovativen Projekten sind meist weniger Entwickler involviert, weshalb meist weniger Bedarf für ein unabhängiges Testen vorhanden ist. Das unabhängige Testen scheint sich nicht auf einen bestimmten Bereich zu beziehen.

8.4.6 Betatest

Bei allen bereits angeführten Testphasen, d.h. nach einem guten Systemtest, dem vielleicht zusätzlichen, unabhängigen Test und der abschließenden, formellen Annahmeprüfung könnten Sie denken, daß die Software bereits fertig ist. Doch das ist meistens nicht der Fall.

Die Schwierigkeit liegt darin, daß die Prüfer bis heute diesen Punkt wie Softwareentwickler gesehen haben und nicht wie Anwender. Und häufig führen Anwender Schritte aus, die für Softwareexperten einfach nicht vorstellbar sind. Das ist natürlich keine negative Einschätzung von Anwendern. Es könnte einfach nur bedeuten, daß sich Daten, ausgedacht von Softwareexperten, erheblich von realen Daten unterscheiden.

Deshalb lassen viele Softwarehersteller dem Systemtest den sogenannten Betatest folgen. Für diesen Test wird die Software informell für Anwender freigegeben, die genau wissen, daß die Software noch nicht für eine endgültige Freigabe geeignet ist. Diese Anwender wollen die Software aber trotzdem einsetzen und dabei helfen, noch vorhandene Fehler herauszufinden.

Betatests scheinen im Vergleich zu den bisherigen Testphasen stärker von den jeweiligen Projektarten abzuhängen. Sie sind besonders wichtig für Softwareprojekte, die in größerem Umfang vermarktet werden sollen. Betatests eignen sich außerdem eher für große als für kleine Projekte und eher für kritische als für unkritische. Ein Zusammenhang mit der Innovativität eines Projekts scheint nicht vorhanden zu sein.

8.4.7 Annahmeprüfung

Jetzt erkennen wir, warum der Annahmeprüfung eine Schlußfolgerung vorausgehen sollte. Denn sind alle bisherigen Testphasen erfolgreich abgeschlossen, gibt es kaum mehr eine Entschuldigung für einen nicht bestandenen formellen Test. Normalerweise wurde die Annahmeprüfung bereits viele Male während des Systemtests (und vielleicht auch während des unabhängigen Tests) durchgespielt, bevor sich das Softwareprodukt dann abschließend dieser Prüfung stellen muß.

Die Annahmeprüfung wurde bereits eingehend besprochen. Es bleibt an dieser Stelle nur noch zu sagen, daß die Annahmeprüfung für alle Projekte gilt, der Grad an Formalität jedoch bei größeren und kritischen Projekten erheblich ansteigt. In der allerletzten, formellen Form der Annahmeprüfung könnte der Kunde vermuten, daß es sich um einen Systemtest handelt. Tatsächlich ist es so, daß innovative Projekte manchmal überhaupt keine Annahmeprüfung benötigen.

8.4.8 Zusammenfassung: Annahme

Lassen Sie uns jetzt zusammenfassend betrachten, was ISO 9000-3 für die Annahme fordert. In Abschnitt 8.4 haben wir dargestellt, daß die Forderungen auf die Planung des Annahmeprozesses ausgerichtet sind und folgende Punkte definiert werden, bevor die Annahmeprüfung stattfindet: Annahmekriterien, Annahmeprozeß, Optionen und Verfahren bei Fehlern, Forderungen für die Dokumentation, Terminplan, Bewertungsverfahren sowie Software-/Hardware-Umgebung und Mittel.

Der Prozeß, den wir in diesem Abschnitt beschreiben, geht erheblich über das hinaus, was in ISO 9000-3 gefordert wird. Wir haben festgestellt, daß die Annahme die Kulmination einer geplanten Sequenz verschiedener Zwischenprüfungen ist. Wenn diese vorherigen Tests gut verlaufen, ist die Annahmeprüfung nur noch Formsache.

Dennoch kann man die Forderung in ISO 9000-3 bezüglich der Planung des Annahmeprozesses nur unterstreichen. Jeder, der bereits eine Annahmeprüfung mitgemacht hat, egal, ob mit oder ohne Erfolg, weiß den Wert einer vorherigen Planung und vordefinierter Vereinbarungen zu schätzen. Nach einer erfolglosen Annahmeprüfung ist es sehr schwer, ohne vorher festgelegte Verfahren mit dieser Situation fertig zu werden.

Tabelle 8.4. zeigt zusammenfassend, welche Aktivitäten für welche Projektarten ausgeführt werden sollten. Sie werden feststellen, daß die meisten Projektarten fast alle Aktivitäten benötigen. Für den Testvorgang sollte ausreichend Zeit vorhanden sein, da nur so zuverlässige Software zu entwickeln ist. Unzuverlässige Software ist häufig schlimmer als überhaupt keine Software. Die einzigen Ausnahmen bei der Forderung, daß die meisten Aktivitäten für nahezu alle Projektarten gelten, sind kleinere

Projekte. Hier gibt es einige Zwischentests, die man auslassen könnte (oder die überhaupt nicht vorhanden sind; beispielsweise könnte für einen Integrationstest bei einem kleinen Projekt gar keine Integration durchzuführen sein). Allerdings muß auf jeden Fall ein abschließender Gesamttest durchgeführt werden. Selbst unter diesen Umständen sollten Sie berücksichtigen, daß es unklug wäre, den Anfangstest (Segmententest) und den Endtest (Annahmeprüfung) ausfallen zu lassen.

Technik/Werkzeug	Projektart									
	Größe		Anwendung				Kritikalität		Innovation	
	gr.	kl.	Ge	Wi	Sys	EZ	hoch	niedrig	hoch	niedrig
Einheitentest	J	J	J	J	J	J	J	J	J	J
Integrationstest	J	N	J	J	J	J	J	J	J	J
Systemtest	J	N	J	J	J	J	J	J	J	J
Unabhängiger Test	J	N	J	J	J	J	J	J	?	J
Betatest	J	?	J	J	J	J	J	J	J	J
Annahmeprüfung	J	J?	J	J	J	J	J	J	J	J

Tabelle 8.4 Projektarten zu Techniken: Annahme

Legende:
J = Ja
? = Je nach Gegebenheit
N = Nein

8.5 Vervielfältigung, Lieferung und Installation

Dies ist die letzte Phase der Softwareentwicklung, die berücksichtigt werden muß. Und nur in dieser Phase handelt es sich zum größten Teil um mechanische Arbeiten.

An dieser Tatsache ist besonders interessant, daß es sich jetzt, wie bei den meisten anderen Disziplinen, um eine komplexere Phase handelt: Bei eher traditionellen Produkten kommt jetzt die Herstellung zum Tragen. Da Software jedoch nichts mit Herstellung zu tun hat, bezieht sich die Vervielfältigung in dieser Phase auf das einfache Duplizieren. Die zu liefernden Kopien (meist Disketten) des Softwareprodukts enthalten die Duplikate aller notwendigen Dateien.

Lieferung und Installation sind kaum komplizierter. Die Lieferung besteht einfach aus dem Versand. Und da die Medien, auf denen die Software ausgeliefert wird, klein und handlich sind, ist der Versand einfach und kostengünstig. Es sollte eine Aufstellung mit dem Inhalt der Medien erstellt und der Lieferung beigefügt werden, doch auch das ist recht einfach. Die Installation ist nur insofern kompliziert, als die Installationsroutine sorgfältig dokumentiert und genau befolgt werden muß.

ISO 9000-3 ist ziemlich genau in seinen Forderungen für diese Phase, vielleicht deshalb, weil diese Standards aus traditionellen Produkten abgeleitet und dann auf Software übertragen wurden. (Es ist interessant, daß in ISO 9000-3 die Aussagen zu diesem einfachen Vorgang fast den gleichen Umfang einnehmen wie die anderen, viel komplexeren Aufgaben.)

Bei der Vervielfältigung sollte laut ISO 9000-3 folgendes beachtet werden:

- Die Anzahl der zu liefernden Kopien jedes Softwareelements, die Art des Datenträgers, die Bedingungen für die geforderten Dokumente sowie besprochene und vereinbarte Copyright- und Lizenzbelange.

- Verwahrung von Kopiervorlagen und Sicherungskopien des Produkts, einschließlich Plänen zur Wiederherstellung nach einem Zusammenbruch.

- Die Zeitspanne, in der der Lieferant verpflichtet ist, Kopien zu liefern.

Hinsichtlich der Auslieferung ist ISO 9000-3 ziemlich knapp:

- Es sollten Vorkehrungen getroffen werden, um die Korrektheit und Vollständigkeit der Kopien des ausgelieferten Softwareprodukts verifizieren zu können.

Für diese Phase sind die Forderungen in ISO 9000-3 nahezu ausreichend. Diejenigen, die an zusätzlichen Einzelheiten interessiert sind, finden ein Standardformat für das »Dokument der Versionsbeschreibung« in [Glass 1988, S. 140]. (Es handelt sich dabei um den Standard des US-Verteidigungsministeriums für die Auslieferungsdokumentation.)

Es gibt trotzdem noch einige Fragen in bezug auf diese Phase.

Verweis

[Glass 1988] Robert L. Glass, *Software Communication Skills*, Englewood Cliffs, N.J.: Prentice Hall.

8.5.1 Fragen zu Vervielfältigung, Lieferung und Installation

Eine der Aufgaben, die von Software relativ schlecht wahrgenommen werden, ist die Dokumentation. Die Dokumentation ist häufig knapp, überladen mit Fachbegriffen und schlecht geschrieben. Da die Softwaredokumentation häufig so mangelhaft ist, konnte sich eine riesige Industrie von Computerbuch-Verlagen entwickeln. Deren Bücher mit »Tricks und Tips« füllen die Lücke, die anscheinend von der Softwareindustrie verursacht wird.

Aufstellungen, die den Lieferumfang betreffen, sind besonders problematisch; man kann häufig nur schwer feststellen, ausgehend von der mageren, beigefügten Dokumentation, was die Datenträger enthalten und warum. Eine derartige Dokumentation ist nicht schwer zu schreiben; nur scheint sie aufgrund des Zeitdrucks am Ende eines Projekts kaum Berücksichtigung zu finden.

Im Gegensatz dazu sind die Installationsanweisungen normalerweise hinreichend verständlich. Wahrscheinlich deshalb, weil eine unbrauchbare Installationsanweisung jede Produktlieferung sinnlos macht, da das Produkt nicht verwendet werden kann.

Die andere Frage in bezug auf Vervielfältigung, Lieferung und Installation ist rechtlicher Art. Aus der Vergangenheit heraus kann der Auftraggeber (Käufer) einer Software diese als sein Eigentum betrachten oder auch nicht. Ebenso verhält es sich mit dem Recht, Kopien anzufertigen. Deshalb ist es wichtig, schon bei der Auftragsvergabe die Eigentumsfrage eindeutig zu klären, sowohl für die Software (einschließlich aller Bibliotheken) als auch für das Recht, Kopien anzufertigen. Wurde die Software für einen Auftraggeber entwickelt, ist das eine Frage der jeweiligen Vereinbarungen zwischen Auftraggeber und Verkäufer. Wird die Software als fertiges Paket gekauft, liegt der Fall anders – man geht heute davon aus, daß der Käufer der jeweiligen Software diese nicht besitzt und auch kein Recht hat, Kopien anzufertigen. Da die Rechtssituation beim Softwarekauf von Fall zu Fall unterschiedlich sein kann, ist es besonders wichtig, alle Einzelheiten eindeutig vor der Vervielfältigung, Lieferung und Installation zu klären.

8.5.2 Review nach Lieferung

In Verbindung mit dieser Phase der Softwareentwicklung gibt es einen Punkt, der eine genauere Untersuchung verdient. Nachdem ein Produkt fertiggestellt und die Lieferung vorgenommen wurde, werden die mit diesem Projekt beschäftigten Softwareentwickler für andere, neue Aufgaben freigestellt. Diese Vorgehensweise ist falsch.

Es gibt nämlich noch eine letzte, wichtige Aufgabe für das Entwicklungsteam. Jetzt ist die Zeit, das Projekt noch einmal zurückzuverfolgen und festzuhalten, was richtig und was falsch gelaufen ist, und zwar ohne den bisherigen Termindruck. Es ist der angemessene Zeitpunkt, gewonnene Erfahrungen zu verarbeiten [IEEE 1993]. Man kann diesem Verfahren die unterschiedlichsten Namen geben, wir favorisieren den Begriff »Review nach Lieferung«.

Für dieses Review gibt es zwei Gesichtspunkte, die mit dem Produkt und mit dem Entwicklungsprozeß einhergehen:
- Ein Produkt-Review sollte abgehalten werden, um Reaktionen auf das gelieferte Produkt zu erhalten, und zwar mit Kunden und aktiven Anwendern sowie den

Entwicklern als eifrige Zuhörer. Wird das Produkt nur als marginal übereinstimmend mit den tatsächlichen Wünschen des Kunden/Anwenders eingestuft, muß herausgefunden werden, wie dieses Problem behoben und bei anderen Projekten vermieden werden kann. Es gibt normalerweise eine bestimmte Zeitspanne zwischen Lieferung und der Durchführung dieses Reviews. Nur so können die Anwender in Ruhe herausfinden, was das Produkt *tatsächlich* leistet. Dieses Review wird meistens 3 bis 12 Monate nach der Lieferung abgehalten. Nach diesem Review ist es wichtig, alle Erfahrungen zu dokumentieren und bei zukünftigen Entwicklungen zu berücksichtigen.

- Da die Erstellung von Software ein sehr komplexer Vorgang ist, sind die Erfahrungen aus der Entwicklung eines Softwaresystems jedesmal anders. Neue Fehler werden gemacht, und es werden neue Wege gefunden, diese oder jene Probleme zu lösen. Deshalb ist es so wichtig, daß die Erfahrungen nicht nur umgesetzt, sondern auch dokumentiert werden. Nur so können bei zukünftigen Entwicklungen gute Ansätze wiederverwendet und schlechte ausgelassen werden. Wenn quantitative Daten für Softwareprojekte gesammelt wurden (und das empfehlen wir dringend), kann man in diesem Review nach Lieferung letztmalig Zahlen vergleichen, analysieren und Schlußfolgerungen ziehen. Die sicherlich beste Methode für die Aufzeichnung dieser Erkenntnisse ist das Konzept »Experience Factory« (Erfahrungsfabrik), das bei NASA-Goddard unter Mitwirkung der Abteilung Computerwissenschaften der Universität Maryland und der Computer Science Corp. [Basili 1992] entwickelt wurde. Ein derartiges Review muß sofort nach der Softwarelieferung abgehalten werden, da ansonsten das jeweils zuständige Team in seiner ursprünglichen Zusammensetzung nicht mehr vorhanden ist. (Beachten Sie, daß eine Designforderung in ISO 9000-3 hiermit in direktem Zusammenhang steht.)

Verweise

[Basili 1992] »The Software Engineering Laboratory: An Operational Software Experience Factory«, *Proc. Int'l. Conf. on Software Engineering*, Los Alamitos, CA: IEEE CS Press, 1992

[IEEE 1993] Sonderausgabe über »Lessons Learned«, *IEEE Software*, Sept. 1993

8.5.3 Zusammenfassung: Vervielfältigung, Lieferung und Installation

Die Auswirkungen von ISO 9000-3 auf diesen Prozeß lassen sich einfach zusammenfassen. Ein Qualitätsplan für das jeweilige Projekt sollte alle Forderungen des Standards (wie in Abschnitt 8.5 aufgeführt) explizit erfüllen. Und da das kein besonders schwieriges Unterfangen ist, brauchen wir ISO 9000-3 nicht zu ergänzen, allerdings bis auf eine Ausnahme. Diese hängt mit einer früheren Forderung von ISO 9000-3 zusammen. Wir empfehlen die Durchführung zweier Arten von Review nach Lieferung. Das eine Review legt den Schwerpunkt auf das Produkt unter Einbeziehung von Kunden und Anwendern, während das andere den Prozeß zum Inhalt hat und nur die Entwickler einbezieht. Die Notwendigkeit derartiger Reviews ist weitgehend unabhängig von der Projektart; vielleicht kann bei kleinen Projekten das Review nach Lieferung weniger formell als bei anderen Projekten abgehalten werden. Innovative Projekte können Vervielfältigung, Lieferung und Installation beinhalten oder auch nicht. Unabhängig davon ist das Review nach Lieferung besonders wichtig, um die gewonnenen Erfahrungen festzuhalten (speziell in bezug auf die jeweilige Innovation).

8.6 Wartung

Auch hier wird wieder offensichtlich, daß ISO 9000-3 eindeutig für vertraglich beauftragte Software ausgelegt ist. Beispielsweise lautet die erste Forderung in ISO 9000-3, daß alle Wartungstätigkeiten nach einem Wartungsplan, der vorab von Lieferant und Auftraggeber festgelegt und vereinbart worden ist, durchgeführt und geleitet werden sollten. Obwohl derartige Wartungspläne in der Vergangenheit unüblich waren, werden sie mehr und mehr zur Norm sowohl für vertraglich vereinbarte Software als auch für Software, die für den Eigenbedarf (»In House«) entwickelt wird. Für vertraglich vereinbarte Software sind diese Wartungspläne unumgänglich.

Lassen Sie uns betrachten, was ISO 9000-3 für die Wartung fordert:
- Einen Wartungsplan, der folgendes umfaßt:
  - Umfang der Wartung
  - Identifikation des Ausgangszustands des Produkts
  - Wartungstätigkeiten
    - (gleiche Verfahren wie bei der Entwicklung)
    - Problemlösung
    - Schnittstellenänderung
    - Funktionserweiterung oder Leistungsverbesserung
- Wartungsaufzeichnungen und -berichte
  - Liste der Problemmeldungen mit
    - verantwortlicher Organisation
    - Prioritäten der Korrekturmaßnahmen
    - Ergebnissen der Korrekturmaßnahmen
    - statistischen Daten über Fehler und Korrekturen
  - Freigabeverfahren mit
    - Grundregeln für die Rolle der Korrekturen
    - Beschreibung der Arten (oder Klassen) von Freigaben
    - Methoden zur Benachrichtigung des Auftraggebers über geplante Änderungen
    - Methoden, die sicherstellen, daß eingebrachte Änderungen keine Probleme verursachen
    - Methoden für die Wartung mehrfach installierter Produkte
- (Optionale) Definition der Organisation, die für die Wartung zuständig ist
  - Vertreter von Lieferant und Auftraggeber
  - Ausführung (der flexiblen) Planung
  - Festlegen von Fähigkeiten und Möglichkeiten

Diese Aufstellung zeigt, daß die Forderungen in ISO 9000-3 hauptsächlich Planung und Dokumentation beinhalten. Größtenteils sind diese Forderungen auch richtig. Die größte Schwierigkeit in diesem Zusammenhang liegt darin, daß die Forderungen in ISO 9000-3 nicht das beschreiben, was während der Wartungsphase zur Aufrechterhaltung der Qualität einer Software erforderlich ist. Die Lücke zwischen notwendig und ausreichend scheint an dieser Stelle größer als in den vorherigen Lebenszyklusphasen zu sein.

8.6.1 Fragen zur Wartung

Die Wartung ist ein besonders interessanter Fall im Zusammenhang mit der Softwaretechnologie. Schon immer gab es hier Defizite in bezug auf die Forschung, da Akademiker diesen Bereich nur schlecht durchschaut haben. In Anbetracht der unbestrittenen Tatsache, daß Wartung der größte Kostentreiber im Softwarebereich ist, ist es erstaunlich, daß folgendes Mangelware ist:

- Wartungsmethoden
- CASE-Werkzeuge für die Wartung
- Wartungstheorien
- Akademische Vorlesungen zum Thema Wartung

Der größte Teil dessen, was über Wartung geschrieben wurde, ist äußerst konfus und völlig falsch. Beispielsweise konnte man noch vor wenigen Jahren häufig Fachleute antreffen, die die Wartung gänzlich abschaffen wollten. Doch schon recht früh in der Geschichte der Softwaretechnologie haben wir gelernt, daß Wartung vorrangig mit Änderungen des Softwareprodukts zu tun hat, aber nicht mit der Beseitigung von Fehlern. An die 60% der Wartungskosten haben mit Änderungen zu tun und nur 17% mit Fehlerkorrekturen. Die verbleibenden 23% beinhalten Anpassung (an eine sich ändernde Infrastruktur)und sogenannte andere Faktoren. Mit diesen Zahlen vor Augen ist es weder erforderlich noch wünschenswert, die Wartung abzuschaffen. Es liegt in der Natur der Sache, daß sich Fehler in der Software viel einfacher als in anderen Produktkategorien korrigieren lassen. Statt ein Problem zu sein, ist Wartung eine Lösung; nur Software bietet die großartigen Möglichkeiten der Anpassung, auf die wir bei anderen, konkurrierenden Disziplinen verzichten müssen.

Deshalb kann man durchaus sagen, daß *Ignoranz* das größte Problem und damit der wichtigste Punkt in bezug auf die Softwarewartung ist. Hier haben wir den Fall, daß die meisten Softwareprofis zumindest etwas von Wartung gehört haben (meist die Situation, in der beispielsweise freie Mitarbeiter mit diesem Bereich beauftragt werden); selbst dieses Wissen ist jedoch nur bei wenigen Akademikern und Forschern vorhanden. Nur zögernd beginnt man, in Richtung Wartung zu forschen. Leider ist ein Teil dieser Forschungsvorhaben lediglich theoretisch und hat keinen Bezug zur Praxis, d.h. zur Entwicklung der Softwarewartung. Erst wenn Forscher lernen, die Forschung auf dem Gebiet der Softwarewartung empirisch anzulegen und die jahrzehntelange Erfahrung in der Softwareindustrie einzubeziehen, könnten größere Fortschritte in diesem Bereich erzielt werden.

Als Beispiel für die oben angesprochene Ignoranz sollte man sich folgende Fakten vor Augen führen: Die Aufstellung der Wartungsaktivitäten in ISO 9000-3 beinhaltet nicht einmal die Aufgaben der Softwarewartung, die bereits 1979 veröffentlicht wurden. Aus dieser Liste wird ersichtlich, daß Wartung eine Abfolge von Ereignissen ist:

1. Definieren und Verstehen der durchzuführenden Änderungen

2. Überprüfen der Wartungsdokumentation

3. Verfolgen der relevanten Programmlogik

4. Ausführen der Änderung

5. Testen der Änderung

6. Aktualisieren der Wartungsdokumentation

Um sicherzustellen, daß die Softwarequalität während des Wartungsprozesses beibehalten wird, muß jeder der oben genannten Punkte berücksichtigt werden. Glücklicherweise ähneln sich die meisten Abläufe während der Softwareentwicklung. Beachten Sie, daß Punkt 1 mit Forderungen zu tun hat, 3 mit Designänderung und Codeaktivitäten, 4 mit Kodieren und 5 mit Testen. Nur die Punkte 2 und 6, die sich auf die Wartungsdokumentation beziehen, und 3, der die Veränderung des Entwicklungsprozesses betrifft, unterscheiden klar zwischen Wartungsereignissen und Entwicklungsphasen. Deshalb sollte man erwarten, daß unter dem Gesichtspunkt der Wartung der Schwerpunkt auf Dokumentation und Design- und Codeänderung liegt.

Leider ist das nur selten der Fall. Im Hinblick auf die Wartungsdokumentation gibt es lediglich Lippenbekenntnisse; diese Dokumentation wird in der Praxis kaum erstellt und im Forschungsbereich nur selten angesprochen. Auf dieses Thema werden wir in einem späteren Abschnitt noch zurückkommen. Designumkehrung (Reverse Design) und Codeänderungen haben bereits die Aufmerksamkeit der Forscher auf sich gezogen und Themen wie Reverse Engineering (Rückentwicklung = Entwicklung eines Produkts mit gleichen Eigenschaften wie ein anderes Produkt) und Restructering (Restrukturierung = Quellcode wird nachträglich übersichtlicher und verständlicher gestaltet) wurden plötzlich in den frühen 90er Jahren populär. Allerdings ist ein Großteil der Forschung in diesem Bereich ziemlich naiv. Auch auf dieses Thema gehen wir später noch ausführlicher ein.

Das Übergehen der Softwarewartung, die doch schon sehr früh im Bereich der Software »entdeckt« wurde, führte zu einer Plage, von der die Softwaregemeinschaft häufig bei neuen Ideen heimgesucht wird, zum sogenannten *Hype* (Super-, Über-). Hype ist das zweite große, heutige Thema in bezug auf Softwarewartung. Jetzt, da z.B. die Bedeutung des Reverse Engineering begriffen wird, behaupten viele Forscher, sie würden Fortschritte hinsichtlich der Automatisierung dieses Prozesses machen. Verkäufer behaupten, daß sie bereits Automatisierungswerkzeuge anbieten können, und Manager kaufen diese kostspieligen Werkzeuge. Wie bei den meisten anderen »Super«-Ideen ist die Realität weit von den Versprechungen entfernt; es wird viel mehr versprochen, als tatsächlich gehalten werden kann.

Trotz dieser Ignoranz und Überheblichkeit gibt es zum Glück doch noch einige Fortschritte in der Wartung. Dieser (reale) Fortschritt ist Inhalt der nächsten Abschnitte.

8.6.2 Vorbeugende Wartung

Im Idealfall beginnt gute Wartung mit einer guten Entwicklung. Mit anderen Worten, ein Projekt wird sehr viel wartungsfreundlicher, wenn es mit Hinblick auf die spätere Wartung entwickelt wurde. Dieser offensichtlich banale Hinweis wird in der Praxis leider nur selten berücksichtigt. Statt dessen wird die Wartung als Problem der Zukunft angesehen und deshalb in der Gegenwart ignoriert.

Dafür gibt es verschiedene Gründe. Software ist an sich äußerst komplex, d.h., ein Produkt heute zum Laufen zu bringen, scheint so schwierig zu sein, daß man keine zusätzlichen Gedanken auf zukünftige Änderungen verschwendet. Der aktuellste Grund ist, daß Software mit so engen Terminvorgaben entwickelt wird, daß selbst für die anliegenden Arbeiten kaum Zeit ist. Keine dieser Entschuldigungen können wir gelten lassen. Die anteiligen Kosten für die Entwicklung wartbarer Software sind so gering, daß sie kaum als Grund für den Verzicht auf Wartung angeführt werden können. Und die Einsparungen im Vergleich in der Entwicklung von wartbarer zu nicht wartbarer Software sind so offensichtlich, daß das Kosten-/Nutzenverhältnis beeindruckend ist.

Warum sollte ein Entwickler wartbare Software entwickeln? Wir beantworten diese Frage mit zwei Anmerkungen: Einzelpunkt-Kontrolle (Single-Point Control) und defensives Programmieren.

8.6.2.1 Einzelpunkt-Kontrolle

Wenn nahezu identische Schritte an verschiedenen Stellen im Softwareprodukt ausgeführt werden, sollte die Aktion nur an einer Stelle stehen, auf die sich dann andere Stellen beziehen können. Mit dieser Zentralisierung von Fähigkeiten entsteht ein Wartungsvorteil, d.h., Änderungen brauchen nur noch an einer Stelle vorgenommen zu werden. Das Risiko der Nichtübereinstimmung bei Änderungen an mehreren Stellen wird damit hinfällig.

Die Einzelpunkt-Kontrolle wurde bereits in viele Software-Konzepte übertragen: Modulares Design und Code, Datenabstraktion, Objektorientierung einschließlich

Vererbung (Eigenschaften eines Objekts werden auf ein anderes übertragen), Design und Code, die sich nach Tabellen (und Dateien) richten sowie strukturierte Dokumentation. Ausgehend von den zahlreichen Befürwortern jedes dieser Einzelkonzepte sollte die von der Einzelpunkt-Kontrolle bereitgestellte Generalisierung das am stärksten unterstützte Softwarekonzept sein. Es ist wichtig, daß die Einzelpunkt-Kontrolle ein wesentlicher Teil des Problems und/oder dessen Lösung sein muß. Beispielsweise würden eine wiederholte Kernproblem-*Aufgabe* oder Lösungs*funktion* oder ein wiederkehrendes *Objekt* Kandidaten sein, während zwei ähnliche Datenstrukturen, die für verschiedene, im Laufe der Zeit divergierende Aufgaben verwendet werden, keine Kandidaten sind.

8.6.2.2 Defensives Programmieren

Im Bereich der Softwaretechnologie könnte die Einzelpunkt-Kontrolle das wichtigste Prinzip sein. Direkt danach folgt ein weiteres Konzept für vorbeugende Wartung, nämlich das der »defensiven Programmierung«. Bei diesem Konzept dreht es sich um die Voraussicht, ein Softwareprodukt so zu erstellen, daß es weiterexistieren kann, unabhängig davon, wie die zukünftige Entwicklung aussehen mag.

Das defensive Programmieren besteht aus mehreren Konzepten, deren Ziel es ist, zukünftige Probleme beim Wartungsaufwand zu berücksichtigen:

- Behandlung von Ausnahmesituationen: Die Software muß sowohl mit erwarteten als auch mit unerwarteten Situationen sicher umgehen können (normalerweise mit seltenen, aber vorhersehbaren Situationen).

- Behauptung (Assertion): Die Software muß dynamisch die eigenen Funktionen überprüfen und bei Fehlverhalten entsprechend reagieren (in meist unvorhersehbaren Situationen).

- Diagnostische Bereitschaft: Der Debug-Code verbleibt im fertigen Produkt, so daß er jederzeit per Befehl aufgerufen werden kann. Eine Diagnose läßt sich dadurch schnell erstellen, ohne daß das Produkt rekompiliert werden muß.

- Spielraum: Software sollte so erstellt werden, daß mehr Kapazität (Raum und Zeit) vorhanden ist, als aktuell benötigt wird. Damit sind Reserven für steigende Anforderungen im Rahmen der späteren Wartung vorhanden.

- Aufzeichnungen: Die Software sollte (wie der Flugschreiber im Flugzeug) ihr Verhalten aufzeichnen, so daß nach einem Zusammenbruch die möglichen Ursachen rekonstruiert werden können.

- Begrenzung der Komplexität: Bestimmte Programmierpraktiken führen zu Lösungen mit unnötiger Komplexität (tiefe Verschachtelungen oder unkontrollierte Verwendung von GOTOs); das sollte vermieden werden.

- Grenzen für unsichere Praktiken: Bestimmte Programmierpraktiken sind von Natur aus unsicher (beispielsweise Operationen mit gemischten Datentypen) und nur selten erforderlich (nur dann, wenn sie angekündigt und den Programmierern, die unsichere Praktiken verwenden, ausdrücklich erlaubt wurden).

- Fehlertoleranz: Die Software erholt sich dynamisch von jeder unerwarteten Krisensituation (bereits in einem früheren Kapitel dieses Buchs angesprochen).

8.6.3 Dokumentation

Dokumentation zur Unterstützung der Wartung wird von jedem als wichtig angesehen, doch kaum jemand erstellt diese Dokumentation.

Warum ist das so? Die Antwort liegt in einer Eigenheit der Technik und einer des Managements:

- Die Schwäche der Techniker liegt darin, daß die Erstellung der Softwaredokumentation zu den Aufgaben gehört, an denen die Softwareentwicklung am wenigsten interessiert ist. Die meisten Entwickler dokumentieren ungern, und die für eine gute Wartungsdokumentation erforderliche Detailtreue macht diese Aufgabe noch weniger interessant.

- Die Schwäche des Managements liegt darin, daß die meisten heutigen Projekte nach Zeitplan gemanagt werden, einem Zeitplan, der meist ehrgeizig und kaum einzuhalten ist. Wartungsdokumentation ist für viele eine Belastung, die man allein wegen des Zeitdrucks zu umgehen versucht.

Beide Punkte zusammen haben zur Folge, daß die Wartungsdokumentation nur selten erstellt wird. Das ist besonders verwunderlich, wenn man folgendes berücksichtigt:

- 50% bis 80% der Softwarekosten liegen im Bereich der Wartung.

- Jeder stimmt zu, daß die Wartungsdokumentation unbedingte Voraussetzung für eine gute Wartung ist.

Das Problem der Wartungsdokumentation hat nichts mit Wissen, sondern nur mit Willen zu tun. Es ist unabdingbar, daß kein Softwareprodukt in die Wartung gehen kann, ohne daß eine begleitende Wartungsdokumentation geprüft und angenommen wurde. Gleichzeitig muß es die Verpflichtung geben, daß mit dem Wartungsbeginn die Dokumentation immer auf den aktuellsten Stand gebracht wird.

Der minimale Ansatz für eine gute Wartungsdokumentation sollte beinhalten:

- Dokumentation der oberen Ebene (top level) mit folgendem Inhalt:
  - Komplettes Produktdesign
    - logische Struktur
    - Datenstruktur
  - hierarchische Sammlung der Design-Gesichtspunkte mit Bezügen zu allen Ebenen
  - Verweise auf die Stellen, an denen die untere Ebene (bottom level) dokumentiert ist
  - Design-Themen: historisch, rational und philosophisch

- Dokumentation der unteren Ebene (bottom level) folgenden Inhalts:
  - Kommentare im Quellcode für:
    - logische Struktur und Bedeutung
    - Datenstruktur und Bedeutung
    - ungewöhnliche Codes
  - Lesbarer Quellcode einschließlich:
    - strukturierter, eingerückter Code
    - aussagefähige Namenskonventionen

Ein Verfahren, um sicherzustellen, daß die Wartungsdokumentation aktualisiert wird, und zwar in dem Maße, wie sich das Produkt selbst ändert. (Ohne dieses Verfahren ist die Wartungsdokumentation insgesamt wertlos. In den wenigen Fällen, in denen heute eine Wartungsdokumentation vorhanden ist, ist diese häufig veraltet und daher unbrauchbar. Die Dokumentation wurde nicht an die Produktänderungen angepaßt.)

Interessant ist, daß in ISO 9000-3 im Grunde genommen keinerlei Aussagen zur Wartungsdokumentation gemacht werden. Das ist ziemlich unverständlich, zumal immer wieder Dokumentation und nochmals Dokumentation empfohlen wird (eine Bemerkung in bezug auf ISO 9000 lautet »Im Zweifel immer dokumentieren!«). Das ist symptomatisch für das Problem mit dem Standard – er steht für Qualität, versagt jedoch beim Kernpunkt, d.h. was Qualitätssoftware wirklich ausmacht.

8.6.4 Code Analyzer

In diesem Abschnitt bewegen wir uns von dem, was in der Entwicklung im Hinblick auf die Wartung unternommen werden sollte (wir haben dafür den Begriff »vorbeugende Wartung« geprägt), zu dem, was während der Wartung geschehen sollte.

Früher wurde Wartung einfach und normalerweise erfolgreich durchgeführt. Der Gesamtprozeß, in den sie eingebunden war, wurde jedoch kaum verstanden. Zum Glück hat sich das geändert. Diese Änderung zeigt sich vor allem in der Entwicklung und Verwendung von Techniken und Werkzeugen zur Unterstützung der Wartung. In diesen und den folgenden Abschnitten stellen wir die Techniken und Werkzeuge für die Wartung vor.

Die erste Kategorie von Werkzeugen läuft unter dem Begriff »Code Analyzer«. Erinnern Sie sich an die Liste mit Wartungsaufgaben in Abschnitt 8.6. Die zwei wichtigeren dieser Aufgaben sind »Verfolgen der relevanten Programmlogik« und »Ausführen der Änderung«. Code Analyzer helfen bei diesen Aufgaben.

Code Analyzer gibt es in verschiedenen Ausführungen, die wir im folgenden nacheinander vorstellen:

- Querverweis/Browser: Diese Werkzeuge helfen beim Verständnis der Wechselbeziehungen im Code und beantworten Fragen wie »Von wo aus wird das Modul xy aufgerufen?« oder »Wo wird die Variable abc verwendet?« Wenn eine Änderung in bezug auf ein Modul oder eine Variable vorgenommen werden muß, kann auf die Beantwortung derartiger Fragen nicht verzichtet werden.

- Aufrufstruktur-Generator: Dieses Werkzeug hilft beim Verständnis der logischen Struktur des Codes. Ein gut modularisiertes Softwareprodukt enthält häufig eine hierarchische (vernetzte) Sammlung von Modulen, die andere Module aufrufen. Wenn ein untergeordnetes Modul in einer Software geändert wird, muß das davon beeinflußte übergeordnete Modul herausgefunden werden. Wenn Module gruppiert werden müssen (um z.B. das Paging, die Verwaltung des Arbeitsspeichers, effektiver zu gestalten), sind die Module zu gruppieren, die sich per Aufrufstruktur untereinander beeinflussen.

- Leistung-Analyzer: Mit Hilfe dieses Werkzeugs läßt sich feststellen, welche Teile des Softwareprodukts ungerechtfertigte Zeit in Anspruch nehmen. Der Einsatz dieses Analyzers ist die Voraussetzung, um ineffiziente Programmteile ausfindig zu machen.

- Metrische Analyzer: Mit Hilfe dieser Werkzeuge lassen sich die besonders komplexen Teile eines Softwareprodukts identifizieren, um diese dann entsprechend bearbeiten zu können.

- Code Auditor (Code-Überwacher): Diese Werkzeuge helfen dem Wartungstechniker bei der Identifikation der Codebereiche, die die festgelegten Standards nicht erfüllen (wir hatten bereits festgestellt, daß automatisierte Werkzeuge nicht in der Lage sind, umfangreiche Standardverletzungen herauszufinden. Ein bestimmter Teil der Codeüberwachung muß manuell erfolgen).

- Forderungen-Tracer: Diese Werkzeuge helfen, die Verknüpfung zwischen einer Hauptforderung und den davon beeinflußten Teilen des Softwareprodukts (einschließlich Dokumentation und Testfälle) zu verfolgen oder umgekehrt. Der Einsatz dieser Werkzeuge hilft bei der Entscheidung, ob ein Teil eines Codes geändert werden muß, wenn sich die Forderung ändert. Leider sind die meisten dieser Werkzeuge nicht so effektiv wie gewünscht, besonders wegen der »Forderungenexplosion«, die wir bereits früher angesprochen hatten.

8.6.5 Daten-Analyzer

Die Daten-Analyzer sind die zweite Konzeptkategorie zur Wartungsunterstützung. So wie die Code Analyzer das Verstehen des Codes und seiner Logik unterstützen, unterstützen die Daten-Analyzer das Verstehen der Daten. Sie helfen bei den gleichen Wartungsaktivitäten wie Code Analyzer: Verfolgen der Programmlogik und Durchführen der Änderungen. Wenn ein Projekt ein datenorientiertes (oder auch objektorientiertes) Design beinhaltet, könnte dieses Konzept wichtiger als die Code Analyzer werden.

Auch die Daten-Analyzer gibt es in verschiedenen Ausführungen:

- Datenlayout: Werkzeuge zur grafischen Darstellung der Datenorganisation.

- Standardisierung von Datennamen: Werkzeuge zur Reorganisation der Namensstruktur innerhalb einer Software, d.h., die Namen werden durchgängiger und aussagekräftiger.

- Datenextrahierung: Werkzeuge, um kleinere Datensammlungen aus größeren zu extrahieren, häufig auch von »lebenden« Datenbeständen. Derartige Datensammlungen werden für die Erstellung von Testfällen benötigt.

- Datennormalisierung: Werkzeuge zur Standardisierung einer Datenbank entsprechend den Regeln der Datenbank.

8.6.6 Analyzer für Änderungen

Die Analyzer für Änderungen sind die dritte Konzeptkategorie zur Wartungsunterstützung. Derartige Analyzer konzentrieren sich auf die Ausführung von Änderungen, nachdem der zu ändernde Code ausreichend gut verstanden wird.

Analyzer für Änderungen gibt es in verschiedenen Variationen:

- Comparator (Dateienvergleich): Mit diesem Werkzeug werden Dateien verglichen. Der Comparator ist besonders nützlich bei der Suche nach den Stellen, wo zwei Versionen eines Softwareprodukts voneinander abweichen. Mit dem Comparator lassen sich aktuell durchgeführte Änderungen im Vergleich mit den beabsichtigten Änderungen überprüfen. (Der Comparator hilft auch beim Vergleich der Ausgabe einer aktuellen Testfall-Datei mit der Testvorhersage.)

- Change Tracker: Ein Verwaltungswerkzeug, um den Inhalt und den Status von Softwareänderungen festzuhalten.

- Dokumentationsmanager: Dieses Werkzeug hilft bei der Erstellung aktualisierter Softwaredokumentation. Dabei werden Hilfen wie die Markierung von Änderungen bereitgestellt, so daß der Leser schnell feststellen kann, was gegenüber der vorherigen Dokumentation neu ist bzw. geändert wurde.

8.6.7 Constructors

Die Constructors sind die vierte Konzeptkategorie zur Wartungsunterstützung. Constructors helfen beim »Neuaufbau des Systems« nach der Wartungsaufgabe »Ausführung der Änderung«.

Constructors gibt es in verschiedenen Ausführungen:

- Konditioneller Compiler: Der konditionelle Compiler ist ein Werkzeug, das bei der Wartung mehrerer Versionen eines Softwareprodukts in einer Konfiguration hilft. Der konditionelle Compiler wird direkt vor der Kompilierung ausgeführt, um so die zu kompilierende Version aus den verfügbaren Versionen herauszufinden.

- Reformatter (Umformatierer): Ein Werkzeug zum Umformatieren von schlecht eingerücktem und mit Leerräumen versehenen Quellcode, um so die Formatierungsstandards einzuhalten. Die Reformatter zerstören zugunsten des Standards das Originalformat des Programmierers, was vorteilhaft sein kann oder auch nicht. Deshalb ist es bei einigen Reformattern möglich, das verwendete Format individuell festzulegen.

- Restructurer (Umstrukturierer): Ein Werkzeug zum Neuformatieren eines schlecht strukturierten Quellcodes, um die Konventionen für das strukturierte Kodieren einzuhalten.

- Konfigurationsmanagement/Versionskontrolle: Werkzeuge zur Vermeidung des Verlustes eines Softwareprodukts. Es werden verschiedene Backups (Sicherungen) erstellt, so daß sich eine »verlorengegangene« Software jederzeit wieder rekonstruieren läßt. Diese Werkzeuge helfen auch, den Überblick über die verschiedenen Versionen und Backups zu behalten.

- Translator (Übersetzer): Werkzeuge, um einen Quellcode in einen anderen zu übersetzen. Sie werden für verschiedene Zwecke verwendet, wie zur Aktualisierung eines alten Quellcodes auf die neue Version derselben Sprache, bei der Änderung eines Programms von einer in eine andere Programmiersprache (z.B.

Kapitel 8

COBOL in C++) oder bei der Konvertierung eines Programms in eine sehr hohe Programmiersprache, für die es keine Compilerunterstützung gibt.

8.6.8 Tester

Tester gehören der letzten Konzeptkategorie zur Wartungsunterstützung an. Sie helfen bei der Aufgabe »Testen der Änderung« im Bereich der Softwarewartung. Die meisten Testwerkzeuge unterscheiden sich nicht von denen, die während der Entwicklung eingesetzt werden (auf diese Werkzeuge gehen wir deshalb nicht mehr ein); wir sprechen nur die Wartungstests an.

- Regression Testing (rückwärts ausgerichtetes Testen): Ein Konzept, das nur teilweise von speziellen Werkzeugen unterstützt wird. Wird ein Programm während der Wartung geändert, muß mehr als nur die Auswirkung der beabsichtigten Änderung getestet werden. Außerdem ist es wichtig, daß die über die Änderung hinausgehende Programmfunktionalität nicht beeinflußt wird. Das rückwärts gerichtete Testen benutzt eine Sammlung von bekannten Testfällen zusammen mit einer korrekten Testvorhersage zu jeder neuen Softwareversion. So wird sichergestellt, daß Änderungen keine Auswirkungen auf darüber hinaus funktionierende Programmteile haben.

Damit können wir diese Kapitelabschnitte zum Thema Wartungsunterstützung abschließen. Viele der vorgestellten Konzepte finden ihre Unterstützung in aktuell verfügbaren Werkzeugen. Wenn Sie also nach bestimmten Werkzeugen suchen, sollten Sie sich bei den entsprechenden Softwareanbietern informieren.

8.6.9 Reviews und Berichte zu Änderungen

Das Ändern eines Softwareprodukts während der Wartung ist mehr als nur das Eingehen auf Anwenderanfragen und Durchführen der gewünschten Änderungen. Es müssen Entscheidungen getroffen werden, ob und wann Änderungen vorzunehmen sind; es sind Berichte zu erstellen, aus denen der Status der Änderungsanforderungen ersichtlich wird. Absicht ist, Wartungsänderungen verwalten zu können und jederzeit informiert zu sein.

Änderungsreviews werden normalerweise von einem Ausschuß durchgeführt, der hinsichtlich der durchzuführenden Änderungen Entscheidungen treffen und Prioritäten festlegen kann. Organisatorisch kann dieser Ausschuß auf einer nur technischen Ebene (Anwender und Wartungsfachleute), auf einer sehr hohen Ebene (beispielsweise werden im NASA Space Shuttle Program, das seit den 90er Jahren nur noch Produktänderungen umfaßt, Änderungsreviews nur auf höchster Managementebene durchgeführt) sowie auf allen dazwischenliegenden organisatorischen Ebenen angesiedelt sein.

Änderungsberichte werden grundsätzlich durch ein allgemeines oder speziell angepaßtes Werkzeug unterstützt, über das die Entscheidungen des Änderungsausschusses und die Fortschritte der Wartungsfachleute bei der Implementierung von Änderungen verfolgt sowie die freigegebenen mit den geänderten Versionen jederzeit verglichen werden können. Der Änderungsbericht läßt sich verwenden, um den Status einer bestimmten Änderung zu prüfen oder Änderungstrends aufzuzeigen.

8.6.10 Reverse Engineering und Re-Engineering

In den zurückliegenden Jahren, als plötzlich das Interesse an der Softwarewartung größer wurde, wurden die folgenden R-Begriffe (sie beginnen alle mit dem Buchstaben R) geprägt:

- Reverse Engineering (Rückentwicklung) – Prüfen eines Softwareprodukts, um herauszufinden, wie es arbeitet.

- Re-Engineering – Ändern eines Softwareprodukts, um es zu verbessern, häufig, um es wartungsfähiger zu machen, und nicht, weil eine bestimmte Änderungsanforderung vorliegt.

- Restructuring – Umwandeln von unstrukturiertem in strukturierten Code.

- Re-use (Wiederverwendung) – Bereits vorhandene Konzepte oder Komponenten werden im aktuellen Softwareprodukt wiederverwendet.

In diesem Abschnitt werden wir nur zwei dieser Begriffe behandeln. Restructuring wurde bereits unter »Analyzer für Änderungen« behandelt. Es hat eine verglichen mit den anderen R-Konzepten geringere Bedeutung. (Die Restrukturierung kann automatisch erfolgen und hat erheblich weniger Einfluß auf den Wert eines Softwareprodukts als die anderen R-Begriffe.) Auch auf Re-use (Wiederverwendung) werden wir nicht eingehen, da, obwohl ein sehr wichtiges Konzept, dieses nur am Rande mit Wartung zu tun hat. (Obwohl es möglich ist, vorhandene Software nach wiederverwendbaren Konzepten zu durchsuchen, ist es sinnvoller, die Wiederverwendbarkeit während der Entwicklung zu berücksichtigen und zu diesem Zeitpunkt allgemeinen, wiederverwendbaren Code zu erstellen.)

Übrig bleiben die Konzepte Reverse Engineering und Re-Engineering. Warum soll an dieser Stelle auf diese Begriffe eingegangen werden?

Das Reverse Engineering ist ein wichtiger Oberbegriff für das, was bei der Softwarewartung komplex und schwierig ist. Abschnitt 8.6 mit den Aufgaben für die Softwarewartung hat gezeigt, daß die Wartungsaufgaben unterschiedlich viel Zeit beanspruchen. Die vorhandene Software muß erst verstanden werden, um entsprechende Änderungen vornehmen zu können. Es sind die Aufgaben »Überprüfen der Wartungsdokumentation« und »Verfolgen der relevanten Programmlogik«. Reverse Engineering ist ein Modewort für ein sehr altes Softwarekonzept. Mit diesem Konzept versuchen wir zu verstehen, wie und warum ein Softwareprodukt sich so und nicht anders verhält.

Es muß insbesondere darauf hingewiesen werden, daß Reverse Engineering in diesem Sinne nicht zielorientiert ausgerichtet ist. Mit der Begriffsdefinition ist jedoch noch nicht gesagt, *warum* die Technik (Engineering) umgekehrt (reverse) bzw. ins Gegenteil verwandelt werden sollte. Das geschieht meistens, um festzuhalten, wie eine Software funktioniert (die vollständige Wartungsdokumentation liegt vor), oder um eine bestimmte Softwareänderung durchzuführen.

Es gibt aber noch einen anderen Grund für das Reverse Engineering: Besseres Verständnis der internen Softwarestruktur. Es werden bestimmte, komplizierte Teile der Software vereinfacht und somit verständlicher gemacht. Bei diesem Prozeß kommt der Begriff Re-Engineering zum Tragen. Man versteht darunter das Ändern eines Softwareprodukts mit dem Ziel, die Wartung zu vereinfachen.

Es sollte darauf hingewiesen werden, daß Reverse Engineering und Re-Engineering größtenteils intellektuelle Prozesse sind und deshalb kaum durch Werkzeuge unterstützt werden. Es gibt bestimmte Code- und Daten-Analyzer (siehe Abschnitte 8.6.4 und 8.6.5), die uns beim Reverse Engineering helfen und das Re-Engineering vorbereiten könnten; eine Automatisierung ist allerdings *nicht* möglich.

8.6.11 Zusammenfassung: Wartung

Lassen Sie uns prüfen, was ISO 9000-3 für die Wartung fordert.

ISO 9000-3 fordert diverse planungsorientierte Unterlagen: den Wartungsplan mit Umfang der Wartung, Wartungstätigkeiten, Wartungsaufzeichnungen und -bericht sowie Hinweisen auf die unterstützenden Organisationen. Man geht hier davon aus, daß jede Wartung, die gut geplant wird, eine gute Wartung ist.

Wartung bedeutet jedoch mehr, d.h., mehr als in jeder anderen Softwarephase muß man auf plötzlich auftauchende Schwierigkeiten vorbereitet sein. So wie eine Hausrenovierung voller Überraschungen steckt (erst nachdem man damit begonnen hat, stellt man fest, was wirklich erforderlich ist), verhält es sich auch mit der Softwarewartung. Man kann nur schwer einschätzen, wie kompliziert eine bestimmte Änderung sein wird. Muß eine Änderung vorgenommen werden, die über das hinausgeht, was vom Softwaredesign abgedeckt wird, wird die Änderung sehr schwierig, wenn nicht unmöglich. Das ursprüngliche Design zu erkennen ist genauso kompliziert, wie z. B. die Struktur eines Hauses festzustellen, wenn man eine Wand versetzen will. Aus diesem Grund ist die Wartungsplanung ein schwieriger und frustrierender Vorgang. Sicherlich ist ein bestimmtes Maß an Planung möglich, aber es kann schwierig sein, Pläne umzusetzen, sofern diese nicht äußerst einfach gehalten sind. Auch deshalb geht es bei der Wartungsplanung häufig nur um die Methode und die Werkzeuge und nicht um Einblicke in die Produktstruktur.

Um dennoch eine Zertifizierung gemäß ISO 9000-3 zu erreichen, muß ein Wartungsplan erstellt werden. Dabei sollte man immer berücksichtigen, daß mehr als nur Planung erforderlich ist, sofern Qualitätswartung an Qualitätssoftware durchgeführt werden soll.

Der Wartungsfachmann benötigt in erster Linie eine brauchbare Wartungsdokumentation. Das zeugt insofern von Ironie, als ISO 9000-3 die verschiedenen Arten der Dokumentation unterstreicht, aber keine Einzelheiten dazu liefert. Wir hatten bereits darauf hingewiesen, daß ISO 9000-3 notwendige, aber keine hinreichenden Ratschläge für die Erstellung von Qualitätssoftware liefert. An dieser Stelle reicht »notwendig« einfach nicht aus, und »hinreichend« ist weit entfernt.

Tabelle 8.5 zeigt, welche Wartungstechniken auf die verschiedenen Projektarten angewendet werden sollten. Wichtig an der Tabelle ist, daß die Techniken für fast alle Projektarten gültig sind. Einzige Ausnahme sind kleine Projekte, bei denen die werkzeugorientierten Techniken nur dann verwendet werden sollten, wenn sie bereits vorhanden sind, und innovative Projekte, bei denen wenig oder überhaupt keine Wartung anfallen könnte.

Warum sollten fast alle Wartungstechniken auf nahezu alle Projektarten angewandt werden? Weil Wartung in jedem Bereich anfällt. Die meisten Projekte, unabhängig von Größe, Bereich, Kritikalität oder Innovativität, erfordern nach ihrer Entwicklung eine Wartung. Je erfolgreicher ein Projekt ist, desto mehr Wartung ist notwendig (weil Wartung in großem Maße mit Änderungen zu tun hat und Kunden/Anwender nicht lange auf notwendige Änderungen warten, sondern zu anderen Produkten wechseln).

Das Qualitätssicherungssystem und der Lebenszyklus

Technik/Werkzeug	Projektart									
	Größe		Anwendung				Kritikalität		Innovation	
	gr.	kl.	Ge	Wi	Sys	EZ	hoch	niedrig	hoch	niedrig
Vorbeugende Wartung	J	J	J	J	J	J	J	J	J?	J
Dokumentation	J	N	J	J	J	J	J	J	J?	J
Code-Analyzer	J	Wv	J	J	J	J	J	Wv	Wv	J
Daten-Analyzer	J	Wv	J	J?	J?	J?	J	Wv	Wv	J
Änderungs-Analyzer	J	Wv	J	J	J	J	J	Wv	Wv	J
Constructors	J	Wv	J	J	J	J	J	Wv	Wv	J
Tester	J	Wv	J	J	J	J	J	Wv	Wv	J
Änderungs-Reviews und Berichte	J	Wv	J	J	J	J	J	J	Wv	J
Reverse Engineering	J	J	J	J	J	J	J	J	J	J
Re-Engineering	Wb	Wb	Wb	Wb	Wb	Wb	Wb	Wb	Wb	Wb

Tabelle 8.5 Projektarten zu Techniken: Wartung

Legende:
Wv = Wenn vorhanden (nicht nur für diesesProjekt anschaffen)
Wb = Wenn benötigt
N = Nein
J = Ja
J? = Im Zweifel Ja

8.7 Unterstützende Tätigkeiten

ISO 9000-3 führt eine Anzahl unterstützender Tätigkeiten an, d.h. Softwareaktivitäten, die unabhängig von der Lebenszyklusphase sind. Dazu gehören Konfigurationsmanagement, Lenkung der Dokumente, Qualitätsaufzeichnungen, Messungen, »Regeln, Praktiken und Übereinkommen«, Werkzeuge und Techniken, Beschaffung, »beigestellte Softwareprodukte« und Schulung. Jede dieser Aktivitäten wird entsprechend erläutert:

1. *Konfigurationsmanagement.* Diese Tätigkeit sollte

- Versionen, Komponenten, Entwicklungsstatus und Änderungen identifizieren;
- die gleichzeitige Überarbeitung eines bestimmten Softwareelements durch mehr als eine Person lenken;
- für Koordinierung und Überarbeitung mehrerer Produkte an einer oder mehreren Stelle(n) sorgen.

Zusätzlich sollte ein Konfigurationsmanagementplan vorhanden sein, der folgendes festlegt: organisatorische Verantwortlichkeiten, Aufgaben und Tätigkeiten, Werkzeuge, Techniken und Methoden sowie das Stadium, in dem Elemente der Konfigurationslenkung unterworfen werden sollen.

Zu den zu überprüfenden Elementen gehören Spezifikationen, Werkzeuge, Schnittstellen, Dokumente, Computerdateien und Änderungen. Für freigegebene Produkte sollte es Verfahren geben, welche die Rückverfolgbarkeit des Softwareelements bzw. -produktes erleichtern.

2. *Lenkung der Dokumente.* Diese Tätigkeit sollte die Qualität der Systemdokumente, Planungsdokumente und Produktdokumente (einschließlich Vorgaben und Ergebnisse der Entwicklungsphase, Verifizierungs- und Validierungspläne und -ergebnisse, Dokumente für Abnehmer und Anwender sowie Wartungsdokumentation) sicherstellen. Die Lenkung der Dokumente sollte die Dokumente festlegen, die der Dokumentenlenkung unterliegen sollen, die Genehmigung und Herausgabe von Verfahren sowie die Änderungsabläufe beinhalten. Es sollten Verfahren vor-

handen sein, die sicherstellen, daß die zutreffenden Versionen der einschlägigen Dokumente dort verfügbar sind, wo Tätigkeiten ausgeführt werden. Überholte Dokumente müssen sofort entfernt werden. Auch die Änderung von Dokumenten ist in ISO 9000-3 festgelegt: Änderungen von Dokumenten müssen durch dieselben Funktionen/Stellen überprüft und genehmigt werden, welche die Überprüfung und Genehmigung der Erstversionen ausgeführt haben, sofern nicht ausdrücklich anders festgelegt.

3. *Qualitätsaufzeichnungen.* Der Lieferant muß Verfahren für die Identifikation, Sammlung, Indizierung (zur inhaltlichen Erschließung), Ordnung, Speicherung/Aufbewahrung, Pflege und Bereitstellung von Qualitätsaufzeichnungen einführen und aufrechterhalten. Die Aufbewahrungsdauer muß festgelegt und Beeinträchtigungen oder Beschädigungen müssen verhindert werden, und die Aufbewahrung muß so erfolgen, daß die Qualitätsaufzeichnungen leicht auffindbar sind.

4. *Messungen.* Diese Aktivität ist verantwortlich für das Sammeln der Ergebnisse von Produkt- und Prozeßmeßdaten. Allerdings ist ISO 9000-3 in dieser Hinsicht wenig spezifisch. Statt dessen findet sich im Standard der Hinweis »Es gibt derzeit keine allgemein akzeptierten Meßmethoden für die Softwarequalität. Es sollten jedoch mindestens einige Meßmethoden verwendet werden, die Einsatzfehler und Fehler vom Standpunkt des Anwenders aus aufzeigen.«

Bezüglich des *Produkts* sollten die Messungen so beschaffen sein, daß die aktuellen Werte eines jeden Merkmals ermittelt werden, Abhilfemaßnahmen durchgeführt und spezifische Verbesserungsziele gesetzt werden können. Die *Prozeßmessung* sollte aufzeigen, »wie gut der Entwicklungsprozeß durchgeführt wird in bezug darauf, ob Meilensteine und prozeßinterne Qualitätsziele im geplanten Zeitrahmen erreicht werden« und »wie wirkungsvoll der Entwicklungsprozeß in bezug auf Reduzierung der Wahrscheinlichkeit ist, daß Fehler eingebaut werden oder daß eingebaute Fehler unentdeckt bleiben«. Abschließend werden in ISO 9000-3 noch ziemlich allgemeine Hinweise über die Verwendung von Meßverfahren gegeben.

5. *Regeln, Praktiken und Übereinkommen.* Unter dieser Überschrift werden die Regeln, Praktiken und Übereinkommen festgelegt, um ein Qualitätssicherungssystem gemäß ISO 9000-3 wirksam zu machen. Das ist alles, was der Standard festlegt.

6. *Werkzeuge und Techniken.* Dieser Absatz des Standards legt fest, daß der Lieferant Werkzeuge, Einrichtungen und Techniken nutzen sollte, die sowohl Managementzwecken als auch der Produktentwicklung dienen. Der Lieferant sollte diese Werkzeuge und Techniken, wenn notwendig, verbessern.

7. *Beschaffung.* Diese Aktivität legt fest, was passiert, wenn der Lieferant für ein zu lieferndes Softwareprodukt selber ein Produkt oder eine Dienstleistung einkaufen muß. Die Beschaffungsdokumente sollten die Daten enthalten, die das bestellte Produkt oder die bestellte Dienstleistung vollständig beschreiben. Der Lieferant ist verantwortlich für die Validierung der vom Unterlieferanten erbrachten Leistungen. Die Auswahl von Unterlieferanten muß vom Produkttyp und der Leistungsfähigkeit des Lieferanten abhängen.

8. *Beigestelltes Softwareprodukt.* Diese Aktivität ähnelt der Beschaffung. Der Lieferant kann aufgefordert werden, ein vom *Auftraggeber* oder von einer dritten Stelle beigestelltes Softwareprodukt einzuführen oder zu verwenden. Der entsprechende Abschnitt in ISO 9000-3 ist recht kurz: »Der Lieferant sollte Verfahren zur Validierung, zum Schutz und zur Wartung solcher Produkte einführen und aufrechterhalten. Zur Erhaltung solcher Softwareprodukte sollte eine Wartungsvereinbarung, die das gelieferte Produkt betrifft, in Betracht gezogen werden. Wenn vom Auftraggeber beigestellte Produkte für nicht geeignet befunden werden, sollte dies aufgezeichnet und dem Auftraggeber berichtet werden.«

9. *Schulung.* Hier handelt es sich um die Schulung der Mitarbeiter eines Lieferanten, die mit der Erstellung des Produkts zu tun haben. ISO 9000-3 sagt dazu folgendes: »Der Lieferant sollte Verfahren zur Ermittlung des Schulungsbedarfs einführen und aufrechterhalten und für die Schulung aller Mitarbeiter sorgen. Die zu vermittelnden Themen sollten unter Berücksichtigung der verwendeten spezifischen Werkzeuge, Techniken, Methoden und Rechnerhilfsmittel für die Entwicklung und das Management des Softwareprodukts festgelegt werden. Es kann auch

erforderlich sein, die Schulung von Fertigkeiten und Vermittlung von Kenntnissen auf dem betreffenden speziellen Softwaregebiet einzuschließen.«

8.7.1 Probleme bei unterstützenden Tätigkeiten

Die größte Schwierigkeit im Zusammenhang mit den unterstützenden Tätigkeiten entsteht bei der Definition dessen, was ein Projekt »tun« sollte. Seit den 90er Jahren ist es im Softwarebereich üblich, daß alle Projekte alle Methoden bzw. Ansätze zur Softwareerstellung nutzen sollten. Doch, Sie erinnern sich sicher noch an entsprechende Hinweise in diesem Buch, es gibt Experten, die für diesen Ansatz nichts übrig haben.

Das Problem liegt darin, daß viele der unterstützenden Tätigkeiten ein zu großes Eigenleben entwickeln können. Das Konfigurationsmanagement, beispielsweise, ist sehr wichtig und eine relativ einfache Idee. Jedoch wird es in Büchern in über 400 Seiten breitgetreten und mit immensen hierarchischen Strukturen und komplexen Kontrollvorgängen versehen. Wann also sollte das Konfigurationsmanagement formell und ausführlich und wann informell und einfach sein?

Das gleiche trifft für viele andere, unterstützende Tätigkeiten zu. ISO 9000-3 spricht beispielsweise von Änderungs- und Dokumentenkontrolle. Sollte diese Kontrolle in der Verantwortlichkeit einer Gruppe mit hierarchischen Managementstrukturen liegen, oder sollten diese Aufgaben vom Entwicklungsteam zusammen mit anderen, wichtigen Tätigkeiten wahrgenommen werden?

Die größten Meinungsverschiedenheiten in bezug auf diese Aktivitäten sind bei der Organisation für die Qualitätslenkung vorhanden. Obwohl in ISO 9000-3 nicht explizit eine Organisation für die Qualitätslenkung gefordert wird, dreht sich in gewissem Sinne alles im Standard um Funktionen und Verantwortlichkeiten einer derartigen Organisation. Sollte aber jede Projektart eine formelle Organisation für die Qualitätslenkung beinhalten? Die Ansichten sind unterschiedlich, obwohl es wichtig ist, daß *irgend jemand* auf die Produktqualität (und Prozeßqualität) achtet. Es wäre jedoch besser, daß diese Aktivität direkt von den Entwicklern ausgeführt wird statt von einer außenstehenden, desinteressierten und Overhead-Kosten produzierenden Organisation.

Auf diese Problematik werden wir im folgenden eingehen. Vielleicht kann aber festgestellt werden, daß insbesondere große und kritische Softwareprojekte die Formalität einer außenstehenden Organisation für jede unterstützende Tätigkeit erforderlich machen. Aber sofort nach dieser Feststellung beginnen wieder die Diskussionen. Sollten beispielsweise kleine oder unkritische Projekte ein gesondertes Konfigurationsmanagement oder eine Organisation für die Qualitätslenkung erhalten? (Wir stimmen in diesem Buch mit denen überein, die Formalität nicht generell, sondern nur für den Fall befürworten, wo diese wirklich unumgänglich ist.)

8.7.2 Qualitätssicherung

Qualitätssicherung liegt bei der außenstehenden Organisation, welche die Verantwortung für die Produktqualität trägt. Anders ist es beim *Qualitätsdesign*, das die Tätigkeit der Softwareentwickler selbst für die Gewährleistung von Produktqualität beinhaltet.

Die Aufgabe dieser Organisation liegt in der Sicherstellung; sie muß gewährleisten, daß alle Schritte zur Qualitätssicherung festgelegt, befolgt und dokumentiert werden (das »Qualitätssystem« liegt also in der Verantwortung dieser Organisation). Die Qualitätsarbeit selbst wird jedoch von anderen ausgeführt; normalerweise verfolgt die Organisation die Arbeiten und stellt fest, ob die notwendigen Tätigkeiten zur Qualitätssicherung durchgeführt werden.

Es gibt zwei Arten der Qualitätssicherung: Die eine betrifft den Prozeß und die andere das Produkt. Die produktorientierte Qualitätssicherung gibt es schon seit jeher im Softwarebereich. Mit der jetzigen Definition von Qualitätssicherung haben die Qualitätssicherungsexperten nicht nur Verfahrensweisen festgelegt und sichergestellt, daß diese auch eingehalten werden, sondern sie prüfen auch das endgültige Produkt (häufig auch die Zwischenstadien). Das geschieht, um festzustellen, ob die erwartete Qualität auch tatsächlich vorhanden ist.

In letzter Zeit hat sich die Qualitätssicherung mehr zum Prozeß hin orientiert. Die Qualitätssicherungsfachleute prüfen nicht nur fertige oder halbfertige Produkte, sondern kontrollieren auch die Prozesse, welche die Qualität des endgültigen Produkts beeinflussen. Diese neue Denkart hat sich aus der statistischen Prozeßkontrolle heraus entwickelt, wo Daten über die Fortschritte verschiedener Prozesse erfaßt werden; abweichende Daten, die zeigen, daß bestimmte Prozesse nicht wie erwartet funktionieren, werden dann besonders durchleuchtet. Grundlage für diesen Ansatz ist auch die Arbeit des Software Engineering Institute über die Ausgereiftheit von Prozessen; in dieser Arbeit werden Softwareorganisationen auf die Qualität ihrer Softwareprozesse hin überprüft. (Dieses Thema wurde bereits früher in diesem Buch besprochen.)

Es herrscht noch immer Uneinigkeit im Softwarebereich hinsichtlich dieser Entwicklung. Solange ein guter Prozeß zu einem guten Produkt führt, kann man dieser Entwicklung nur zustimmen. Allerdings glauben Hersteller eher an den Prozeß als Techniker: es ist nämlich noch nicht bewiesen, daß in designorientierten Disziplinen wie Software ein guter Prozeß zwangsläufig zu einem guten Produkt führt. Sicherlich wird diese Uneinigkeit und damit auch die Unsicherheit in bezug auf prozeß- oder produktorientierte Qualitätssicherung auch in Zukunft bestehen.

Die Aufgaben der Organisation für Qualitätssicherung umfassen normalerweise folgende Punkte:

- Rückverfolgen von Prozeßmerkmalen
- Prozeßverbesserung
- Reviews und Audits
- Produkt(-unabhängige) Tests
- Konfigurationsmanagement (auch getrennt)
- Lenkung von Änderungen (auch getrennt)
- Vertragsmanagement (von Unterlieferanten)
- Unabhängige Verifizierung und Validierung

Diese Aufgaben beinhalten zwei übergeordnete Verantwortlichkeiten:

1. Unterstützung der Entwicklungsmanager durch Wartung (und Verbesserung) des Qualitätssicherungssystem

2. Unterstützung des höheren Managements durch Kontrolle der Vorgänge in der Entwicklung und entsprechende Berichte

8.7.3 Konfigurationsmanagement

Das Konfigurationsmanagement stellt sicher, daß die entstehende Software identifiziert, gelenkt und zurückverfolgt werden kann. Das wird normalerweise dadurch erreicht, daß Grundversionen eines Produkts erstellt und gesichert werden. Davon lassen sich dann, sofern erforderlich, aktuelle Versionen wiederherstellen. Das Produkt enthält nicht nur den Code (in verschiedenen Formen wie Quell- oder Objektcode), sondern auch Datenbanken und Dateien, Dokumentation und andere Werkzeuge, die für das Softwareprodukt wichtig sind.

Das Konfigurationsmanagement muß notwendigerweise auch die Aufgabe der Versionskontrolle übernehmen. Normalerweise wird Software für Anwender/Kunden als eine »Version« freigegeben, also als eine Produktvariante, die zum Freigabezeitpunkt für eine bestimmte Plattform gültig ist. Bei zukünftigen Änderungen könnte diese Version hinfällig werden. Unterschiedliche Versionen können daher von der jeweiligen Plattform (ein spezieller Computer oder ein bestimmtes Betriebssystem) oder von einem Zeitpunkt (die Version gilt nur für einen bestimmten Zeitraum) abhängig sein. Die Anzahl der im Konfigurationsmanagement enthaltenen Parameter (Werkzeuge, Lieferplattform, Zeiträume usw.) zeigt, daß es sich hier um eine recht komplizierte Aufgabe handelt.

8.7.4 Lenkung von Änderungen

Die Lenkung von Änderungen bezieht sich auf die Aktivitäten im Zusammenhang mit Änderungen des Produkts und weniger auf das Produkt selbst.

Die Lenkung von Änderungen umfaßt:

- Prüfung von Änderungsanforderungen im Hinblick auf Notwendigkeit und Wichtigkeit
- Zurückweisung von Änderungen, die im Test durchfallen
- Festlegung der Prioritäten für die Änderungen, die den Test bestehen
- Überwachung des Änderungsprozesses und Sicherstellung, daß Fortschritte gemacht werden
- Bericht über den Änderungsstatus an diejenigen, die informiert werden müssen
- Verfolgung der Änderungen bis hin zu Produktversionen
- Verfolgung der Änderungsaktivitäten

8.7.5 Vertragsmanagement

Wenn Teile eines Softwareprojekts an Unterlieferanten vergeben werden müssen, ist ein Vertragsmanagement (auch Beschaffungsmanagement genannt) erforderlich. Das Vertragsmanagement kommt auf all die Aufgaben wieder zurück, die Thema dieses Buchs sind. So wie dieses Buch beispielsweise Material zu den Aktivitäten für die Lebenszyklusphase einer Software enthält, sind die gleichen Aktivitäten auch Teile des Beschaffungsprozesses. Eine zusätzliche Aufgabe des Vertragsmanagements ist das Verstehen des Vertrags zur Ausführung eines Softwareprojekts.

Das Vertragsmanagement darf sich deshalb nicht nur auf die in diesem Buch enthaltenen Aktivitäten beschränken, sondern muß sich im Vertrag auch mit den jeweiligen Aktivitäten bzw. Tätigkeiten beschäftigen. Wenn im Vertrag steht, daß etwas Bestimmtes geschehen muß, dann muß das vom Vertragsmanagement auch sichergestellt werden. Ebenso wichtig: Wenn der Vertrag *nicht* sagt, daß etwas Bestimmtes geschehen muß, sollte das vom Vertragsmanagement auch so hingenommen werden. (Hier handelt es sich um den Vertragsumfang – Dinge, die »im Umfang« enthalten sind, sind vertraglich notwendig, und Dinge, die »außerhalb des Umfangs« liegen, werden erst nach speziellen Zusatzvereinbarungen ausgeführt. Dazu gehören z.B. auch zusätzliche Kosten und Zeit.)

Schon aufgrund der rechtlichen Auswirkungen des Vertragsmanagements sollte diese Organisation folgende Punkte beachten:

- Innerhalb der Unternehmenshierarchie »höher« angesiedelt sein als vergleichbare Entwicklungsorganisationen

- Permanente Kommunikation mit den Mitarbeitern in der Rechts- und Einkaufs- bzw. Beschaffungsabteilung

8.7.6 Prozeßmanagement und Verbesserung

In dem Maße, wie sich Qualitätssicherungsexperten vom Produkt hin zum Prozeß orientiert haben, hat sich eine spezielle Rolle für die Fachleute ergeben, die mit der Entwicklung des Softwareprodukts beschäftigt sind. In einigen Unternehmen hat das zu sogenannten Prozeßgruppen geführt. Die Arbeit des Software Engineering Institute über Definition und Messung der Ausgereiftheit von Prozessen bezieht sich beispielsweise auf individuelle Prozeßgruppen innerhalb von Unternehmen. Das Software Engineering Institute hat auch eine Infrastruktur geschaffen, in der sich die verschiedensten Prozeßgruppen regelmäßig treffen und Themen ihrer Technik diskutieren.

Typische Prozeßgruppen nehmen folgende Aufgaben war:

- Definition der aktuellen Prozeßgrundlage

- Definition der Meßverfahren zur Prozeßbewertung

- Aufzeichnung der Meßergebnisse für die aktuelle Prozeßgrundlage

- Beurteilung der Meßergebnisse für beabsichtigte Prozeßänderungen

- Befürwortung von Prozeßverbesserungen

- Verfolgung und Einführen neuer Techniken
- Schulung von Softwarefachleuten in neuen Prozeßkonzepten
- Überwachung neuer Prozesse

8.7.7 Metrik

Metriken sind das Ergebnis statistischer Auswertungen. Nahezu jeder im Softwarebereich stimmt zu, daß die Metriken a) wünschenswert sind und b) in der Praxis selten verwendet werden. Über diese Übereinstimmungen hinaus gibt es jedoch erhebliche Meinungsverschiedenheiten.

Die ernsthafteste Unstimmigkeit in bezug auf Metriken ist der Zwiespalt zwischen Theorie und Praxis. Hier gibt es nur wenig Übereinstimmungen, und als Ergebnis davon muß man in der Diskussion von Metriken sehr genau angeben, welche Metriken eingesetzt werden sollen. Obwohl Metriken nur selten in der Praxis verwendet werden, gibt es doch einige erfolgreiche Anwendungen, in denen sehr komplizierte Metriken definiert und eingesetzt wurden. Beachten Sie, daß dieses Problem auch der Grund dafür ist, daß ISO 9000-3 keine spezifischen Metriken fordert.

Eine andere Meinungsverschiedenheit herrscht bezüglich des Anwendungsbereichs für Metriken. Diese Problematik ergibt sich, weil einige Fachleute Metriken als ein Ziel an sich sehen; besonders die Metrik-Theoretiker betrachten die Definition, Berechnung und Verwendung von Metriken als ein technisches Thema. Aber für die meisten Praktiker sind Metriken eindeutig ein Management-Thema. Beim Erstellen und Kompilieren einer Metrik kann Technik mitspielen, aber der Anwender dieser Metrik ist zweifelsohne ein Manager. Ein Ansatz zur genaueren Betrachtungweise von Metriken ist das »GQM-Konzept«. In diesem Konzept werden zuerst Ziele (*Goals*) für Metriken bestimmt, dann Fragen (*Questions*) als Hilfe zur Erreichung der Ziele definiert und schließlich die Metriken selber ausgewählt, und zwar auf Basis der Antworten auf die Fragen.

Ein weiterer Streitpunkt in bezug auf Metriken ist die fehlende Einordnung. Diejenigen, die Metriken als in sich selber endend ansehen, tendieren zu einer undifferenzierten Betrachtungsweise. Dennoch, eine übliche Einordnung unterteilt Metriken in Prozeß- und Produktmetriken. Prozeßmetriken haben mit Vorhersagen zu tun; ausgehend von einer zurückliegenden Leistungsbewertung einer Aufgabe, z.B. die Aufdeckung von Softwarefehlern, können wir die zukünftige Leistung dieser Aufgabe vorhersagen. Produktmetriken haben üblicherweise mit Qualität zu tun; ausgehend von irgendeiner Überprüfung wird für die Produktqualität (d h. die Zuverlässigkeit des Produkts) ein bestimmter Wert vergeben. Prozeßmetriken sind über Zuverlässigkeitsvorhersagen hinaus häufig auch Vorhersagen der Kosten und des Zeitbedarfs. Produktmetriken haben über die Zuverlässigkeit hinaus auch mit Leistungsfähigkeit, Wartungsfähigkeit oder einem der anderen Qualitätsattribute zu tun.

Die Bedeutung der Metriken liegt darin, daß man sie zur Bestimmung der Qualität eines Softwareprodukts und der Wartung einsetzen kann. Wie könnten wir sonst die Kosten und Vorteile neuer Technologien, wie z.B. objektorientierte Methoden oder Client/Server-Systeme, feststellen? Die Praxis zeigt allerdings, daß Metriken immer noch sehr selten eingesetzt werden, was auch bei den Softwareforschern der Fall ist. Hinzu kommt, daß es wenig Daten zur Qualität (Vorteile und Nachteile) neuer Techniken gibt, die von Forschern entwickelt wurden. Deshalb fällt es nicht schwer, Forschung und Praxis im Softwarebereich zu kritisieren, weil beide versäumt haben, passende Metriken zu erforschen und anzuwenden.

Diese Situation wird sich in naher Zukunft sicherlich ändern. Ein Grund dafür wird ISO 9000 sein – obwohl dort unklar ist, wie Metriken in der Entwicklung und Wartung von Software anzuwenden sind, besteht ISO 9000 mindestens darauf, daß sie definiert und benutzt werden. Ähnlich erfordern die höheren Ebenen des *Software Engineering Institute Capability (Process) Maturity Model* den Einsatz von Metriken zur Prozeßbeurteilung. Und schließlich hat kürzlich das US-Verteidigungsministerium gefordert, daß bestimmte Softwareprojekte, wie diejenigen mit eingebetteten Systemen, Metriken definieren und verwenden müssen.

Auch bei den Forschern bahnt sich ein Umdenken an. Die aktuelle Praxis der »Empfehlungs-Forschung« – Forschung, bei der eine neue Technik ohne Berücksichtigung der anfallenden Kosten und Vorteile befürwortet wird – wird immer mehr angegriffen, und es scheint so zu sein, daß Messungen als Teil der Softwareforschung stärkere Beachtung finden.

8.7.8 Dokumentation

Die Softwaredokumentation hat viele Aspekte. In Zusammenhang mit der Entwicklung und Wartung eines Softwareprodukts gibt es nahezu zwei Dutzend Dokumente, von denen einige erforderlich sind und andere nicht.

Einige dieser Dokumente werden zur Unterstützung des Managementprozesses erstellt, andere wegen ihres technischen Werts für Softwareentwickler und einige als Hilfestellung für den Kunden oder Anwender. Pläne sind beispielsweise eine typische Managementdokumentation. Bei den Schlußdokumenten für bestimmte Phasen handelt es sich meist um Unterlagen für die Techniker, obwohl sie dem Management auch Auskunft über den Fortschritt eines Produkts geben. Anwenderhandbücher und Installationsunterlagen sind Beispiele für Dokumente, die für den Anwender gedacht sind.

Leider gibt es nur selten eine Diskussion über den Stellenwert dieser Dokumente. Beispielsweise ist die für den Kunden/Anwender vorgesehene Dokumentation normalerweise unumgänglich; ein Softwareprodukt bedarf einfach dieser Unterlagen. Die technische Dokumentation könnte weniger wichtig sein, doch andererseits ist es schwierig, ein Softwareprodukt ohne eine abgestimmte Forderungenspezifikation, eine sorgfältige Designdokumentation und eine noch sorgfältigere Wartungsdokumentation zu entwickeln. Und obwohl die meisten Veröffentlichungen über Softwaretechnologie (und auch ISO 9000 selber) größten Wert auf Dokumentationen für das Management legen, sind diese für das Softwareprojekt an sich von geringster Bedeutung. Natürlich sind für große oder kritische Projekte noch immer Pläne, Verfahren und Berichte wichtig; sie sind entbehrlich bei kleineren und unkritischen Projekten.

8.7.9 Zusammenfassung: unterstützende Tätigkeiten

In ISO 9000-3 sind diverse Punkte zu den unterstützenden Tätigkeiten enthalten: Konfigurationsmanagement, Lenkung der Dokumente, Qualitätsaufzeichnungen, Messungen, »Regeln, Praktiken und Übereinkommen«, »Beigestelltes Softwareprodukt« und Schulung. Es handelt sich um eine umfangreiche und nützliche Aufstellung, und ISO 9000-3 nennt für jeden dieser Punkte auch die entsprechenden Forderungen.

Hier sollte, sicherlich mehr als bei anderen Aspekten der Softwareentwicklung, aus der jeweiligen Situation heraus entschieden werden, wie den Forderungen in ISO 9000-3 entsprochen werden kann. Die formelle Lenkung der Dokumente ist beispielsweise für große Projekte erforderlich, kann aber bei kleinen Projekten zu einer Behinderung werden. Werkzeuge und Techniken, deren Kosten bei großen Projekten tragbar sind, sollten für kleine Projekte nur ausgeliehen oder überhaupt nicht eingesetzt werden. Das heißt nicht, daß man die Forderungen in ISO 9000-3 ignorieren sollte; nur sollte man Wege finden, um den Forderungen in ISO 9000-3 zu entsprechen. Und diese Wege sollten abhängig von der Projektart gefunden werden.

In diesem Abschnitt haben wir die unterstützenden Tätigkeiten etwas anders dargestellt, als in ISO 9000-3 definiert. Wir haben versucht, die Aktivitäten von ISO 9000-3 als typische organisatorische Dinge in einer industriellen Projektumgebung zu betrachten. Beispielsweise sind einige Konzepte von ISO 9000-3 deckungsgleich mit unseren Abschnitten über:

- Konfigurationsmanagement

- Messungen (Metriken)

- Lenkung der Dokumente

Andere Konzepte in ISO 9000-3 wurden genauer betrachtet:

- Qualitätsaufzeichnungen, »Regeln, Praktiken und Übereinkommen«, Werkzeuge und Techniken (Qualitätssicherung)

- Beschaffung, »beigestelltes Softwareprodukt« (Vertragsmanagement)

Und ein Konzept wurde noch nicht angesprochen:

- Schulung

Es besteht kein Zweifel, daß Schulung für die Mitarbeiter an einem Softwareprojekt äußerst wichtig ist. Häufig ist die Schulung auf die Organisation statt auf ein Projekt ausgerichtet, obwohl große und kritische Projekte eine spezielle Schulung erforderlich machen. Wir glauben an Schulung; nur haben wir sie deshalb nicht erwähnt, weil ISO 9000-3 ausführlich auf diesen Bereich eingeht.

Aus Tabelle 8.6 wird ersichtlich, daß die Projektgröße der ausschlaggebende Faktor für die Verwendung formeller Methoden für die unterstützenden Tätigkeiten ist. Große Projekte erfordern alle verfügbaren, formell anzuwendenden, unterstützenden Tätigkeiten. Ähnlich verhält es sich mit den kritischen Projekten. Innovative Projekte dagegen benötigen meist nur wenig Formalität. Formelle Methoden neigen dazu, zusätzliche Kosten und einen größeren Zeitaufwand nach sich zu ziehen. Deshalb sollte bei innovativen Projekten mehr auf die Innovation selber als auf Formalität geachtet werden. Die Tabelle zeigt außerdem, daß der Anwendungsbereich wenig mit den unterstützenden Tätigkeiten zu tun hat.

Technik/Werkzeug	Projektart							
	Größe		Anwendung				Kritikalität		Innovation	
	gr.	kl.	Ge	Wi	Sys	EZ	hoch	niedrig	hoch	niedrig
Qualitätssicherung	F	I	<- gr., kl				F	I	I	<-
Konfigurationsmanagement	F	I	<- gr., kl				F	I	I	<-
Lenkung von Änderungen	F	I	<- gr., kl				F	I	I	<-
Vertragsmanagement	Wb	Wb	Wb	Wb	Wb	Wb	Wb	Wb	Wb	Wb
Prozeßmanagement und Prozeßverbesserung	J	N	<- gr., kl				J	N	N	N
Metriken	J	N	<- gr., kl				J	N	N	N
Dokumentation	F	I	<- gr., kl				F	I	I	I

Tabelle 8.6 Projektarten zu Techniken: Unterstützende Tätigkeiten

Legende:
F = Formell
I = Informell
Wb = Wenn benötigt
N = Nein
J = Ja
<- = nebenstehende, linke Spalte

TEIL 3

Zusammenfassung

Qualität ist ein Thema, das nur schwer in den Griff zu bekommen ist. Wir haben schon Probleme mit der Begriffsdefinition sowie beim Erreichen und Messen von Qualität. Seit Jahren hat das Streben nach Qualität die fähigsten Leute veranlaßt, sich mit diesem Thema auseinanderzusetzen.

Softwarequalität ist ein noch schwierigeres Thema. Die Definitionsprobleme sind noch größer. Und häufig ist die Motivation zur Softwarequalität stärker als die Möglichkeit, Softwarequalität auch tatsächlich zu erzielen. Fortschritte bei den dafür notwendigen Meßmethoden fehlen, und zwischen Theoretikern und Praktikern gibt es hinsichtlich der Methodik erhebliche Meinungsunterschiede. Diese unterschiedlichen Standpunkte treffen auch auf die Frage zu, welchen Qualitätsgrad die Softwareprofis tatsächlich bei ihren Produkten erreicht haben.

ISO 9000 trifft also auf eine schwierige Situation. Der Standard liefert eine international verabschiedete Methode zur Definition und Sicherstellung von Produktqualität in der Kunden-/Lieferantenbeziehung. Darüber hinaus beinhaltet der Standard spezielle Überlegungen zum Thema Softwarequalität. Sicherlich verdienen diejenigen, die den Standard mit Leben erfüllen, zumindest Anerkennung für ihren Mut.

Aber verdienen sie auch Anerkennung, weil sie einen wichtigen Beitrag für den Softwarebereich leisten? Speziell für Software kann diese Frage nicht eindeutig beantwortet werden.

Wir haben in diesem Buch zwei Antworten auf diese Frage gegeben. Östen Oskarsson bejaht diese Frage eindeutig, er steht voll und ganz hinter ISO 9000 und liefert dafür diverse Gründe – schon wegen seiner Kenntnisse und Erfahrungen auf diesem Gebiet. Es ist einfach, seinen Standpunkt zu unterstützen, daß der Standard für die Kunden unumgänglich ist, die den Erwerb eines Qualitätssoftwareprodukts sicherstellen wollen.

Doch die zweite Antwort ist ein wenig enthusiastisches »Jein«. Robert L. Glass sagt: »Je mehr ich (über den Standard) lese, desto weniger interessiert er mich.« Er geht weiter und erzählt von seinen Problemen mit dem Standard und äußert seine Meinung dahingehend, daß Software grundsätzlich ein technisches Thema ist, während sich ISO 9000 auf das Management von Qualität bezieht.

Ist es möglich, diese beiden abweichenden Ansichten anzugleichen? Und haben wir, nachdem wir das Ende ihres gemeinsamen Buchs über ISO 9000 erreicht haben, eine Lösung für diese grundsätzliche Meinungsverschiedenheit gefunden? Oder ist dieses Buch die Selbstdarstellung zweier Freunde, die zusammenarbeiten, trotz vorhandener Meinungsverschiedenheiten?

Um die beiden gegensätzlichen Gesichtspunkte angleichen zu können, muß man den Standard richtig verstehen. Wie wir bereits früher in diesem Buch festgestellt haben, gibt es drei wichtige Punkte, die man im Zusammenhang mit ISO 9000 berücksichtigen muß:

1. Der Standard ist ein Werkzeug für Käufer, nicht für Entwickler.
2. Im Standard geht es um das »Was«, nicht um das »Wie«.
3. Der Standard zeigt die notwendige, aber keine ausreichende Richtung.

Mit diesem Verständnis werden die meisten der frühen Einwände von Glass abgemildert, jedoch nicht ausgeräumt.

Es gibt jedoch ein Problem mit diesem Verständnis. Bei der typischen Schnellebigkeit im Computerbereich haben sich Softwareexperten unkritisch auf die Seite von ISO 9000 geschlagen und stellen die Anwendung des Standards als den neuesten »Durchbruch« für Verbesserungen im Softwarebereich hin. Die wenigsten dieser Leute haben die drei oben angeführten Punkte verstanden.

Das bringt uns zum Kernpunkt dieser Zusammenfassung. Welche Folgerungen sollte der Leser aus diesem Buch ziehen? Sicherlich zuerst das Wissen um das, was ISO 9000 tatsächlich darstellt. Östen Oskarsson liegt mit seiner Aussage »Ich befürworte ISO 9000« richtig. Ebenso verhält es sich mit Robert L. Glass und seiner Aussage »Je mehr ich (über den Standard) lese, desto weniger interessiert er mich.« Um diese Ansichten miteinander vereinbaren zu können, müssen die Erwartungshaltungen korrigiert werden, und zwar in bezug auf das, was ISO 9000 erreichen soll. Der Standard erreicht recht gut das gesetzte Ziel – und zu mehr sollte man ihn auch nicht zwingen.

Es folgt eine Aufstellung der von den Autoren favorisierten Ansätze in diesem Buch. Wir hoffen, daß Sie vielleicht diese Ansätze übernehmen, vorzugsweise noch mehr, wenn Sie das Buch zur Seite legen. Der erste Teil des Buchs wurde von Oskarsson ausgearbeitet. Hier die aus seiner Sicht wichtigen Punkte:

1. ISO 9000 ist eine Familie internationaler Qualitätsstandards. Ein Mitglied dieser Familie, ISO 9001, eignet sich für Produkte, die ein Design benötigen. ISO 9000-3 ist eine spezielle Interpretation von ISO 9001 für Software.

2. Die Kernaussage in ISO 9000-3 ist zweigeteilt:

a. Alle Operationen, die Einfluß auf die Qualität haben, müssen überwacht werden.

b. Diese Überwachung muß offengelegt werden.

3. Es gibt zwei Möglichkeiten, den Forderungen in ISO 9001 zu entsprechen:

a. Einrichtung eines Verfahrens und Prüfung, ob dieses befolgt wird

b. Übertragen von Verantwortlichkeiten und Autorität an eine kompetente Person

4. Die Qualitätsüberwachung muß durch ein Qualitätssicherungssystem gewährleistet werden. Ein derartiges System umfaßt »die organisatorische Struktur, Verantwortungen, Verfahren, Prozesse und Mittel für das Qualitätssicherungsmanagement«.

5. Das Erreichen der ISO-Zertifizierung ist ein wichtiger Prozeß, der in diesem Buch ausführlich beschrieben ist. Obwohl die Grundlagen zur Übereinstimmung mit dem Standard teilweise mit dem Ausspruch »Wenn im Zweifel, dokumentieren!« charakterisiert werden, sollte man sich immer vor Augen halten, daß das Erreichen der Zertifizierung »von Bürokraten, die Papier als Produkt ansehen« durchkreuzt werden kann.

6. ISO 9000 existiert im Umfeld anderer Qualitätsbestrebungen. Die Briten haben den Prozeß TickIT als Standard für die ISO-Softwarezertifizierung definiert. Auch die konkurrierenden Standards wie der des Software Engineering Institute mit

dem fünfstufigen Capability Maturity Model und die eigenen Standards des US-Verteidigungsministeriums sollte eine Organisation in Betracht ziehen, um die eigene Softwarequalität sicherzustellen. Das Buch zeigt auf, wann welcher Standard wichtig wird.

7. Erfahrungen mit der ISO-9000-Softwarezertifizierung zeigen einige verbreitete organisatorische Probleme und Bedenken, wie die Rolle des Standards bei F&E-Software oder beim Prototyping. Diese und andere Themen werden ausführlich im Buch diskutiert.

8. Wir haben einige Regeln für den Qualitätssicherungsprozeß aufgestellt:

a. Verwenden Sie für den Aufbau Ihres Qualitätssicherungssystems Fachleute, und stellen Sie sicher, daß die Ergebnisse technisch umsetzbar sind. Nur so werden die Softwaretechniker das System mit geringeren Vorbehalten übernehmen.

b. Üben Sie sich in Geduld, um die Zertifizierung zu erlangen. Ein Qualitätssicherungssystem sollte über einen längeren Zeitraum Bestand haben und fehlerfrei sein. Nur so gibt es zum Zeitpunkt der Zertifizierung die notwendige Erfahrung bei der Anwendung des vorliegenden Systems.

Im zweiten Teil des Buchs, er wurde von Glass geschrieben, sind ebenfalls wichtige Punkte enthalten:

1. Die Anwendung von ISO 9000 auf Software ist keine einfache Aufgabe.

2. Die Lücken zwischen dem »Was« des Standards und dem praktischen »Wie« müssen gefüllt werden. Ebenso verhält es sich mit dem »Notwendig« des Standards und dem komplexeren »Hinreichend«. Tatsächlich verhält es sich so, daß das Erreichen von »Wie« und »Hinreichend« es häufig erforderlich macht, daß das »Was« und das »Notwendig« modifiziert werden müssen.

3. Das Erreichen von Softwarequalität muß je nach Projektart unterschiedlich durchgeführt werden. Deshalb sind in diesem Buch die Projektarten in folgende Kategorien eingeteilt:

a. Größe

b. Anwendungsbereich

c. Kritikalität

d. Innovativität

Ein derartiges Konzept ist neu und wird so im Softwarebereich kaum angenommen. Für Praktiker ist die Übernahme dieses Ansatzes einfacher als für Theoretiker, die seit jeher technische Lösungen nach dem Grundsatz »eine Größe paßt für alle« finden wollen.

4. Erheblichen Raum haben wir der Beschreibung der einzelnen Lebenszyklusphasen, so wie in ISO 9000 definiert, gewidmet – und zwar ausgehend davon, was der Standard fordert und welche ungelösten Probleme in der jeweiligen Phase vorhanden sind. Außerdem vergleichen wir, was der Standard fordert und wie im Gegensatz dazu die Praxis aussieht. Für jede Lebenszyklusphase gibt es eine Tabelle, die aufzeigt, für welche Projektarten die jeweiligen Techniken/Werkzeuge angewendet werden sollten. Insgesamt werden über fünf Dutzend Techniken und Werkzeuge angesprochen.

5. Bei der Behandlung der Techniken und Werkzeuge in diesem Buch setzen wir einige Grundkenntnisse voraus.

6. Die Auswahlmöglichkeiten beim Softwaredesign werden in einer Matrix aufgezeigt, in der ein Designer, ausgehend von diesem Layout, seine Methode wählt:

	Top-Down	Bottom-Up	Hard-Part-First
Prozeß			
Daten			
Objekt			
Ereignis			

Die Auswahl in einer Zeile dieser Matrix ist meist vom Anwendungsbereich abhängig, während die Auswahl in einer Spalte von mehreren Faktoren beeinflußt wird. Die effektivste Methode ist jedoch der Ansatz »Top-Down-Überblick, Bottom-Up wiederverwendbare Module und dann weiter mit Hard-Part-First«.

7. Das Testen von Software ist ein Vorgang, der in diesem Layout definiert wird:

	Einheitentest	Integrationstest	Systemtest
Forderungsorientiert			
Strukturorientiert			
Risikoorientiert			
Statistikorientiert			

Im Gegensatz zur vorherigen Matrix für das Design beinhaltet ein gutes Testen fast alle Aufgaben, die in den Zellen dieser Matrix enthalten sind.

8. Die Unterschiede zwischen dem, was ISO 9000-3 und eine gute Softwarepraxis fordern, sind manchmal groß. Die größte Differenz gibt es bei den Phasen Forderungen, Design/Implementierung, Testen/Validierung und Wartung. Die geringsten Unterschiede sind bei der Phase »Vervielfältigung, Lieferung und Installation« vorhanden. Und leider beschäftigt sich ISO 9000-3 mit dieser letzten Phase sehr viel mehr als mit den schwierigeren Phasen.

9. Das Buch vertritt einige besonders kontroverse Positionen. Es spricht sich gegen die formelle Verifizierung (Prüfung auf Richtigkeit) aller Projekte aus, selbst der kritischen. Dieser Ratschlag steht im Gegensatz zur gesetzlich vorgeschriebenen Forderung des britischen Verteidigungsministeriums, formelle Techniken für eingebettete Echtzeitanwendungen einzusetzen. Das Buch empfiehlt aber auch Reviews nach der Auslieferung, was in der Praxis leider selten geschieht, und den

Einsatz des strukturorientierten Testens. Diese Testmethode muß durch ein Werkzeug unterstützt werden, das unter der Bezeichnung »Analyzer für Testumfang« bekannt ist, aber in der Praxis kaum verwendet wird.

Wir, die Autoren, sind der Meinung, daß vorliegendes Buch wie folgt eingeordnet werden kann:

- Zeitgemäß, aber gegensätzlich

- Unterstützt ISO 9000, kritisiert es aber auch

- Voller Ideen, die dem Leser bereits bekannt sind, und mit Konzepten, die in der Praxis selten angewandt und in der Theorie selten verstanden werden

- Eingerahmt von seit langem bekannten Lebenszykluskonzepten, aber mit einer Struktur für diese Konzepte, die neu ist

- Und das Wichtigste: Mit der Erfahrung zweier Softwareautoren, die im Bereich der Softwarequalität gearbeitet haben und die Problematik genau kennen.

INDEX

3GL 196
4GLs 195

A

Abstraktion, Problemspaltung 162
Abteilungsmanager 116
Adelson 177
Akkreditierungsstelle 42
Allgemein, ISO 9000 30
Analyse, Objekte 162
Analyzer
    für Änderungen 266
    Testumfang 233
Änderungen
    Berichte 268
    Design 72
    Dokumente 76
    Lenkung von 280
    Reviews 268
Änderungskontrolle 89
Annahme 241
    Formalität 243
    Prüfung 247
    Tabelle 8.4 249
    Themen 242
    Verfahren 242
    Zusammenfassung 248
ANSI 28
Anwender, Problemfindung 162
Anwendung
    Echtzeit 146
    Geschäft 146
    System 146
    wissenschaftlich 146
Anwendungsbereich 144
AP 143, 149
AQAP-110 109
AQAP-13 110
AQAP-150 109
Arbeitsverfahren, Vorbeugung 87
Assertion 260

Assertion Checker 220
Auditdurchführung 42
Auditoren
    Kontrolle 41
    TickIT 50
Auditplan 92
Auditprogramm 126
Aufrechterhaltung
    Qualitätssicherungssystem 130
    Zertifikat 129
Aufrufstruktur-Generator 264
Auftraggeber 153, 241
Aufzeichnungen, Software 97, 261
Ausfall, beachsichtigter 221
Ausnahmesituationen 260
Automatisch
    Codegenerierung 180
    Designprüfung 191
Avison 20, 135, 137

B

Bamford 111
Basili 253
Beabsichtigter Ausfall 221
Behauptung 221, 260
Beigestellte Produkte
    Lenkung 81
    Softwareprodukt 276
Belegschaft 121
Benutzeroberfläche 143
Beratung 104
    Software 102
Bereiche, Software 144
Berichte, Änderungen 268
Berichtsgenerierung 181
Beschaffte Produkte, Prüfung 80
Beschaffung 76, 276
    Angaben 79
Besonderheiten, ISO 9001 97
Betatest 247
Beuth Verlag GmbH, DIN-Normen 29

Index

Black-Box-Test 226
Blum 157
Bottom-Up 296
   Design 185
   Implementierung 193
Breakpoints 220
Browser/Querverweis 264
Building Quality Software 15, 18, 24
Bürokratie, Risiko 32

C

C 196
C++ 197
CASE-Werkzeuge 145, 166, 183, 187
   Wartung 256
CEN 28
Change Tracker 266
Checkliste 70
Cleanroom
   formelle Verifizierung 210
   unabhängiges Testen 211
   Methodik 209
CMM 107
Coallier 111
COBOL 196, 199
Code
   Analyzer 263
   Auditor 217, 265
   Generierung, automatisch 180
   Prüfung durch Gleichrangige 215
Comparator 266
Compiler, konditionell 267
Constructors 267
Curtis 177

D

Darstellung
   Forderungsspezifikation 166
   Design 187
Data Diversity 190
Dateienvergleich 266
Daten
   Analyzer 265
   Design 182
   Extrahierung 265
   Flußmodell 166
   Genehmigung 74

Layout 265
Lexikon 166
   Normalisierung 266
   Strukturmodell 166
Davis 158, 161
Debugging 219
Defensives Programmieren 260
DeMarco 18
Design 43, 174, 182
   Änderungen 72
   Darstellung 187
   Dokument 73
   Ergebnis 69
   fehlertolerant 189
   Forderungen 174
   Lenkung 64
   modular 194
   Planung 65
   Probleme 176
   Prozeß 178
   Prüfung 69, 191
   Review 192
   Tabelle 8.2 204
   Validierung 71
   Verifizierung 71
   Vorgaben 68
   Zusammenfassung 201
Diagnostische Bereitschaft 260
Dienstleistungen 102
Dienstprogramm, Tools 80
DIN-Normen
   Beuth Verlag GmbH 29
   DIN-Taschenbuch 226
   DIN-TERM Qualitätsmanagement 30
DISC TickIT Office 50
DOD-STD-2167A 110, 111
DOD-STD-7935 110
Dokumentation 261, 285
   ISO 9001 31
   Test 237
   Wartung 258, 262
Dokumentationsmanager 266
Dokumente
   Änderungen 76
   Genehmigung 74
   Herausgabe 74
   Lenkung 73
   Überwachungsverfahren 75

Dumps 219
Dynamische Methoden 219

E

Echtzeit-Anwendung 145
Einsprungpunkte 220
Einzelpunkt-Kontrolle 259
Elemente, standardisierte 199
Entscheidungstabellen 166
Entwicklung
    parallel 98
    Prototypen 100, 164
Entwicklungsplan 65
Ereignisse, Design 182
Ergebnis
    Design 69
    Problemfindung 161
Externe Zertifizierung 39

F

Fehlersuche, Quellsprache 219
Fehlertoleranz 261
    Software 190
    Design 189
Fehlerverteilung 221
Finite Statusmaschine 166
Folgeaudit 40
Forderungen 153
    ISO 9001 55
    Punkte 154
    Review 169
    Tabelle 8.1 173
    Tracer 265
    Unveränderbarkeit 155
    Zusammenfassung 170
Forderungsspezifikation
    Darstellung 166
    ISO 9000-3 157
    Zielgruppe 159
Form, ISO 9000-3 157
Formalität, Annahme 243
formell
    Methoden 158
    Sprache 166
    Verifizierung 208, 218
Forschung, Software 139
Forschungsabteilungen 99

Fortran 198
FP 142
Freigabeverfahren 255
Funktionspunkt 142

G

Genehmigung
    Daten 74
    Dokumente 74
Generieren, Testfälle 236
Genies 200
Geschäftsanwendung 145, 146
Glass 15, 23, 141, 251, 290
Gleichrangige, Codeprüfung durch 215
GQM-Konzept 283
GUI 143

H

Handhabung, Sortwaremedien 88
Hard-Part-First 295
    Design 185
Harel 183
Herausgabe, Dokumente 74
Hexdumps 219
Höhere Programmiersprache 195
Horgan 234

I

IEEE 730 109
Implementierung 174
    Bottom-Up 193
    modular 194
    Probleme 176
    Standards 180
    Tabelle 8.2 204
    Top-Down 193
    Zusammenfassung 201
Industrieproduktion 43
Innovation, Projekt 147
Inspektion 206
Installation 250
    Zusammenfassung 254
Integrationstest 244
Interne Qualitätsaudits 131, 91
Interpreter 197
IRCA 50
ISO 10011 42

Index

ISO 9000
   Allgemein 30
   Management 14
   Standard 28
   Zertifikat 42, 52
ISO 9000-1 28
ISO 9000-3 45
   Forderungen 153
   Forderungsspezifikation 157
   Form 157
   Kernaussage 292
   Leitfaden 45
   Softwaredesign 174
   Spezifikation 155
ISO 9001 28
   Besonderheiten 97
   Dokumentation 31
   Hauptanforderungen 30
   Informationstechnologie 29
   Management 30
   Qualitätselemente 37, 56
   Qualitätssystem 52
   Vertragsprüfung 63
   Zertifizierung 38
ISO 9001/EN 49
ISO 9002 28
ISO 9003 28
ISO 9004 29
ISO 9004-2 29
ISO-Zertifizierung 292

J

Jones 142, 145, 146, 149
JSS 139, 149

K

Kennzeichnung, Produkte 82
Kleine Projekte 144
Kodieren
   strukturiert 195
   Regelungen 198
   Standards 198
Kognitives Design 176
Komplexität, Begrenzung 261
Konditioneller Compiler 267
Konfigurationsmanagement 267, 274
Kontrolle, Auditoren 41

Korrekturmaßnamen 87
Kritikalität, Projekt 146
Kritische Software 146
Kunde
   Qualitätssicherungssystem 103
   Beschwerden 87
   Schulung 106

L

Lagerung, Softwaremedien 88
Lammers 178
Lebenszyklus
   Qualitätssicherungssystem 151
   Phase 294
Lebenszyklustätigkeit 151
   Qualitätssicherungssystem 46
Leistung
   Analyzer 264
   Analyse 223
Leitfaden, ISO 9000-3 45
Lenkung
   Änderungen 280
   beigestellte Produkte 81
   Dokumente 73, 274
   fehlerhafte Produkte 86
   Qualitätsaufzeichnung 89
Lieferant 77, 153, 241
Lieferung 250
   Zusammenfassung 254
LOC 141

M

Management 14
   ISO 9001 30
   Testfall 235
Marketing, Zertifikat 130
Matrix, Softwaredesign 294
McSharry 145, 149
Measuring Software Design Quality 24
Messungen 275
Methoden
   dynamisch 219
   statische 214
   statistische 94
Metrik 283
Metrische Analyzer 264
Microsoft, Softwareentwickler 143

MIL-STD-498 110
MIS 145
Modelle 163
Modula 198
Modular
    Implementierung 194
    Design 194
Moynihan 183
Mutation
    Analyse 221
    Test 222

N

N-Version-Programmierung 190
NACCB 49
Nachprüfung 169
Nachweis der Richtigkeit 218
NASA 202, 253, 269
NATO 109
Natürliche Sprache 166
Nichtübereinstimmung 128

O

Objekte
    Design 182
    Problemfindung 162
Objektiver Beweis 34
Organisation 58
Oskarsson 18, 23, 290
    Vorwort 13

P

Parallele Entwicklung 98
Pascal 198
Paulk 111
Plauger 18, 22, 140, 149
Pott 145, 149
Primitives 179
Problem
    Analyse 161
    Anwender 162
    Findung 161
    Forderungen 168
    Hauptfunktionen 161
    Meldungen 255
    Objekte 162
    Spaltung 162

    Umgebung 162
    Vorgaben, Ergebnisse 161
Produkt
    Bibliothek 89
    Kennzeichnung 82
    Lenkung 81
    Rückverfolgbarkeit 82
Produktion 43
Produktivität 33
Programmieren, defensiv 260
Programmiersprache, höhere 195
Projekt
    Audits 92
    Differenzierung 141
    Größe 141
    Innovation 147
    Kritikalität 146
    Plan 67
Projektart 135
    Software 140
    Softwarequalität 294
Prototypen, Entwicklung 100, 164
Prototyping 164
Prozeß
    Design 182
    Gruppen, Aufgaben 282
    Lenkung 83
    Management 282
    Messung 275
Prüfbericht 238
Prüfmittelüberwachung 84
Prüfstatus, Software 85
Prüfung
    am Schreibtisch 214
    beschaffte Produkte 80
    Design 69
    Software 83

Q

QM
    Bewertung 60
    Handbuch 61
    System 67
Qualitätsaudit 34, 40, 127
    intern 91, 131
Qualitätsauditor 32, 35, 42, 82
    Qualifikationskriterien 42
    Vertragsprüfung 63

Index

Qualitätsaufzeichnung 90, 275
   Lenkung 89
Qualitätselemente, ISO 9001 37, 56
Qualitätsmanagement
   Plan 65
   System 60
Qualitätsmanager 117
Qualitätspolitik 56
Qualitätssicherung 120, 278
   Aufgaben 279
   Prozeß
   Regeln 293
Qualitätssicherungssystem
   Aufrechterhaltung 130
   Definition 113
   Einführung 121
   Einrichten 113, 116
   für Software 114
   ISO 9001 52
   Konzept 36
   Kunde 103
   Lebenszyklus 151
   Lebenszyklustätigkeit 46
   Rahmen 46
   Unterstützende Tätigkeiten 47
Quellcode 263, 267
   Datei 73
Quellsprache, Fehlersuche 219
Querverweis/Browser 264

R

RAB 49
Rahmen, Qualitätssicherungssystem 46
Re-Engineering 269
Re-use 269
Recovery Blocks 190
Redundanz, Software 189
Reformatter 267
Regeln 276
Regression Testing 268
Restructurer 267
Restructuring 269
Reverse Engineering 269
Review
   Änderungen 268
   Forderungen 169
   Design 192
   nach Lieferung 252
   Test 238
Rifkin 192
Rigorose Inspektion 210
Risikoorientiertes Testen 231
RPG 181
Rückverfolgbarkeit 167
   Produkte 82

S

Sanden 141, 149, 183
Schlüsselpersonen 169
Schreibtisch, Prüfung am 214
Schulung 92, 276
   Kunden 106
Segmententest 243
SEI, Capability Maturity Model 107, 140
Simulationen 163
Software
   Akquisition 156
   Anwendung, ISO 9000 293
   Aufzeichnungen 97, 261
   Beratung 102
   Bereiche 144
   Creativity 147
   Dokumentation 261
   Entwickler, Microsoft 143
   fehlertolerant 190
   Forschung 139
   Handhabung 88
   IEEE Standard 109
   ISO 9000-3 174
   kritische 146
   Lagerung 88
   Matrix 294
   Pflege 94
   Produkt, beigestelltes 276
   Produktion 43
   Projektarten 140
   Prüfstatus 85
   Prüfungen 83
   Qualität, Projektart 293
   Qualitätssicherungssystem 114
   Redundanz 189
   Reliability Guidebook 24
   Wartung 258
   Zeitverhalten 224
   Zertifizierung 123

Index

Spaghetti-Code 195
Spezifikation, vorläufig 98
Standardisierte Elemente 199
Standardtests 237
Stark 183
Statische Methoden 214
Statistikorientiertes Testen 231
Statistisch
    Methoden 94
    Testen 211
Struktur
    Analyse 216
    Analyzer 217
Strukturiert
    Sprache 166
    Kodieren 195
Strukturorientiertes Testen 227
SWEDAC 49
System
    Anwendung 146
    Test 245

T

Tabellen
    8.1, Forderungen 173
    8.2, Design 204
    8.3, Testen, Validierung 240
    8.4, Annahme 249
    8.5, Wartung 273
    8.6, unterstützende Tätigkeiten 287
Tardy 156
Tätigkeiten, unterstützende 274
Techniken 276
Test
    Daten-Generator 236
    Dokumentation 237
    Durchführung 205
    Grenzwert 226
    forderungsorientiert 225
    Plan 205, 237
    Prozedur, Dokument 238
    Probleme 206
    Review 238
    risikoorientiert 231
    Standard 237
    statisch 211
    statistikorientiert 231

    strukturorientiert 227
    Tabelle 8.3 240
    traditionell 212
    Umfang, Analyzer 233
    unabhängiger 246
    Zusammenfassung 239
Tester 268
Testfall
    generieren 236
    Management 235
    Matrix 225
    Set 233
TGA 42, 124
TickIT 48, 98, 292
    Auditoren 50
    Inhalt 48
    Leitfaden 49
    Zertifizierung 51
Tools, Dienstprogramm 80
Top-Down 295
    Design 185
    Implementierung 193
Translator 267
Tripp 188

U

U.S. Department of Defense 110
Übersetzer 267
Überwachungsverfahren, Dokumente 75
Umformatierer 267
Umgebungssimulator 235
Umstrukturierer 267
Unabhängig
    Test 246
    Testen, Cleanroom 211
Unterauftragnehmer 77
    Beurteilung 78
Unterstützende Tätigkeiten 274, 277
    Tabelle 8.6 287
    Zusammenfassung 285
Unveränderbarkeit, Forderungen 155
Ursachenanalyse 88
USNRC 145, 149

Index

V

Validierung 205
    Design 71
    Probleme 206
    Tabelle 8.3 240
    Zusammenfassung 239
Verantwortlichkeiten 58
Verantwortung der Leitung 56
Verbesserung 282
    Aktivitäten 131
Verfahrensanweisungen 74
Verifizierung
    Cleanroom 210
    Design 71
    formell 208, 218
Verkauf 120
Versionskontrolle 267
Vertrag
    Management 281
    Prüfung 62
Vervielfältigung 250
Vessey 141, 149, 183
Visser 178
Vorbeugend
    Arbeitsverfahren 87
    Wartung 259
Vorgaben
    Design 68
    Problemfindung 161

W

Wartung 93, 254
    Aktivitäten 257
    Aufzeichnungen 255
    CASE-Werkzeuge 256
    Dokumentation 257, 262
    Methoden 256
    Plan 254
    Software 258
    Tabelle 8.5 273
    Tätigkeiten 255
    Theorien 256
    vorbeugend 259
    Zusammenfassung 271
Webster 188
Werkzeuge 276
Wiederverwendung 270
Wissenschaftliche Anwendungen 146

Y

Yourdon 18, 140, 149

Z

Zeitverhalten, Software 224
Zertifikat
    Aufrechterhalten 129
    ISO-9000 52
    Marketing 130
    Verlust 130
Zertifizierung
    Ablauf 123
    Audit 125, 126
    extern 39
    ISO 9001 38
    Softwareentwicklung 123
    TickIT 51
    Vorbereitung 123
Zertifizierungsstelle 39
    Auswahl 124
    Kriterien 124
Zielgruppe, Forderungsspezifikation 159
Zusammenfassung
    Annahme 248
    Design 201
    Forderungen 170
    Implementierung 201
    Installation 254
    Lieferung 254
    Testen 239
    unterstützende Tätigkeiten 285
    Validierung 239
    Vervielfältigung 254
    Wartung 271